AS SETE ETAPAS DE UMA TRANSFORMAÇÃO CONSCIENTE

Ritos espirituais de passagem

Gloria D. Karpinski

AS SETE ETAPAS DE UMA TRANSFORMAÇÃO CONSCIENTE

Ritos espirituais de passagem

Tradução
ELIANE FITTIPALDI PEREIRA LIMA DE PAIVA

EDITORA PENSAMENTO
São Paulo

Título do original:
Where Two Worlds Touch
Spiritual Rites of Passage

Edição	Ano
1-2-3-4-5-6-7-8-9-10	94-95-96-97-98

Impresso em nossas oficinas gráficas.

Este livro é carinhosamente dedicado a Elizabeth H. Gilmore,
minha mãe e amiga,
em sinal de gratidão pela sua compreensão intuitiva
de minhas escolhas e pelo modo como as apoiou incondicionalmente.

A brisa do amanhecer tem segredos para lhe contar.
Não volte a dormir.
Você tem de verificar o que realmente quer.
Não volte a dormir.
As pessoas vão e voltam pelo umbral
onde dois mundos se tocam.
A porta está totalmente aberta.
Não volte a dormir.

Jelaluddin Rumi,
século XIII

Sumário

Exercícios

Agradecimentos

Ofereço este livro como expressão de gratidão:

A Deus, pela vida e pelas oportunidades;

Ao Espírito, pelas lembranças e revelações;

Aos grandes mestres, por seus legados espirituais.

Para agradecer a todas as pessoas que contribuíram para que eu escrevesse este livro, seria necessário mais um volume. Eu teria de incluir cada grupo que me convidou para fazer palestras e todos aqueles que assistiram às minhas palestras e abriram as portas de seu mundo pessoal para mim, admitindo-me como conselheira. Essas pessoas foram e continuam sendo meus mestres.

O apoio, a intimidade e o amor incondicional de minha família e de meus amigos estão registrados nestas páginas. Agradeço a cada um deles pelo incansável encorajamento ao meu trabalho ao longo dos anos e pelo apoio permanente a este projeto.

Especialmente, quero agradecer a meu editor, Cheryl Woodruff, por me ter ajudado na elaboração do texto, e por eu ter podido partilhar de sua extraordinária experiência, de sua clara orientação e de seu "amor exigente" que nada aprovava a não ser o melhor que eu pudesse fazer. Também agradeço a Barbara Shor pela revisão cuidadosa e minuciosa e a Judith Puckett pelas inúmeras leituras que fez do manuscrito à medida que este ia sendo elaborado no decorrer dos meses e também por toda a sua atenção com a bibliografia. Causou-me profunda impressão o apoio incansável e o compromisso com a qualidade demonstrados por todos os departamentos da Ballantine Books. Sinto-me honrada em publicar este livro por seu intermédio.

Introdução

Mudança é desafio. Mudar alivia, frustra, ameaça, entristece ou alegra. Acima de tudo, obriga-nos a crescer. É o mecanismo através do qual a natureza nos garante a evolução e o modo como Deus nos chama de volta para casa. Mudar é desfazer as ilusões a respeito de nós mesmos e dos outros. Anjo de misericórdia ou rígida disciplinadora, a mudança está constantemente nos moldando para nos tornarmos tudo aquilo que estamos destinados a ser. Ela nos molda com a mesma precisão com que o vento forte esculpe uma árvore ou a água caudalosa dá novas formas à rocha mais dura. A mudança é o ponto de partida para atingirmos estados de consciência cada vez mais elevados. A consciência é o conjunto de toda a nossa percepção, uma síntese do coração e da mente que nos torna capazes de agir.

A mudança nos convida à flexibilidade e ao risco. Ela nos oferece por mais vezes o despertar da consciência até o estágio em que temos vontade de morrer para aquilo que é velho. Quando apenas suportamos a mudança com estoicismo ou protestamos contra ela em altos brados, não aprendemos nada e adiamos o inevitável. Contudo, quando aceitamos a mudança — quando simplesmente a aceitamos, nada mais que isso — ela catalisa a nossa vida, amplia o nosso conhecimento e faz com que a nossa perspectiva passe do medo à afirmação da vida. Isso porque vida significa mudança.

Há várias maneiras de se lidar criativamente e sem temor com a mudança. Uma delas é através da compreensao da própria mudança. Quando alguém é envolvido no drama de uma repentina crise pessoal, é na maioria das vezes um desafio ser capaz de ver nele algum sentido. Mas a mudança significa sempre um processo, mesmo quando chega repentinamente. Em geral, ela parece ser caótica e ameaçadora, sem nenhuma direção clara. A palavra-chave aqui é *parece.* Isso quando a examinamos a partir de um ângulo mais amplo, porque, se fizermos um retrospecto, veremos na mudança a ação da evolução planetária ou pessoal.

Os ritmos da mudança

Há um ritmo no modo como a mudança ocorre. Com o passar dos anos, venho tomando consciência desse ritmo, graças ao privilégio de participar dos "grupos" de centenas de pessoas que enfrentaram seus desafios, muito embora as situações e as particularidades sejam tão diferentes como são as próprias pessoas.

Quando entrei em sintonia com o ritmo da mudança, percebi que muitas pessoas que vinham em busca da minha orientação pela primeira vez tinham vinte e um, vinte e oito, trinta e cinco, quarenta e dois, quarenta e nove, cinqüenta e seis ou sessenta e três anos de idade. Com o tempo, percebi que se encontravam no primeiro estágio de um ciclo de sete anos. Acabei constatando que as principais alterações em suas vidas anunciavam profundas modificações — casamentos, divórcios, mortes, nascimentos, mudanças na vida profissional — todas girando em torno do ano exato de uma mudança de ciclo, poucos meses antes ou poucos meses depois. Quando não havia coincidência, tratava-se de clientes que insistiam para que eu recebesse seus filhos adolescentes, que tinham, em geral, a idade de 14 anos.

No início, presumi que essa ocorrência estivesse em sincronia com as tarefas de desenvolvimento biológico e psicológico pertinentes às várias faixas de idade. E, de fato, acredito que haja alguma correlação aqui, certos impactos fortes que têm a ver com o desejo que o indivíduo tem de se casar, com épocas propícias para promoções na carreira, com o próprio fato de ficarmos mais velhos e com o envelhecimento e a morte de nossos pais.

Porém, é forçar demais a credibilidade fazer com que todas as mudanças que eu observei se enquadrem nos modelos científicos. E esse ponto de vista não fazia nenhum sentido quando um homem sofria um acidente de automóvel que o deixava paralítico e mudava a sua vida exatamente aos trinta e cinco anos; ou quando morria de repente a mãe de uma jovem mulher, na época em que esta completava vinte e oito anos. Mas, por que não vinte e seis ou trinta? Por que o divórcio ocorreu precisamente aos quarenta e dois? E por que a ação judicial aos cinqüenta e seis?

Muitos cosmólogos do mundo todo sugerem que a criação ocorre em ciclos de sete. No relato bíblico, Deus criou o mundo em seis dias e descansou no sétimo. Os metafísicos diriam que o ciclo simboliza sete grandes períodos de tempo e apontariam para versões correspondentes nas crenças zoroástricas e no xintoísmo japonês, no hinduísmo e nos mitos de outras culturas espalhadas pelo mundo.

Desde as manchas solares e os colapsos econômicos até a desova dos peixes e as mudanças na moda, os grandes astrólogos raramente são surpreendidos com os ciclos previsíveis de ação. Eles consultam o horóscopo de uma pessoa ou de todo um país, assinalam as passagens cíclicas dos planetas pelos signos simbólicos do zodíaco conforme eles se sobrepõem, se opõem ou se complementam e indicam as prováveis e significativas épocas de mudança iminentes. Eles não sabem exatamente o que vai acontecer, mas podem revelar com sucesso que algo profundo vai acontecer.

O universo é apenas isso — um universo — e nós estamos em compasso com a energia que mantém tudo coeso. Temos influência sobre tudo o que acontece e somos influenciados por tudo o que acontece.

Portanto, quer estejamos lidando com uma trama bastante complexa, na qual os movimentos da mudança podem durar toda uma vida, quer estejamos lidando com um modelo mais superficial no qual os estágios de mudança devem ser inteiramente elaborados do começo ao fim, no pequeno prazo de semanas ou meses — estamos sempre às voltas com muitas mudanças ao mesmo tempo. Nossa vida é formada de ciclos, uns dentro dos outros — uns se completando rapidamente, outros se desenvolvendo lentamente.

As sete etapas de mudança da consciência

O processo de percepção da mudança tem início quando compreendemos quem acreditamos ser. O conjunto de hábitos, atitudes e crenças que acumulamos em nós mesmos revela quem acreditamos ser. Os acontecimentos podem suceder-se continuamente, mas não há nenhuma mudança real em nós até que um desses acontecimentos realmente desafie a nossa percepção daquilo que somos. É bem possível simplesmente resistir, com a mesma determinação, até o próximo grande evento. Porém, assim que uma crença profundamente arraigada em nós próprios é realmente submetida a um desafio, começa o movimento ritmado da mudança. Podemos resistir ou participar desse movimento — geralmente é essa a ordem das opções — mas afinal acabaremos resolvendo o conflito entre o *status quo* e o desafio, tomaremos um novo rumo, suportaremos a necessária purgação dos velhos hábitos e, finalmente, acabaremos por entregar-nos inteiramente ao novo.

Essa jornada, através dos sete estágios de mudança consciente, é o tema central deste livro.

1. A primeira etapa é a *forma*. Esta é a crença fundamental que conservamos a nosso próprio respeito em qualquer área. Ela define os limites de nossa percepção, dita nossas opiniões e, o que é mais importante, instaura a nossa realidade pessoal. É nesse ponto que toda mudança se inicia.

2. Com a segunda etapa, o *desafio,* inicia-se uma dinâmica no processo de mudança. Alguma coisa vai acontecer, ou então ficamos expostos a algo ou a alguém que altera o *status quo,* e a nossa Forma original não funciona mais.

3. Para dentro desse vácuo flui a *resistência,* o terceiro e normalmente desconfortável ciclo de mudança, em que a nossa antiga maneira de ser e a nossa nova percepção se confrontam numa batalha de ambivalência e indecisão. A lógica, o condicionamento e a história argumentam em favor do passado, mas o empurrão mais forte se dá em direção ao novo.

4. Ao fim e ao cabo, somos resgatados pelo quarto estágio — o *despertar.* Essa é a parte alegre do ciclo, quando ocorre uma ruptura frente à luta anterior. A essa altura, damos a guinada crítica, da indecisão para o novo ponto de vista.

5. Em seguida vem o *compromisso.* Esse é o ponto do ciclo em que investimos todos os nossos recursos — tempo, dinheiro, energia — numa nova direção. Nesse estágio, defrontamo-nos com uma série de escolhas que nos ajudam a deixar claro o nosso novo objetivo.

6. A *purificação* é a próxima e inevitável etapa — aquela que nos toma inteiramente de surpresa. É o período em que ocorre a verdadeira transformação. Essa etapa freqüentemente é dolorosa. Antigas mágoas e medos reprimidos durante as fases anteriores do processo ressurgem para serem reconhecidos e, por

fim, transformados. É tempo de morrer para o velho. É tempo de pôr à prova a nossa fé no novo.

7. Finalmente, chegamos ao último estágio — a *entrega*. Esse é o ponto no processo de mudança em que de fato nos transformamos na nova crença. Esse estágio é caracterizado por síntese e integração. O novo se funde com o ser total e a forma antiga fica sendo apenas uma lembrança.

Quando os acontecimentos do mundo exterior desafiam as nossas crenças — a nossa forma — resta-nos a alternativa de nos recusarmos a mudar. Podemos negar o novo, defender o velho e nos agarrar tenazmente ao nosso conhecimento já atingido. Ou então podemos parar, prestar atenção e perguntar: "O que eu posso aprender com esse desafio? Como posso me tornar realmente consciente com isso?"

Estamos sempre fazendo escolhas, consciente ou inconscientemente, que dizem respeito ao nosso mundo interior. Essas escolhas criam padrões que atraem certos tipos de experiências futuras. Quando decidimos pôr em prática os desafios que nos forçam a confrontar nossas idéias a respeito de nós mesmos, quando decidimos empregar acontecimentos reais como degraus de apoio, tendo em vista uma compreensão maior, optamos então pela *mudança consciente*.

Um compromisso mútuo

Na Islândia, há um provérbio que diz: "Não vou lhe vender isso por um preço mais alto do que aquele que paguei." Esse vai ser o meu compromisso com você. As idéias sobre a dinâmica da mudança consciente que estou compartilhando com você neste livro surgiram do meu laboratório pessoal ao longo de mais de quinze anos dedicados à cura, ao ensino e ao aconselhamento. Vou relatar experiências e acontecimentos com honestidade e interpretá-los com tanta clareza quanto permitem a minha compreensão e a minha capacidade.

Quanto à sua parte do compromisso, peço-lhe que leia com a mente aberta e escute o que é dito nas entrelinhas. Na melhor das hipóteses, as palavras só contêm um pouquinho de significado. Quando tentamos descrever o não-material em termos concretos, encontramo-nos instantaneamente em terreno escorregadio. É como utilizar uma rede para reter a água corrente. O espírito está presente em todos os lugares e em toda a vida. Extrair qualquer coisa do espírito e dar-lhe um nome cria imediatamente uma limitação. O todo não pode ser transformado em algo específico. Contudo, podemos entender mais a respeito do todo estudando suas partes.

Se uma história ou um pensamento puder contribuir para verificar um pouquinho mais claramente quem você é, eu me sentirei gratificada. Se os pensamentos expressos neste livro o ajudarem a passar por suas mudanças com mais clareza, meu objetivo terá sido alcançado.

Agora, se este livro não for para você, então eu lhe peço que gentilmente o ponha de lado, a fim de que nenhum de nós seja enganado. Nosso mundo eivado de conflitos necessita que celebremos a nossa diversidade, e não que haja contendas entre nós por causa dela. Há infinitos prismas através dos quais a Luz única se esparge em muitas cores. Tentei incutir minhas palavras da esperança de que, acima de tudo, você possa encontrar a cor que é sua e vivenciá-la, de modo que nós dois possamos crescer a partir da nossa compreensão de que há muitas cores dentro da Luz única.

Enquanto eu escrevo e você lê, os nosso mundos realmente se tocam. Eles se tocam à maneira do sorriso que diz: "Eu já não conheço você de algum lugar?"

PARTE I

Iniciação

Mudanças

Mudança: Tranqüilizadora em seus ciclos. A promessa anual de flores primaveris emergindo da neve faz lembrar-nos que as sementes do novo crescimento estão germinando.

Mudança: Chegada menos suave. Realidade explodindo como um canhão, despedaçando nosso mundo cuidadosamente ordenado em microssegundos.

Mudança: Um nascimento bem-vindo. Uma nova vida, cujo primeiro alento reordena todas as nossas prioridades e relacionamentos — e dá novo significado ao dinheiro, ao tempo e à lealdade.

Mudança: Apoquentando-nos com a segurança. A vitória por tanto tempo esperada fica sem sentido porque não queremos mais aquilo que pensávamos que queríamos.

A mudança é inevitável. Ninguém discutiria a respeito de algo tão óbvio. Contudo, quase sempre ficamos surpresos quando ela ocorre.

Sabemos que nossos filhos podem muito bem crescer de um modo diferente daquele que prevíamos para eles. Mas, como no fundo não acreditamos nisso, ficamos angustiados quando acontece. Sabemos que nossos pais vão ficar velhos um dia, e nós também. Porém, entramos em pânico diante dos primeiros sinais de debilidade. Chegamos até mesmo a admitir que nenhum emprego é 100% garantido e que os relacionamentos necessitam de constantes redefinições, senão morrem. Contudo, quando dizemos à pessoa amada “você mudou”, isso é mais uma acusação do que o reconhecimento de um processo inevitável e natural.

Podemos tentar nos proteger contra a realidade da mudança, mas o eu profundo está ciente disso. Nós observamos e nos deixamos levar pelo ritmo cíclico das estações, celebrando os antigos ritos sazonais de plantio, gestação e colheita. Mas o eu profundo, preocupado com a sobrevivência e dependente da terra, fica assistindo atentamente. Ele se lembra do ano em que a terra reteve seus frutos, do dia em que a montanha adormecida repentinamente lançou fogo, ou da época em que as águas que dão vida entraram numa agitação de destruição mortal, quando a Boa Mãe, fértil e frutífera, tornou-se de maneira imprevista a Mãe Terrível, desestabilizando-nos em todos os conceitos de poder manipulador e estabilidade.

A mudança anuncia-se com um nascimento, uma morte, um tiroteio, um emprego, um sucesso ou um fracasso ou com manchetes agressivas informando-nos que o mundo continuou a girar enquanto dormíamos placidamente. Sem nenhum aviso, o enredo confiável de nossas vidas, no qual os atores sabem suas falas, desdobra-se num drama fora do comum. O que aconteceu ao herói? Quem é o vilão? Qual é a minha próxima fala?

Tudo o que observamos no universo demonstra que a mudança é a única constante da vida. Do rápido movimento das células até o ciclo de vida das estrelas, toda a natureza está num contínuo processo de nascimento e morte. Podemos procurar nos reassegurar repetindo o velho ditado: "Quanto mais as coisas mudam, mais continuam as mesmas", mas isso significa apenas que estamos focalizando os processos mais lentos de evolução.

Estamos enganando a nós mesmos quando tentamos aprisionar a vida e imobilizá-la no seu estado de permanência. Também podemos tentar agarrar o vento com uma peneira. Isso porque a vida é movimento. O que vemos hoje já está em processo de morte. Vivemos no sonho de ontem que se tornou manifesto e amanhã veremos os resultados daquilo que sonhamos hoje. Não importa quanto possamos manipular, medir e analisar, a vida continua de modo maravilhoso, aterradoramente misteriosa.

Sem dúvida, resistir à mudança é muito humano. A resistência teimosa, a ponto de dizer: "Eu já tomei a minha decisão, não me confunda com novidades" está fundamentada no medo do desconhecido e tem causado muito sofrimento, tanto pessoal como coletivo. Travam-se verdadeiras guerras em todas as áreas da vida humana quando as crenças do passado são desafiadas por mudanças no presente.

Temos toda uma história de eliminação dos mensageiros da mudança. Não gostamos que nossos mitos sejam desafiados. Contudo, inovadores em todas as áreas da realização humana — científica, educacional, política, religiosa — têm vivido em sincronia com o mistério da mudança. Eles observam aquilo que existe e perguntam em que pode se transformar. Infelizmente, a resistência à mudança que eles anunciam muitas vezes resulta em serem ignorados, ridicularizados e até mesmo eliminados, apenas para ressurgirem da infâmia anos mais tarde e se tornarem os heróis de novas lendas. E assim o processo se reinicia.

Sempre que construímos uma cidadela para defender uma verdade aceita, em vez de deixá-la em aberto para averiguação posterior, cristalizamos a vida no dogma. Porém, quando pensamos que já temos tudo delineado, a evolução dá um passo adiante, abre as portas e janelas, e toda a poeira do passado é sacudida e somos obrigados a mudar mais uma vez.

Entrementes, lidamos com o presente, descobrindo com freqüência dentro de nós mesmos capacidades inimaginadas de coragem e resistência. Século após século, os seres humanos se recuperam dos sonhos desfeitos e procedem à reconstrução. Persistimos, dando três passos para a frente e dois para trás, através da lenta e esfalfante disciplina da experiência. Somos impulsionados em direção a uma perfeição maior com a mesma certeza com que o sol faz rebentar a vida na semente posicionada na direção de sua luz. Somos impelidos pela promessa de um potencial ainda não realizado.

Para aqueles que temem a mudança, a evolução é inimiga. Mas para aqueles que respondem conscientemente ao ritmo constante da evolução, é a essência da vida convocando-nos a nos tornar tudo aquilo que podemos ser. Ela estimula nossos desejos. Ela nos torna descontentes com a injustiça, a doença, a poluição e a guerra. Ela planta em nossos corações uma certeza de que a vida não precisa ser como é. A evolução desperta, encoraja e nos arremessa para a mudança.

Como diz o desenho animado "Funky Winkerbean", a "evolução pode não estar melhorando, mas certamente está indo mais rápido!" A meu modo de ver, parece também estar melhorando. E isso porque estamos acordando para o fato de que estamos todos juntos nisso. Somos totalmente interdependentes uns dos outros e de todas as outras formas de vida que fazem parte de nosso mundo.

Caracterização das transformações

O autoconhecimento é o passo inicial da realização espiritual. Ajudar as pessoas a confrontar e integrar seus próprios medos e limitações pessoais faz com que para nós se torne possível lidar com esses problemas em termos raciais, nacionais e planetários.

Orientadores, terapeutas e mestres estão numa boa posição para observar transformações pessoais, possivelmente porque as pessoas raramente procuram seus serviços quando a vida está se desenrolando satisfatoriamente. Geralmente, é algum tipo de trauma que nos leva a pedir ajuda. Pode ser uma crise muito transparente como, por exemplo, o fato de ser abandonado pela pessoa amada, descobrir que um filho anda consumindo drogas, a morte súbita de um amigo, o diagnóstico de uma doença incurável, uma depressão debilitante — qualquer uma das centenas de gatilhos que repentina e inequivocamente transformam a vida que planejáramos com tanto cuidado.

As pessoas também procuram profissionais capazes de ajudá-las quando estão passando por mudanças na sua vida espiritual. Alterações que surgem dos níveis mais profundos do eu só parecem ser menos violentas do que uma crise imediata e desgastante em nossa vida exterior. As mudanças da alma tendem a ser mais evolucionárias que revolucionárias. Porém, nas grandes reviravoltas, pode surgir qualquer mudança com toda a violência de uma crise, pois não há nada na nossa vida que possa ser separado do Espírito.

A palavra *crise* tem origem no vocábulo grego *krines*, que significa "separação de caminhos". Isto já diz tudo. No despertar de uma crise importante, quase sempre nos desligamos da nossa visão anterior da realidade — não importa se o fazemos de boa vontade ou com queixas e gritos. Os chineses têm duas palavras para designar crise; uma significa "perigo", a outra, "oportunidade". De uma perspectiva espiritual, aquilo que parece ser perigoso geralmente nos oferece grandes oportunidades de crescimento.

Muitas vezes, podemos sentir a aproximação de uma grande mudança. Pode ser que ela ainda não se tenha manifestado no mundo físico, mas sentimos sua energia em movimento, alterando o *status quo*. Antes de uma forte tempestade, sempre há um silêncio tenso, quase como se o próprio ar estivesse retendo o fôlego. Encontramo-nos no meio desse silêncio, percebendo a borrasca que se aproxima. Isso porque os momentos decisivos se anunciam por meio de vários sintomas vagos: uma profunda inquietação, um anseio indefinível, um aborrecimento inexplicável, a sensação de estar paralisado.

As mudanças que alteram nossa vida freqüentemente ocorrem como se uma cápsula de libertação do tempo tivesse sido dissolvida dentro da psique. Contudo, o acontecimento em si é, em geral, menos importante do que as oportunidades de aprendizado que estão encapsuladas dentro dele. Se é o momento de aprender uma lição específica, então acontecerão coisas que providenciarão a oportunidade perfeita. Porém, se os acontecimentos não se desenvolverem de modo a prover a lição necessária, ou se a lição não for aprendida, então ocorrerá outro conjunto de eventos que irão reapresentar a mesma lição.

Suponha que a cápsula tenha sido liberada no momento certo para John, um rapaz de vinte e um anos, que precisa aprender a perdoar. O local do aprendizado pode ser o seu emprego e o patrão que ele parece ser incapaz de satisfazer torna-se o seu mestre. O acontecimento é que John é despedido. Se ele perdoar o patrão, estará livre para seguir em frente. Não terá de repetir a lição. Mas, no caso de se recusar a aprender sobre o perdão, passará para outra classe com novo mestre — porém a lição continua sendo a mesma: saber perdoar.

John pode se ver num novo emprego — e desta vez ele está ameaçando o ego de um colega, que se vinga apresentando o trabalho de John como se fosse seu e obtendo para si um mérito que é dele. Ou então John faz amizade com alguém que lhe rouba a namorada. Ou o seu carro é roubado. Ele ainda vai ter de aprender a lição do perdão. Se não perdoar o patrão, talvez se torne capaz de perdoar o colega de trabalho, o amigo ou o ladrão.

As mudanças que John está vivenciando são, na verdade, relativas à mudança de consciência. Para colocar isso no contexto de seus outros ciclos, suponhamos que o objetivo de sua alma seja o de aprender várias lições importantes, de modo a finalmente poder usar seu talento para ajudar os outros. Talvez, se pudéssemos vê-lo dois ciclos mais tarde, descobriríamos que se tornou um fisioterapeuta que reabilita pessoas acidentadas no trabalho. Ele não vai realizar essa tarefa antes dos trinta e cinco anos e talvez não tenha nenhuma idéia, aos vinte e um ou vinte e oito anos, de que esse tipo de trabalho venha a atraí-lo. Mas a alma dele sabe. Esse propósito faz parte do padrão da sua ascendência desde o nascimento, assim como a cor dos seus olhos.

Desde o momento em que John nasceu até aquele em que inicia esse trabalho, ele vai atrair inconscientemente para si todas as lições de que necessitar para se desobstruir e se preparar para ajudar os outros em seus bloqueios e desafios. Algumas das lições podem ser bem difíceis. Assim, por exemplo, pode ser que ele sofra um acidente sério aos vinte e oito anos que pareça uma interrupção absurda de sua vida naquele ponto. Se tentarmos compreender essa mudança dolorosa no momento em que ela ocorrer, provavelmente não seremos bem-sucedidos. Mas, à medida que John passar por meses de luta e terapia para recuperar a saúde, ele vai aprender a penetrar no fundo de si mesmo e libertar sua vontade. Sua aprendizagem será sobre a disciplina e a paciência, e sobre a compaixão pelos outros. Os níveis de percepção que estavam fora do alcance de sua consciência antes do acidente agora vão tornar-se acessíveis para ele.

Vamos supor que John assimile a lição sobre o perdão, já que não poderá ensinar muito aos seus pacientes se ele próprio não a aprender. Nesse caso, aos trinta e cinco anos, quando estiver pronto para dedicar-se à missão de sua vida, ele já terá obtido o diploma das escolas que lhe ensinaram aquilo que ele precisava saber para fazer bem o seu serviço. O perdão, a autodisciplina e a compaixão irão combinar-se numa forma de síntese em sua consciência.

As coisas não são necessariamente aquilo que parecem ser

Lembro-me de certa vez ter atendido um adolescente que me foi apresentado por causa de um pequeno problema físico. O que, porém, preocupava realmente os pais era a incrível indisciplina do garoto. Ele sempre estava criando problemas que causavam aborrecimento e depois via-se obrigado a encarar as conseqüências. Era o tipo do garoto que pulava sem parar, não prestava atenção a nada e sempre quebrava alguma coisa. Ele podia matar alguns minutos de aula como fazem dezenas de outros meninos, mas facilitava as coisas, de modo que era o único a ser pego. Ia de carro até a loja, mas esquecia os documentos em casa e era detido pela polícia.

Enquanto eu o atendia, meu Espírito recebeu uma mensagem: esse rapaz tem um trabalho importante a fazer no futuro. Não obstante, há uma negligência no seu modo de empregar a energia que precisa ser disciplinada. Assim, ele cria para si mesmo uma situação após outra que lhe permitem aprender isso. Diga aos pais que não se preocupem, pois *é a alma que está moldando a personalidade para atingir seus objetivos.*

Eu sempre penso nesse conselho quando vejo pessoas repassando a mesma lição muitas e muitas vezes. No momento em que compreendemos que nossas almas estão nos segurando metodicamente na mesma "sala de aula" até que cheguemos a assimilar as lições, a impaciência e os juízos a nosso próprio respeito e a respeito dos outros tornam-se atenuados e suaves.

Na maior parte do tempo, não sabemos qual é a lição das outras pessoas. Mas começamos a compreender que um momento difícil, e até mesmo uma tragédia, é provavelmente uma lição importante e necessária em suas vidas. A essa altura, nós nos tornamos cônscios de que as coisas não são aquilo que parecem ser. E, se parecem ser muito ruins, elas não são necessariamente assim!

Levei certo tempo para aprender que as coisas nem sempre são aquilo que parecem ser. Lembro-me de ter trabalhado com uma mulher brilhante que sempre acabava se vendo no papel de promover o trabalho dos outros. Ela tinha vários diplomas, inclusive doutorado em psicologia, e era inteiramente capaz de fazer o tipo de trabalho que traz muita fama e reconhecimento. Ela, porém, estava muito acomodada nesse papel e não era por isso que estava buscando orientação. Seu padrão de permanecer em segundo plano começou quando nasceu. Ela pertencia a uma família numerosa, cujos problemas financeiros a impediram de cursar a faculdade enquanto jovem. Então, foi trabalhar para sustentar os irmãos mais novos e ajudá-los a entrar na faculdade. Aos trinta e cinco anos, essa mulher finalmente terminou com mérito o curso de graduação. Fez a pós-graduação sob a orientação de um homem muito famoso e depois dedicou-se a apoiar o trabalho dele. A primeira vez que nos encontramos, ela já passava dos sessenta e estava trabalhando muito para compilar as obras do seu mestre. Ela também havia trabalhado como terapeuta junto a vários alunos que posteriormente acabaram se tornando famosos na área.

Quando analisamos mais de perto o escopo do seu plano de vida, ficou claro que ela tinha encarnado para trabalhar no processo da iniciação da alma que pode ser definido como "sacrificar a própria vida pelos outros". Esse tipo de atividade da alma não significa necessariamente que a pessoa tenha de morrer fisicamente por outra. Sacrificar a vida tem mais que ver com a idéia de pôr de lado o ego inferior a fim de empregarmos nossos talentos para servir os outros. Definitivamente, trata-se de um trabalho de Ph.D. no nível da alma que não deve ser confundido com a sabotagem psicológica dos próprios talentos.

O falso martírio deixa a pessoa ressentida e insatisfeita. Você não vê muita alegria numa pessoa desse tipo. Porém, a aquiescência voluntária à lição de sacrificar a fama e a fortuna para dar apoio ao crescimento dos outros gera uma grande alegria — para grande perplexidade daqueles que ainda estão procurando ser o número um. É interessante notar que, antes de sermos solicitados a nos consagrarmos a esse tipo de lição, temos antes de aprender o que fazer com a idéia de ser o número um. Creio que temos de passar pela experiência de abrir mão de alguma coisa valiosa antes de podermos fazer isso bem e com alegria.

Outro exemplo de alguém que trabalha para dedicar a vida em prol dos outros pode ser o de uma pessoa que foi famosa numa vida anterior por causa de sua voz e que decidiu, no nível da alma, ser um grande professor de canto nesta vida. O gênio dessa pessoa é aproveitado para ajudar os outros a alcançar o seu potencial. Um grande escritor pode decidir ser um grande editor para os outros. Outra pessoa, inteiramente capaz de realizar muitas coisas para sua própria fama mas que decida trabalhar nessa lição específica, pode tomar a decisão de se dedicar a ser mãe de várias crianças em período integral.

Cada uma dessas pessoas, fazendo uso de seus próprios recursos para promover o talento de outras, descobre que o sacrifício apenas parece consistir em abrir mão de algo, quando é visto pelos olhos do aluno mais novo. Na verdade, isso significa uma aquisição. Como todas as lições da alma, esta não pode ser contrafeita: o eu interior sabe se estamos simulando uma patologia, um mito familiar programado ou crescendo quanto à compreensão.

A fé no objetivo da alma não é muito compatível com um sistema de valores que requer recompensa imediata. Desse ponto de vista, as mudanças constituem uma constante fonte de frustração, muitas vezes devastadora e angustiante. Assim que começamos a encarar-nos a nós mesmos e aos outros holisticamente, em toda a nossa trajetória de vida, passamos a reconhecer a mudança como a força dinâmica que está por trás do desenrolar do plano da alma.

A maioria de nós poderia olhar para trás e ver que uma mudança difícil, que não fez nenhum sentido num determinado momento da nossa vida, preparou-nos para desempenharmos uma importante tarefa, posteriormente. Madeleine L'Engle, em seu livro *The Irrational Season* [O Período Irracional], fala a respeito do *não* que na maioria das vezes precede o *sim*. Ela aponta para o fato de que foi o *não* do Getsêmani que tornou possível o *sim* da Ressurreição.

Diante de uma decepção ou de uma mudança radical que nos desagrada, é um desafio acreditar que existe um propósito. Aceitar isso é uma das primeiras lições para viver as mudanças com dignidade. Quantas vezes não tentamos manipular o mundo para obter algo que queríamos e falhamos? Simplesmente aquele não era o momento certo, mesmo que não soubéssemos disso. Mais tarde, as mesmas portas que antes queríamos tão desesperadamente abrir à força escancararam-se para uma oportunidade inesperada e nós as transpomos, aparentemente sem nenhum esforço. Esse é o momento certo. Como um vaso de cerâmica que foi diversas vezes submetido ao fogo a fim de poder suportar a pressão daquilo que virá a conter, assim também nós somos moldados sempre tendo em vista o futuro.

A diferença entre repetir e conhecer

Mais cedo ou mais tarde, até mesmo a pessoa mais materialista vai acabar perguntando "Qual é o sentido da minha vida? Por que eu estou aqui passando por todas essas mudanças?" O próprio apelo do coração para saber a resposta é uma afirmação de que há respostas, por mais veladas que possam parecer num determinado momento. Temos a tendência de acreditar — ou pelo menos de esperar — que há por aí algumas autoridades capazes de responder ao mistério da nossa vida mutável. O conselho dado pelo oráculo de Delfos foi: "Conhece-te a ti mesmo" — e não "procura um especialista".

Uma história sufi nos adverte a respeito de especialistas. Parece que um homem dado por morto de repente começou a bater no caixão. As pessoas levantaram a tampa do ataúde e o homem perguntou: "O que vocês estão fazendo? Eu não estou morto." Depois de um momento de silêncio, uma pessoa do grupo disse: "Os médicos e sacerdotes declararam que você está morto. Portanto, está morto." E imediatamente o enterraram!

Certa vez eu li que a diferença entre o misticismo e a religião é que religião é acreditar na experiência que os outros têm de Deus, enquanto misticismo é acreditar na sua própria experiência.

É inspirador, encorajador e reconfortante estudar a jornada de outra pessoa que busca a iluminação. Todos nós teríamos muito mais momentos de tropeço diante da solidez escura do materialismo não fossem as lições das pessoas iluminadas que vieram antes de nós. Sua irradiação, clareando as curvas e as voltas do caminho para a autocompreensão, é uma dádiva, porque, quando nos concentramos na sabedoria de uma pessoa iluminada, o potencial que há dentro de nós mesmos é estimulado.

Porém, é muito mais fácil obter histórias a respeito de pessoas iluminadas do que seguir seus exemplos. Em *Song of the Bird* [O Canto do Pássaro], Anthony de Mello conta a história de um explorador que partiu para o Amazonas. Enquanto apreciava a riqueza da região, pensava consigo mesmo: quando voltar, como é que vou poder contar às pessoas a sensação de remar numa canoa sobre as cachoeiras? Como poderei descrever as cores exuberantes das flores, os sons exóticos, as ricas fragrâncias? Então ele resolveu desenhar-lhes um mapa. Quando voltou para casa, as pessoas ficaram encantadas com as histórias que lhes contou. O mapa ficou exposto na prefeitura. Algumas pessoas guardaram na memória cada curva do rio. Outras se tornaram especialistas em mapas. Mas nenhuma delas viajou para o Amazonas. O mestre jainista Gurudev Chitrabhanu conta como foi o seu primeiro encontro com o homem que acabaria se tornando o seu guru. Chitrabhanu estivera viajando por toda a Índia, aprendendo a fazer conferências com muitos sábios e pensava que já sabia muito. Mas a primeira coisa que seu guru lhe disse foi: "Você não sabe nada. É apenas um bom papagaio." Ele reconheceu que foi esse o verdadeiro início do seu aprendizado.

A maioria de nós repete a verdade muito tempo antes de possuí-la. Falamos da inteireza até mesmo enquanto lutamos pelo território do ego. Falamos do amor a Deus ao mesmo tempo em que nos afastamos da graça. O fato de reconhecer uma verdade não significa que o eu, velho e programado, abdique voluntariamente da coroa do ego. Mas com o tempo e comprometendo-se com a nossa busca, ele o faz.

Quando o mistério do eu começa a revelar seus segredos, não faz nenhuma diferença saber quão universal é uma revelação, porque ela encerra toda a alegria temerosa que sentimos com o nascimento de uma criança. Dizem que a esperança da nossa espécie renasce toda vez que nasce uma criança. O mesmo é válido para cada nascimento espiritual.

"Procura e encontrarás" é a chave-mestra. Não é apenas a promessa para os crentes de um sistema, nem uma idéia romântica. Esta é uma lei de energia rigorosa que funciona. A dinâmica dessa lei de energia é a atração. O desejo de compreender dá início à locomoção de forças poderosas e as respostas começam a chegar aos poucos, lentamente. O livro certo, a repentina inteligência intuitiva, a pessoa com um pedaço do quebra-cabeça — tudo isso parece surgir como por mágica. O que costumávamos considerar coincidência é, na verdade, dirigido por uma inteligência invisível. Eu sempre gostei deste provérbio: "A coincidência é o modo que Deus encontrou para permanecer anônimo."

Isso é supernatural? Não. Naturalmente super? Oh, sim. O fato é que simplesmente estamos lidando com isso inconscientemente, sem conhecer a poderosa e inexorável lei da atração. Nós já estivemos criando a nossa própria realidade o tempo todo. Agora podemos fazer isso intencionalmente.

Da cópia à co-criação

"Você cria a sua própria realidade" pode parecer uma espécie de alucinógeno da Nova Era, que não tem nada que ver com o mundo real do dinheiro, do poder, da política, das pessoas sem teto, da AIDS ou com sua vida pessoal. Não compreendida, tal afirmação parece, na melhor das hipóteses, um clichê vazio e, na pior das hipóteses é sempre causadora de culpa, insultuosa e totalmente irrelevante. "O que é que eu tenho que ver com o mundo em guerra, com uma anomalia congênita, com uma economia que está fora de controle?" E, de modo mais pessoal, "O que eu tenho que ver com o meu começo de vida — minha família, sexo, raça, meu país ou status econômico?"

Estas não são indagações simples. Confie nas aparências para avaliar as invariáveis existentes e é provável que pareçam totalmente caóticas, um "lance de dados". O problema é que as invariáveis estão mudando constantemente, assim como as verdades absolutas de ontem cedem lugar às verdades absolutas de hoje e às de amanhã.

Não causa grande surpresa que pessoas inteligentes às vezes optem pelo ceticismo. É uma energia de transição benéfica. Ela questiona e investiga o que é falso, mas permanece aberta à aprendizagem. Sri Aurobindo, que foi ao mesmo tempo místico e intelectual, disse certa vez: "Em primeiro lugar eu acreditei que nada era impossível, e ao mesmo tempo me pus a questionar tudo."

Porém o cinismo, ao contrário do ceticismo, é um beco sem saída na procura da compreensão. Certa vez foi-me dito em Espírito: "Um cínico é alguém que tentou transferir Deus para a sua própria imagem e fracassou." O cínico tende a dizer que não há causa, nem inteligência-guia, transcendente ou de outra espécie.

Os que estudam alguns dos nossos mitos relatam que uma divindade antropomórfica tomou todas as decisões por nós, atribuindo-nos o papel que estamos desempenhando. Se você nasceu uma vietnamita cega que morreu numa ofensiva de ácido naftênico, aos quatro anos de idade, bem, isso é apenas o desígnio traçado pela divindade. Não está ao nosso alcance saber o porquê. É simplesmente o mistério.

No decorrer dos séculos, porém, antigos ensinamentos do mundo todo nos disseram que a realidade não é algo que é feito *para* nós; nós é que a criamos. Talvez a palavra *nós* deva ser sublinhada, porque muitas das realidades que vivenciamos são aquelas que fizemos juntos. Quando observamos os enormes desafios de nossas vidas e dos tempos, vemos que vale a pena empreendermos uma investigação séria sobre a possibilidade de sermos de fato criadores. Numa primeira consideração, daí poderiam resultar alguns confrontos sensatos com nossos egos, mas imaginem só as implicações que há em criar o futuro.

É perigosa a simplificação excessiva quando discutimos como criamos nossas próprias realidades. Mas sejam pacientes enquanto eu procuro explanar isso por alguns momentos e em seguida analisaremos certos princípios concernentes.

Em primeiro lugar, não foi com esta vida que nós começamos. O *você* que se encontra além da personalidade, o você verdadeiro, sempre existiu. Nunca houve época em que você não era; nunca haverá época em que não existirá. Se puder aceitar que, em algum nível mais elevado da existência, você escolheu o tipo de vida que agora está vivenciando porque ele iria lhe proporcionar as maiores oportunidades de crescimento e contribuição, verá que todas essas realidades estabelecidas, com que iniciou, tinham razão de ser. O fato de ter nascido um homem judeu em Manhattan, e não uma mulher islâmica no Teerã, representa a primeira parcela importante de criação da realidade na vida de uma pessoa. Não importa como você acha que veio ao mundo. Foi algo intencional. Muitas realidades foram criadas por essa escolha do nascimento.

Eu conheço, por exemplo, uma moça que nasceu em meio a uma pobreza abjeta num país do Terceiro Mundo. Era uma dessas crianças de olhos grandes que a gente costuma ver em documentários de televisão. Ela viveu nessas condições até os dez anos de idade, quando se abriu a próxima fase de sua jornada, aparentemente improvável: foi adotada por uma família nos Estados Unidos que lhe pôde oferecer as oportunidades de que necessitava. Quando ela chegou, não falava uma palavra de inglês. Dez anos depois, essa garota estava cursando a pós-graduação com uma bolsa de estudos, especializando-se em ciência política com o compromisso de melhorar as condições de vida em países do Terceiro Mundo. Essa moça encarnou com uma inteligência brilhante. O objetivo de sua alma era aproveitar esta vida para servir ao mundo. Na preparação para a vida que pretendia adotar, ela imprimiu sua consciência, nos primeiros anos de vida, com a pobreza devastadora e, depois que isso foi feito, chegou a época de treinar o intelecto. Se ela já tivesse nascido privilegiada, poderia não se ter preocupado o bastante para que seu talento se colocasse a serviço do mundo. Do modo como aconteceu, ela se entusiasmou com a reforma no nível da alma e recebeu a oportunidade de fazer isso por meio da sua formação. Ela também poderia ter tido a oportunidade de trabalhar por intermédio da revolta pessoal contra a injustiça no mundo, aprendendo a transformar as frustrações e as dores dos seus primeiros anos de vida. Mas isso faz parte da preparação para ser um instrumento de trabalho eficaz.

Eu também conheci um bebê que foi recolhido numa lata de lixo por um homem que fundou e que dirige um orfanato para crianças de rua no Brasil. Esse órfão cresceu e se tornou um médico que agora atende o orfanato.

Viver face a múltiplas realidades

Uma vez no plano terrestre, cada um de nós vive em meio a muitas realidades e exerce a capacidade de criar dentro de todas elas. Em primeiro lugar, temos a experiência relativa a nós mesmos como indivíduos que fazem escolhas baseadas em predisposições, necessidades pessoais, preferências e motivos inconscientes. Essas escolhas criam as nossas realidades. Se eu prejudico o meu corpo com comida pouco saudável, recuso-me a fazer exercícios físicos e continuamente me enveneno com pensamentos negativos, acabarei criando uma realidade pessoal que me devolverá os resultados dessas escolhas dentro de semanas ou anos.

Em segundo lugar, também vivemos realidades nas quais desempenhamos apenas um papel. Você e eu somos partes de famílias que nos forneceram não apenas nossa herança genética, mas também nossas idéias sobre valores familiares. Em troca, contribuímos para a história de nossas famílias desde o momento em que nascemos. Mesmo que tivéssemos de fugir de casa, nossa rejeição afetaria a todos e se tornaria parte da história da família.

Os sexos também ajudam a moldar as nossas realidades. No momento do nascimento, herdamos todas as atitudes predominantes do nosso sexo — todos os mitos, proibições e expectativas. Enquanto não conseguirmos mudar, por nós mesmos, as percepções universais de masculino e feminino, as escolhas que fazemos ao viver nossas vidas como homens e mulheres certamente *influenciarão* o todo.

Por último, somos influenciados pela realidade da nossa espécie e participamos da sua criação. Somos células pensantes na mente única da humanidade. Nossas atitudes e crenças, nossas visões e nossos medos vertem no oceano coletivo em que todos estamos nadando.

A unicidade da vida

O mito de que somos separados e isolados, de que cada um de nós é um sistema fechado, está agora se dissolvendo na verdade maior de que cada um de nós tem influência sobre aquilo que vê.

Desde 1902, quando Werner Heisenberg desenvolveu o princípio da incerteza, a ciência vem demonstrando que não existe análise estritamente objetiva. Nossa observação de uma coisa é parte de sua realidade e da nossa também.

No livro de David Peat, *Synchronicity: The Bridge Between Matter and Mind* [Sincronismo: A Ponte entre a Matéria e a Mente], é citado o físico John Wheeler: "Tínhamos a velha idéia de que havia um universo lá fora e de que aqui estava o homem, como observador, seguramente protegido do universo por uma chapa de vidro de seis polegadas. Agora aprendemos, com o mundo quântico, que até mesmo para observar um objeto tão minúsculo como o elétron, temos de quebrar a chapa de vidro; temos de alcançar lá dentro... Assim, a velha palavra *observador* simplesmente deve ser abolida dos livros e, em seu lugar, devemos introduzir o termo *participante*. Desse modo, chegamos a compreender que o universo é um universo participativo."

A física quântica nos ensina que nada existe isoladamente. Toda a matéria, das partículas subatômicas às galáxias, é parte de uma complexa rede de relacionamentos dentro de um todo unificado.

O trabalho do físico David Bohm sobre partículas subatômicas e o potencial do quantum levou-o a concluir que, se os seres físicos parecem estar separados no espaço e no tempo, eles, na verdade, estão ligados ou unificados de forma implícita ou unificadora. Sob o indiscutível domínio das coisas ou dos acontecimentos isolados reside um domínio implícito da totalidade individual, e esse todo implícito conecta todas as coisas.

Um antigo ensinamento sânscrito relata que no Paraíso do Indra há uma rede de pérolas tecida de tal modo que, se você olhar para uma delas, verá todas as outras refletidas nela. Da mesma maneira, cada objeto do mundo não é tão-somente ele próprio, mas engloba todos os outros objetos e, na verdade, ele é todos os outros objetos. Hoje, reconhecemos a realidade da rede de Indra na espantosa multidimensionalidade do holograma.

Os hologramas podem ser mais bem entendidos por meio da ilustração. Se você pegar uma imagem holográfica de um cão e ampliar apenas uma parte dela, digamos, a cabeça, obterá mais do que uma figura da cabeça do cão; você obterá o cão inteiro. A cabeça do cão é uma parte do todo, e o todo está presente em cada uma de suas partes. O neurofisiologista de Stanford, Karl Pribram, considera que o holograma pode ser um modelo do cérebro humano e, mais ainda, que pode refletir a estrutura de todo o nosso universo.

A experiência pessoal levou-me às mesmas conclusões. O trabalho de cura do qual tenho tido o privilégio de participar há muitos anos, freqüentemente envolve clientes que podem estar a centenas ou até mesmo a milhares de quilômetros de distância. A energia da cura e a informação são transmitidas através do meio unificante que conecta toda a vida — a ordem implícita de Bohm — e esse meio situa-se além do tempo e do espaço que normalmente percebemos. Somos inseparáveis de toda a natureza. Não podemos perturbar o equilíbrio da natureza e esperar que não sejamos atingidos, assim como não podemos prejudicar a nossa própria vida sem que a nossa família seja atingida.

O livro *Resettling America Energy, Ecology, and Community* [Reorganizando a energia, a ecologia e a comunidade na América], de Gary Coates, conta uma história que sublinha o que acontece quando nos recusamos a respeitar o complexo sistema de interdependência da natureza. A Organização Mundial de Saúde (OMS) espalhou DDT em algumas aldeias de Bornéus, numa tentativa de erradicar a malária. As aldeias eram formadas por "casas enfileiradas", baixas, cobertas com palha, nas quais viviam aproximadamente quinhentas pessoas, num único núcleo, de modo que era uma coisa simples pulverizar as cabanas com o inseticida. O efeito a curto prazo foi uma queda significativa de incidência da malária.

Porém, não levou muito tempo para que as aldeias fossem invadidas por ratos da floresta que carregavam pulgas no pêlo. Era um problema de certo modo preocupante, já que as pulgas eram portadoras de praga.

Na verdade, muitos animais chegaram a morar nas cabanas cobertas com palha. Havia baratas, lagartixas e gatos. O DDT foi absorvido pelas baratas, que foram comidas pelas lagartixas. Estas, por sua vez, foram devoradas pelos gatos. Mas, como o DDT se torna cada vez mais concentrado à medida que se espalha pela cadeia alimentar, os gatos é que acabaram morrendo todos, envenenados pelo DDT. Com o desaparecimento dos gatos da aldeia, o caminho ficou livre para os ratos invasores. Para solucionar este novo problema, a OMS teve de soltar gatos de pára-quedas dentro das aldeias.

Mas esse não foi o único efeito colateral. Pequenas lagartixas também viviam nas cabanas. Quando o DDT causou a morte do organismo menor que era predador dos insetos, o número de lagartixas aumentou rapidamente. Infelizmente, as lagartixas passaram a se alimentar das coberturas de palha. Não levou muito tempo até que aldeias inteiras viessem abaixo.

Nós *realmente criamos* todas as nossas realidades, mas não as criamos necessariamente sozinhos. Somos "co-criadores" junto com outras pessoas e com a natureza. Criamos mundos pessoais com retroalimentação imediata, bem como realidades pessoais a longo prazo que levam muitas vidas para se manifestar.

Também ajudamos a criar realidades relativas à família, à raça, ao sexo, à espécie e ao planeta. Somos participantes — e não vítimas — de um mundo que influenciamos mediante toda a escolha que fazemos.

Toda vez que extinguimos intencionalmente uma forma de vida, estamos desrespeitando toda a vida. Sempre que compramos produtos de fabricantes que exploram as pessoas, estamos contribuindo para a total realidade do abuso. Quando poluímos o meio ambiente — até mesmo com um ato tão insignificante como jogar uma lata de refrigerante pela janela do carro — colocamos em ação um efeito de dominó na natureza. Com cada descuido em relação ao meio ambiente físico, estamos ajudando a criar espaços para que novas moléstias virulentas se incubem. Toda vez que lotamos o mar de nossa consciência unificada — com violência e medo — estamos contribuindo para o momento em que essa violência e esse medo surjam em nossas vidas pessoais.

Por outro lado, sempre que nos fazemos instrumentos de um ato de justiça, não importa quão pequeno ele seja, acrescentamos um pouquinho de justiça ao mundo todo. Toda vez que tiramos um pouquinho de medo de dentro de nós mesmos, estamos fazendo isso para todos. Quando amamos, perdoamos, respeitamos toda a vida e interagimos sem provocar danos, estamos contribuindo para que esses valores se tornem uma realidade para todos nós.

Quando vemos uma criança sofrendo devido a uma pobreza extrema, um homem que luta pela liberdade definhando numa prisão política, um jovem cuja vida está sendo destruída pela AIDS, dizemos: "Poderia ser eu, não fosse pela ajuda de Deus." Talvez também devêssemos dizer-lhes um sonoro muito obrigado. Seu pesadelo também é um sacrifício que permite, a mim e a você, compreender com mais clareza aquilo que precisa ser purificado em cada um de nós. Estamos todos tão inter-relacionados que, como disse um botânico certa vez: "Colher uma flor é abalar uma estrela."

A lei da atração

O princípio da atração — pelo qual atraímos para nós mesmos aquilo que procuramos — é uma lei de energia e, como qualquer outra lei, é ativada através de processos naturais. A Terra, afinal, sempre foi redonda, mesmo quando se insistia dizendo que era plana. Mas, antes que se descobrisse a verdade da rotundidade, criou-se uma legião de demônios e monstros que ficavam guardando as extremidades da Terra.

Como pôde algo que nunca existiu verdadeiramente ter a capacidade de criar tanto medo e limitação? Porque nossa crença nisso era tão forte, nós lhe insuflamos poder. Tal é o poder de nossas mentes.

A lei da atração — os semelhantes se atraem — é uma das chaves mestras da criação da realidade. "Procura e acharás" é algo que dá certo quando as atrações são tiradas dos ímãs do medo e das exigências estreitas do ego. A lei também está em vigor quando procuramos nos alinhar com nosso eu espiritual mais profundo e colocamos, em nosso mundo, tudo aquilo que é necessário para criar, a partir do que há de mais elevado em nós.

Basta olhar em volta para o nosso mundo e veremos o que criamos coletivamente a partir de nossos egos sem visão — guerras; poluições danosas; injustiças sociais, raciais e econômicas; um conhecimento tão privado de sabedoria que balançamos no fio do auto-aniquilamento.

Provocamos coletivamente uma crise planetária e não nos podemos dar ao luxo de continuar assim por muito tempo. Estamos em época de escolhas profundas. Precisamos compreender que nosso destino é um só com todas as pessoas e engloba toda a vida. Não somos apenas co-criadores uns em relação aos outros, mas também somos partícipes com o Divino. A evolução nos obriga, pela vontade ou pela força, a aceitar isso.

Cada um de nós é um ímã que nos impele para o nosso mundo, não importa o que tenhamos em nossa mente. A mente é muito mais que apenas o cérebro. Ela engloba nossas intenções, pensamentos, ações, palavras e imagens harmoniosamente providos de energia. A mente acende e mantém o fogo da consciência.

A vontade — força criativa universal

A única força verdadeiramente potente que você tem é a sua vontade. É o que a maioria de nós menos compreende. Porém, tudo o que vemos à nossa volta, das condições sociais aos relacionamentos pessoais, foi chamado à existência pela vontade. À medida que avançarmos através das mudanças intensas da nova década, vamos ouvir cada vez mais a respeito da vontade. O que é realmente, e qual é a diferença entre a vontade de Deus e a vontade humana? Como sabemos quando estamos de acordo com a vontade de Deus?

Quando a expressão *vontade de Deus* aparece em nossa vida diária, provavelmente é para encobrir situações que vão desde um desastre natural até a morte de uma criança, desde ganhar até perder uma guerra. Se não conseguimos explicar o que acontece, então deve ser a "vontade de Deus".

Quando a imagem de uma divindade "lá fora" fica pairando na mente coletiva, ela não está muito longe dos antigos deuses da montanha e do rio. A vontade de tal divindade acarreta o medo. Tememos que, mais cedo ou mais tarde, "ela" venha a exigir sacrifícios. Suspeitamos que "ela" está tomando nota e que a qualquer momento nossos erros serão revelados e punidos. Como viver de modo que "ela" nos recompense ou talvez nem nos note?

Muitas pessoas amorosas e inteligentes preferem descartar toda idéia de uma vontade divina transcendente como sendo utópica projeção ou pura superstição. Não é de admirar, portanto, que essas pessoas descubram que o conceito "Deus é amor", simplesmente não combina com o da "vontade de Deus", que parece tão indiferente ao sofrimento humano. É provável que nunca combine, enquanto pensamos que a vontade de Deus se exerce *em relação* a nós, e não *através* de nós. Teremos dificuldade em aceitar que há realmente um Deus amoroso por trás de todo o caos que vemos.

Será que há mesmo um plano transcendente, um projeto para o planeta Terra? Durante as épocas de rápidas mudanças, como agora, muitas pessoas têm visões simbólicas do que parece ser um plano que se torna claro por meio de sonhos, visões, intuição.

Tive a experiência de uma visão desse tipo poucos anos atrás — uma visão que falava do nascimento de um "mundo novo". Eu estava rezando pelo planeta, formando diante de mim a imagem de uma Terra unificada. De repente ela explodiu, estilhaçando-se em mil pedaços. A partir dessa destruição, surgiu um planeta luminoso, como a velha Terra, só que mais claro, mais brilhante, mais leve. Eu não entendi isso como a profecia de uma hecatombe nuclear. Em vez disso, era uma imagem encorajadora do mundo que se fará presente quando terminarmos as purificações que, por assim dizer, farão explodir o mundo que conhecemos. Fui levada a compreender que estamos no processo de co-criar esse mundo novo e que ele será um mundo caracterizado pela criatividade, "sem iniqüidade", sem violência. Mas para chegar a esse ponto, partindo de onde estamos, temos, primeiro, de passar pelas explosões.

Então o Espírito passou a realçar essa visão para mim, de modo que eu não pensasse que eu é que a havia criado. Na semana seguinte à visão, fui até Jackson, no Mississippi, conduzir um *workshop*. Não contei a ninguém sobre a visão, pois tenho a tendência de guardar tais experiências para mim mesma até sentir que as incorporei. Após o *workshop*, fomos em grupo até o planetário. Enquanto estávamos lá, um dos elementos do grupo comprou-me um presente no balcão de *souvenirs*: um peso de papéis tendo gravados dois planetas Terra. Não dois hemisférios da Terra, mas dois planetas Terra exatamente iguais, lado a lado.

Muitas pessoas estão tendo impressões semelhantes do mundo que está para surgir da escuridão e da passagem perigosa em que nos encontramos agora. A mensagem de todas elas é que devemos nos apegar firmemente a uma visão de nosso mundo em equilíbrio ecológico, racial, econômico, social e político.

Esse mundo vai passar a existir por meio de nós. Se não pudermos conhecer o plano todo, cada um de nós deverá conhecer pelo menos a sua função nele. Não é um segredo que outro possa desvendar para nós. Nós o carregamos dentro de nós mesmos. O gene divino que carrega o nosso ADN cósmico inclui o nosso plano para esta vida. Tudo o que realmente precisamos para ativá-lo é aquilo que um escritor do século catorze chamou de "o anseio vivo por Deus". Toda a jornada de transformação concerne realmente à descoberta de nossa verdadeira identidade e de nossa vontade.

Sujeiçao à vontade superior

A maioria de nós fica um pouco confusa quando ouve expressões como "submeta a sua vontade a Deus". É claro que é isso que acabamos fazendo quando despertamos para aquilo que somos. Mas também sabemos intuitivamente que a vontade é importante para a sobrevivência, e "submissão" soa muito semelhante a aniquilação.

Superficialmente falando, *submeter-se* realmente parece a morte para o ego. Mas, na verdade, submeter-nos à vontade mais elevada resgata a nossa verdadeira identidade. Tente substituir a expressão *vontade mais elevada* por *vontade de*

Deus. O conceito de submissão da vontade adquire uma nova coloração quando sentimos que estamos abrindo mão de um eu pequeno em função de um eu maior — um que esteja ligado com Deus.

Em muitos dos programas de ajuda a viciados, como os Alcoólatras Anônimos e seu subsidiário, os Filhos Adultos dos Alcoólatras, a estrada para a redescoberta começa em admitir que não temos controle sobre o vício e que devemos nos submeter a um poder superior que nos ajude. Libertamos os controles rígidos do ego da vontade inferior quando reconhecemos que ele é limitado para subjugar nossos vícios. É a Vontade Superior dentro de nós que detém o poder de transformar um vício, um hábito. Isso é tão válido para um vício emocional como para um vício adquirido através de produto químico. A Vontade Superior atuará como um canal que vem de Deus e vai para Deus. Quando os controles rígidos do ego são vencidos, a verdadeira força assume o comando.

Somos feitos à imagem de Deus, e a Vontade Superior está muito próxima à sua essência. O dom da vontade nos torna criadores. Enquanto continuamos a falar, a desejar, a formar imagens e a dirigir os nossos pensamentos, reforçamos a estrutura do projeto para poder tomar forma no plano físico.

Somos realmente pessoas singulares. Fazemos uso desse divino direito inato para criar a partir de nossa vontade. Mas quando as coisas concretas começam a aparecer, saímos reclamando: "Quem foi que fez essa desordem?"

Nadando no rio da energia

As coisas não acontecem gratuitamente; elas nascem graças à vontade consciente ou inconsciente das pessoas, dos grupos ou de toda a espécie — até mesmo pela interação da nossa espécie com a vontade de outros domínios da natureza. Sabemos que tudo vibra no universo. Todos os trilhões de células que formam a nossa biosfera individual estão num ritmo constante de movimento. De acordo com a aparência de toda a sua matéria constitutiva, nada é estático. Siga o rastro dos materiais, até mesmo os mais densos, até suas partes moleculares, e lá estão eles, dançando de acordo com um ritmo jamais visto.

O espaço entre todos os átomos em nosso corpo é um holograma dos espaços entre as estrelas — tudo interligado, tudo num estado de constante prontidão. Isso porque esse espaço que interliga é o meio através do qual todas as coisas vivas e vibrantes, de um planeta a um pensamento, enviam sua mensagem para todo o universo.

Movendo-se para dentro, para os lados, para cima, para baixo e através de todo o espaço, há um rio cósmico de energia que flui. Essa energia foi identificada e recebeu muitos nomes e em muitas línguas: *Chi,* em chinês; *ki,* em japonês; *prana* em sânscrito; *rauch* em hebraico; e *mana* em polinésio, só para mencionar alguns. No Ocidente, naturalmente, tem recebido nomes que soam muito como termos científicos, como, por exemplo, "força ódica" e "energia orgone". Trata-se sempre do mesmo estofo energizante de vida.

Este rio de energia pode ser aproveitado para vivificar qualquer coisa em qualquer freqüência. Ele pode dar vida a um pensamento, a um sentimento, a um corpo físico. Porém, o projeto já está traçado; essa energia vai trazê-lo à vida. E tão logo o projeto não se fizer mais necessário, ou for concretizado e desaparecer, a energia fluirá de volta para o rio. E ela pode ser acumulada, aproveitada, adaptada, expandida ou reduzida, mas não pode ser destruída.

Se a concepção de um corpo, de um pensamento ou desejo for clara e não tiver bloqueios, essa energia vai fluir através dela sem empecilhos e a intenção atingirá a plena realização. Se, porém, a concepção for bloqueada, comprometida ou se for ambivalente, então a energia ampliará a distorção. Temos de decidir o que fazer com ela, pois, de qualquer maneira, somos responsáveis por aquilo que trazemos à vida com ela.

Uma vez que passamos pelo impacto de perceber que estivemos construindo cuidadosamente o nosso próprio mundo — e que o fizemos em conjunto — a percepção seguinte será a de que o poder de criar consoante novas maneiras é ilimitado.

A vontade de existir

Qual é a força que canaliza a energia do rio para dentro das células das árvores, de outro ser vivente, ou da estrutura molecular das rochas? O que é que, em primeiro lugar, motiva-os a existir? Uma semente? Um padrão? É claro que sim. Mas ainda há mais.

Há a vontade de existir. Sem essa vontade, a energia é novamente liberada para o fluxo universal. Retire a vontade de qualquer coisa, e essa coisa morrerá. Isso vale tanto para uma emoção como para um corpo físico. Se você decidir retirar a vontade do ódio, do ressentimento e do medo, essas emoções morrerão de morte natural por falta de energia para sustentá-las.

A palavra-chave é *escolha*. E nós fazemos essas escolhas o tempo todo. O dr. Viktor E. Frankl, psiquiatra e filósofo judeu, foi preso pelos nazistas durante a Segunda Guerra Mundial. Em seu livro, *Man's Search for Meaning* [A Busca do Significado pelo Homem], ele observou que até mesmo na mais degradada de todas as condições possíveis, num campo de concentração nazista, desprovidas até mesmo da dignidade mais simples e incapazes de mudar os acontecimentos, as pessoas continuaram a fazer escolhas. Suportando o insuportável, algumas pessoas ascenderam à nobreza, compartilhando as coisas com as outras e se interessando por elas, descobrindo a paz interior em meio à loucura. Elas não podiam mudar os acontecimentos, mas podiam escolher o modo como reagiriam a eles.

Não podemos simplesmente congelar-nos e dizer que não faremos, não pensaremos ou não sentiremos nada em determinada situação. Esta é uma escolha que, por si só, energiza o nosso medo.

Podemos sempre decidir-nos a escolher o *status quo*. Mas, se o fizermos, as guerras, a pobreza e as injustiças que foram "bastante boas para o querido papai" também serão bastante boas para nós. Contudo, também podemos fazer a escolha de novos planos, dar à luz novos desejos, pensar novos pensamentos, proferir novas palavras. A história se repetirá enquanto continuarmos a criar a partir da vontade inferior que nos separa de Deus e dos outros homens. A Inquisição, o

Holocausto, Hiroshima, as perseguições aos cristãos — todos os horrores da nossa história são variações do tema da alienação da humanidade em relação às suas origens espirituais.

Quando criamos a partir da vontade inferior, apenas com a finalidade de satisfazer a ganância, nossas melhores obras caem por terra antes do tempo com a mesma facilidade que os castelos de areia ruem com a invasão do mar. Mas quando ouvimos nossos impulsos mais profundos, que se originam da vontade superior, estamos criando a partir de um modelo que parece ser muito mais amplo do que o nosso próprio. Nós nos tornamos co-criadores em conjunto com o universo, trazendo para o domínio físico novos sons, símbolos, conceitos, descobertas e invenções que nos enriquecem a todos. Tais criações são belas, e elas perduram porque proporcionam o bem a todos.

Em *The Education of Little Tree* [A Formação da Pequena Árvore], de Forrest Carter, o vovô exprime bem isso: "É o que acontece com as pessoas que armazenam mais coisas do que o quinhão que lhes cabe e com elas se beneficiam. Tudo acaba sendo tirado delas. E haverá guerras por isso... e elas procurarão fazer longos discursos, tentando obter mais do que lhes cabe. Dirão que têm à frente uma bandeira que lhes garante o direito de fazê-lo... e os homens morrerão por causa das palavras e da bandeira... mas não mudarão as regras do Caminho."

Através dos tempos, os Mestres vêm nos ensinando o Caminho, independentemente de cultura e religião. Eles nos dizem que, se quisermos compreender a vontade divina, devemos olhar para dentro de nós mesmos, que nossa origem é divina e que fomos literalmente criados à imagem de Deus. Mas temos a tendência de ficar exaltados quando alguém leva isso muito a sério. A afirmação bíblica "Sois deuses" parece ser direta demais. Muitas pessoas sofreram perseguições ao longo dos séculos porque descobriram essa verdade e falaram a respeito dela. Nos velhos tempos, isso se chamava blasfêmia. Dependendo do modelo de realidade em uso, as acusações vão desde a decepção pessoal e arrogância até a presunção, incluindo aquele velho bicho-papão — a possessão demoníaca.

Chego a pensar que ficamos apavorados com a responsabilidade inerente a viver à altura do nosso potencial divino. É mais fácil jogar a culpa pelos acontecimentos nas forças que estão fora de nós ou, em estado de frustração, pretender afirmar que não há nenhuma inteligência dirigindo o espetáculo. Isso nos permite perpetuar a ilusão de que não temos nada que ver com o caos de nossas vidas pessoais, nada que ver com todas as mudanças e menos ainda com a loucura que se verifica no planeta. Contudo, quando nos alinhamos com a Vontade Única, estamos nos comportando como agentes para a implantação dessa vontade na Terra.

A vontade é o nosso direito inato, sagrado. Assim como o raio de sol está para o sol, assim nós estamos para a Fonte de toda a vida. A luz dessa Fonte está dentro de cada um de nós, não importa quão fraca possa parecer às vezes. Nunca houve uma época em que não existíssemos como parte do todo. Nem haverá época em que não seremos parte do todo.

Nós perdemos esse sentido de totalidade quando conferimos autoridade à vontade inferior, e retornamos à totalidade quando transferimos essa autoridade à vontade superior. Nós carregamos as duas dentro de nós o tempo todo. Não é uma questão de negar, de reprimir e de subjugar a vontade inferior. É uma questão de escolher qual delas estará no comando de nossas vidas. A vontade superior abrange a vontade inferior e trabalha através dela, e não o contrário.

A vontade superior dentro de nós escolhe as circunstâncias do nosso nascimento. Ela está interessada no crescimento da alma e no seu retorno à unidade. A dor e a decepção são vistas como uma oportunidade de crescimento tão importante quanto o sucesso e o prazer. A vontade inferior muitas vezes faz escolhas que são boas para o ego e encara a dor e a decepção como mero fracasso. A vontade inferior tende a ver um universo de limitações. Ela procura símbolos externos de sucesso para dar validade a si mesma. Ela sente a necessidade de controlar. Deus é concebido como uma entidade separada do eu— uma entidade à qual temos de suplicar, de invocar e mesmo de solicitar favores. Se o eu inferior não consegue aquilo que quer, ele acredita que orações não foram atendidas; ele vive no medo.

A vontade superior visualiza um universo de abundância ilimitada, um universo no qual há muitos recursos para todos. Vivendo em unidade com Deus, ela dirige para si tudo aquilo de que necessita. Ela não encara o universo como um fornecedor relutante; em vez disso, faz uso do conhecimento como instrumento de sabedoria, vivendo na fé de que tudo está se desenrolando na mais perfeita ordem. Ela vive a vida plenamente, fazendo escolhas a partir de uma orientação interior, e não exterior. Ela vive no amor.

Uma pessoa que vive sob o domínio da vontade inferior não é boa nem má, apenas se encontra adormecida e tem uma compreensão imatura das coisas. Mas, antes de podermos começar a submeter a vontade inferior à Superior, temos de saber, em primeiro lugar, que a nossa vontade tem a capacidade de criar. O dom do livre-arbítrio nos permite explorar nossas habilidades para criar, e quando estamos prontos para abrir mão da vontade inferior em nome da superior, fazemos isso como seres inteiramente conscientes, não como sonâmbulos.

Houve um tempo em que estávamos conscientes de que vivíamos em total unidade com a Fonte. Nossos mitos nos fazem lembrar dessa época — nós a chamamos de paraíso, de lar. Na história da Queda, o ego usurpou a vontade e dela fez uso como seu próprio veículo de validação. Lamentavelmente, ao nos tornarmos mais civilizados, aprofundamos a cisão, e o espírito tornou-se o inimigo da carne. Ao mesmo tempo que amamos a Terra, lutamos com ela como a prisão de nossos espíritos.

A imagem que fazemos de nós mesmos

A dra. Dianne Connelly intitulou seu livro acerca da acupuntura chinesa tradicional como *All Sickness is Homesickness* [Toda Doença é Saudade do Lar] — um título brilhante que define o nosso problema numa única frase. Temos saudade do lar que é a totalidade interior, saudade do lar que é a unidade com os aspectos materno e paterno de Deus, saudade do lar que é a nossa vontade criativa de ser um só com a sua fonte, com a sua origem.

O gene divino é o nosso gene de perfeição. Ele viaja conosco, pouco importando quantas vidas ou experiências sejam necessárias para acordarmos. Ele garante que um dia ficaremos cansados e fartos de utilizar nossa vontade para criar dramas que nos deixam insatisfeitos. Nós queremos ser bem-sucedidos. E o código desse gene contém todas as informações de que precisamos para conseguir isso.

O planeta Terra é o local de treinamento para a vontade em fase de desenvolvimento. Mas podemos chegar a tal ponto de identificação com aquilo que estamos criando que até esquecemos quem somos. Conseguimos produzir todos os tipos de filmes aqui, qualquer coisa que combine com a nossa fantasia — melodramas, comédias, romances. O segredo é compreender que nós é que somos os criadores e não os filmes que criamos. Até entender essa diferença, continuamos fazendo inúmeras séries com as mesmas personagens e com enredos semelhantes.

Chegamos a pensar que somos o papel que representamos e da mesma forma chegamos a admitir que somos feitos para sofrer, já que outras pessoas — outros criadores — também estão participando, e até mesmo o nosso enredo mais bem feito está sujeito a mudanças.

Antes que o meu trabalho se desenvolvesse, eu me sentia ansiosa a respeito do que deveria fazer. Eu sabia que me encontrava num momento decisivo, mas não sabia que novo rumo eu haveria de tomar. "O que é que eu deveria estar fazendo?" é, em geral, a primeira pergunta que muitas pessoas levam ao analista. No Ocidente, estamos profundamente condicionados a "fazer alguma coisa". Fazer, e não ser, é geralmente o fulcro da questão.

Então um mestre querido disse para mim em Espírito: "A questão não é fazer alguma coisa. O que importa é compreender quem você é. E quando você compreender e se tornar quem você é, vai, literalmente, alterar as vibrações de tudo no seu ambiente."

O fazer surge naturalmente do ser. Procurar fazer antes de procurar conhecer é criar outra falsa identidade. Acreditar que aquele que eu sou é um guia espiritual ou um mestre é uma identidade tão falsa como qualquer outro papel que eu esteja representando. Eu sou — e cada um de nós é — um ser feito à imagem de Deus e procurando lembrar-se disso ao participar do drama terrestre.

Nós somos indestrutíveis. Se a nossa forma pode mudar, a nossa identidade não pode. Nós não somos as nossas carreiras, o nosso dinheiro, os nossos relacionamentos, os nossos sucessos ou fracassos. Os papéis vêm e vão. Nós os criamos porque eles nos oferecem cenários perfeitos nos quais podemos explorar a nós mesmos e aprender. Para acelerar o nosso processo, atraímos magneticamente todos os atores secundários de que necessitamos para o drama. E os nossos inimigos são tão importantes para a nossa história como os nossos amigos. Num certo sentido, nossos inimigos são os atores principais, porque eles espelham para nós os inimigos que há dentro de nós.

Sempre há atores perfeitos em disponibilidade para qualquer drama que criamos. As pessoas que se dedicam às mesmas questões acabam se encontrando, se descobrindo. Os salvadores sempre encontrarão inúmeras pessoas enviando sinais para serem salvas. As vítimas sempre encontrarão quem as maltrate. O amor encontra o amor. E o aluno que quer aprender atrai o mestre, com a mesma premência com que o professor atrai o aluno.

Não é fácil afastar os desejos que nos impelem na direção dos outros. É como se estivéssemos numa roda-gigante: sentimos o ímpeto da subida e obtemos aquilo que parece ser uma visão ampla do alto, mas então vem a rápida descida e, de repente, estamos de volta ao ponto de partida. Porém, quando decidimos sair da roda, muitas vezes descobrimos que, na verdade, perdemos todas aquelas subidas e descidas que vieram por acréscimo.

Temos de ser muito gentis em relação a nós mesmos e em relação aos outros também, na medida em que damos o passo corajoso, do contrário não conseguiremos suportar a nós mesmos e aos outros quando a resistência à mudança vier. E ela virá. O ego tem dominado a personalidade há tanto tempo que quando decidimos apelar para o nosso verdadeiro Eu, o ego ilusionário contra-ataca.

Não é por nenhuma razão gratuita que o caminho de volta à totalidade — o caminho que leva à fusão entre a nossa vontade e a vontade divina — é descrito em tantos textos sagrados como uma espécie de morte. Gandhi disse aos seus seguidores: "Eu ando todos os dias sobre o fio de uma navalha." Abrir mão da nossa vontade individual em função de uma vontade superior, por mais ardentemente que a desejemos, é uma morte.

Mas é também um nascimento. E é desse nascimento que trata a iniciação.

INICIAÇÃO

Ontem, hoje, amanhã

As iniciações são passagens que marcam ao mesmo tempo um nascimento e uma morte. Há uma renúncia tendo em vista um bem maior. Toda mudança importante pela qual passamos — desde a saída de casa para entrar no jardim da infância até o casamento, das alterações hormonais da puberdade até outras que surgem na meia-idade — representa uma passagem que nos oferece a oportunidade de nos iniciarmos em novos níveis de consciência.

Krishna ensinou que o eu deve morrer para que nasça o Eu; no *Tao Te Ching,** o sábio chinês Lao-tzu nos conta que o aluno aprende com as perdas diárias. Jesus nos disse que temos de perder a vida a fim de conquistá-la. A essa altura, devemos lembrar que o pássaro mítico, a fênix, também renasce das próprias cinzas.

Temos a necessidade de marcar nossos ritos de passagem com o ritual. Uma peregrinação anual; o Natal, a Páscoa, o Ramadan ou o Yom Kippur; festas de equinócio da primavera ou do outono — cada um deles ratifica ciclicamente nossas verdades através da cerimônia. Casamentos, funerais, batismos, crismas e bar mitzvahs param o tempo por um momento para dizer: "Prestem atenção. Algo significativo está acontecendo aqui."

Quer estejamos fazendo votos solenes, quer estejamos tentando dominar uma matéria difícil, estamos penetrando no terreno do novo e tomamos nota disso. É feita uma escolha, seguida de um período de preparação, de teste e, depois, de aceitação — cada um constitui um passo para uma iniciação na nova experiência.

Até mesmo em nossas atividades mais mundanas, obedecemos a uma necessidade interior de marcar a mudança em nossa vida. Se uma cerimônia formal não é preparada, criamos inconscientemente um ritual que enfatiza a passagem. Mudamos de casa, compramos um carro, limpamos os armários, vendemos as coisas velhas — alguma coisa nos diz: "Olhe, acabou. Estou abrindo caminho para o novo."

Uma garota, identificada apenas como Elizabeth, contou como se recuperou de uma experiência de violência a que foi submetida, num artigo do *Reader's*

---

* *Tao-Te King*, Editora Pensamento, São Paulo, 1987.

Digest (fevereiro de 1988). Ela e suas amigas realizaram um ritual de limpeza no local do estupro. Foi a maneira que ela encontrou de pôr um fim na história. "Os rituais são um modo maravilhoso de passar um traço sobre alguma coisa, de modo que você possa começar a libertar-se dela", disse a moça.

Os rituais levam as coisas a uma conclusão ou anunciam um início. Estamos sempre participando de um processo de conclusão e novos começos. Passo a passo, vivemos a vida comum para revelar o Divino. Pode parecer que a vida diária nem sempre tem algo que ver com o Divino porque fomos programados para ver ambos como coisas separadas. Mas até mesmo a experiência mais mundana é um exercício espiritual. Essa é a agenda da escola da Terra. Mesmo quando estamos vivenciando os nossos aspectos mais escuros, estamos recebendo a oportunidade de aprender mais a respeito de quem somos e de quem não somos. Cada vez que damos um passo consciente à frente, estamos trazendo o espírito para o nível físico. Esse passo consciente faz parte do eterno processo de iniciação. Ele assinala o ponto no qual a consciência interior é trazida para a expressão exterior, quando o corpo, a mente e o espírito se unem numa clara integração. Quando você está sendo iniciado em alguma coisa, você está se tornando essa coisa.

Transformamo-nos naquilo em que acreditamos

Não é difícil nos tornarmos intelectualmente receptivos em relação a conceitos, quer sejam espirituais, psicológicos ou científicos. Mas outra coisa é nos tornarmos uma afirmação viva desses princípios. Ansiamos por uma verdade, descobrimos, pesamos, experimentamos essa verdade para ver se nos serve, somos confrontados com tudo o que há dentro de nós que não é essa verdade, resistimos à mudança que ela exige de nós e nos purificamos de todo entulho remanescente. A essa altura, não há mais luta, não há mais ambivalência. É isso o que somos.

Sermos iniciados, portanto, é nos tornarmos aquilo em que acreditamos. E não há tapeações. Podemos nos enganar uns aos outros, podemos até mesmo concordar em nos enganar uns aos outros — "Eu acredito na sua hipocrisia se você acreditar na minha" —, mas somos aquilo que vibramos no mundo.

Na verdade, há um grande alívio quando reconhecemos a futilidade de fingir que acreditamos numa verdade que não adotamos como nossa. Os fingimentos pesam muito e requerem um esforço enorme para serem levados adiante. Deixar os fingimentos de lado é uma atitude que nos permite ver com mais clareza aquilo que realmente está acontecendo; de outro modo, nós os cercamos de tanto fervor que começamos a acreditar neles como se fossem algo autenticamente nosso.

Todos aspiramos por uma verdade muito antes de nos tornarmos essa verdade. Contudo, o desejo é o primeiro passo. Lembre-se do antigo provérbio: "Tome cuidado com aquilo que pede; você o obterá com o tempo." Entretanto, em geral, temos de confrontar muitos espelhos que mostram como aquilo que desejamos faz falta na nossa vida. Se oramos para ter paciência, ela não vem como um buquê de rosas. Em vez disso, nos deparamos com uma situação após outra que nos permite que ponhamos em prática a paciência. Se rezamos pela paz, todas as nossas guerras internas serão declaradas, de modo que possamos aprender a ser pacíficos.

Conheço uma mulher que abandonou uma carreira de sucesso como terapeuta, na qual era muito respeitada por suas descobertas e habilidades, para se dedicar a uma vida espiritual por alguns anos. Ela queria se tornar o amor em que acreditava. Foi para um *ashram* na Índia, onde foi imediatamente escalada para trabalhar na limpeza dos banheiros. À primeira vista, pareceria que sua cultura e suas habilidades não estavam sendo bem aproveitadas. Mas esse trabalho espelhava perfeitamente, para ela, a tirania do ego que sombreava o amor com a reprovação e a exclusividade. Enquanto esfregava vasos sanitários e assoalhos para os outros que viviam no *ashram*, durante alguns meses, ela aprendeu a impregnar de amor essa tarefa. Tornou-se aquilo que pedira para aprender. Essa tarefa humilde tornou-se o seu mestre iniciático.

Um quarto com vista

As iniciações são os portais através dos quais passamos de uma sala para outra e depois para outra, e cada uma delas nos aproxima mais de nosso próprio centro, o Santo dos Santos. Cada sala encerra desafios para nós; seu tamanho, seu conteúdo, as pessoas que lá se encontram, tudo é perfeitamente designado para o nosso crescimento naquele momento. Sempre temos a opção de decidir se vamos seguir adiante. Temos o privilégio de dizer, a qualquer momento: "Obrigado, mas vou dar o fora." Algumas salas contêm tentações fascinantes para nos reter: "Esqueça tudo. Divirta-se." E podemos decidir ficar nessas salas, como os convidados de um banquete, enfeitados e bem alimentados, assegurando uns aos outros que esse é o melhor lugar possível para ficar.

Algumas das salas contêm imagens aterradoras de nossas sombras, que parecem guardar o próximo portal como as ferozes gárgulas dos velhos templos. Se quisermos atravessar esses lugares, teremos de aceitar, dominar e integrar os monstros da sombra de nossas psiques.

Alguns anos depois de começar a trabalhar, fiquei confinada numa dessas salas e lá permaneci por uns dois anos. Dedicava-me com prazer à tarefa da cura e às consultas particulares. Mas, sempre que pensava em lecionar ou fazer conferências públicas, sentia um medo gelado. Aquilo não tinha nenhum sentido racional para mim, já que eu tinha o hábito de falar em público e tinha me exposto bastante através de atividades muito variadas desde a infância. Eu sabia que tinha uma profunda resistência para me apresentar em público, mas não atinava por quê.

Finalmente, cansei de dançar com minhas sombras. Normalmente é isso o que serve de alavanca para uma mudança. Segundo uma tia minha, muito inteligente, "as pessoas ficam bem quando enjoam e se cansam de estar enjoadas e cansadas". Comecei a rezar para alcançar visões internas desse medo. Levou um ano inteiro para que elas viessem.

Então, tive uma visão e nela eu era uma jovem cristã, em algum período dos primeiros séculos depois de Cristo. Entrei na história no momento em que estava sendo levada a uma fogueira para ser queimada em virtude da minha religião. Enquanto minhas mãos eram amarradas à estaca de madeira por um soldado, eu olhei nos seus olhos. Ele estava em silêncio, mas sua expressão tentava me dizer que estava apenas fazendo o seu trabalho. Eu o vi acender o fogo e senti o cheiro da primeira fumaça. Então, de repente, eu não estava mais no meu corpo e ouvia uma voz amável dizer, gentil e claramente: "E então, era para ter medo disso? Tudo o que você fez foi morrer."

Então eu entendi. Num instante, o medo desapareceu. Eu tinha carregado, na minha consciência, o medo de que, se levasse minhas crenças a público, seria perseguida e condenada à morte. É claro que aquilo era ilógico, mas os medos não estão baseados na lógica. Embora o medo que sentimos seja real, a origem dele está na mente. No dia seguinte, eu estava com vontade de falar em público para todos os que quisessem me ouvir.

As pessoas que estão familiarizadas com o processo de terapia sabem que uma experiência de descoberta normalmente não faz o medo desaparecer. Geralmente, ela é seguida por meses de integração. No entanto, aquele "ah!" foi direto ao núcleo do medo e descarregou a influência que ele tinha sobre mim. Parte dessa limpeza consistiu em perdoar todos os que estavam envolvidos naquilo que eu percebi como minha perseguição, depois abençoar a experiência e liberá-la.

Não importa muito se alguém quer interpretar isso como a lembrança de uma vida passada, uma experiência arquetípica, um símbolo ou uma lembrança racial. Um medo é sempre um medo. Enquanto essa energia não é liberada, ela continua sendo um ímã que atrai situações semelhantes. Se você tem medo de alguma coisa, acaba dando um jeito de vivenciá-la várias vezes. Como dizia Jó: "Aquilo que eu temia, aconteceu comigo."

Nossas iniciações acontecem todos os dias enquanto vivemos o aqui e agora. Através da boa vontade para honrar os nossos locais de aprendizado e estar inteiramente presentes com nossas dores e aflições, com nossos amores e descobertas, com nossa luz e nossa sombra, transformamos tudo aquilo que não é mais necessário. E a transformação é a meta da iniciação. O prefixo *trans* significa "ir através"; também significa "ir além". O que ele não significa é "evitar".

Podemos passar muitos anos movendo-nos através de uma grande variedade de experiências para aprender as lições em qualquer passo de iniciação. Podemos até gastar muitas vidas nisso. Mas cada passo que damos representa uma iniciação espiritual. Quanto menos sobrecarregados estivermos com a bagagem de nossas idéias preconcebidas a nosso próprio respeito, que são todas temporárias, mais íntimos nos tornaremos daquilo que é real e duradouro.

Uma vez eu pedi ao Espírito que me ajudasse a compreender a diferença entre o Real e o irreal, e a resposta foi a seguinte:

"O irreal concebe a separação. O Real sabe que não há nenhuma separação.
O irreal é solitário, causa desespero e preocupação; o Real vê o desafio, cria soluções, sabe.
O irreal produz cada vez mais confusão.
O Real fortalece."

Todos os nossos dramas têm o propósito de nos ensinar o Real, com um enredo por vez. Cada um nos aproxima mais da iniciação num outro nível de compreensão. Aquilo que parece ser real para nós em qualquer momento é relativo à nossa compreensão e ao nosso ponto de vista. Observando uma experiência em desenvolvimento, o que você vê é apenas a experiência, e nós dizemos que ela é boa ou ruim com base na dor ou no prazer que causa. Encarada pela perspectiva dos anos, ou melhor ainda, do prisma espiritual, a experiência é vista sob uma Luz inteiramente diferente.

Certa vez conheci um homem totalmente despreocupado com tudo o que não dizia respeito a seus objetivos imediatos e egotistas. Esse homem quebrou a coluna e acabou internado num hospital, ficando totalmente incapacitado, pelo espaço de um ano. À primeira vista, isso parece algo bastante ruim. Mas, depois desse ano, ele abriu um acampamento para crianças fisicamente deficientes. De uma perspectiva mais ampla, o ano "perdido" foi aquele em que ele encontrou a si mesmo.

Quanto mais ampla é a visão, quanto mais abrangente, maior é a habilidade de responder sim às coisas que *parecem* paradoxais, em vez de insistir no sim ou não.

Uma vez me foi dito em Espírito que existe um paradoxo "quando a mente não se expandiu o bastante para abarcar opostos aparentes". Se nos dedicamos a buscar o Real, podemos viver com segurança no mundo e não apenas tolerar ou atacar aquilo que parece paradoxal. Isso se torna parte do prazer de explorar os mistérios ainda não revelados.

Múltiplas realidades coexistem: elas não se anulam umas às outras. Talvez você já tenha visto a figura do vaso que se torna o perfil de duas pessoas quando se muda o ângulo de percepção. Tão logo você entenda isso, poderá, facilmente, mudar de um ângulo para outro. Mas até chegar a entender isso, o perfil do objeto já terá mudado.

Para subir uma escada é preciso que todos os degraus estejam no seu lugar. Nenhum degrau é mais importante que o outro, mas não se pode estar num degrau superior sem antes ter escalado os inferiores. Porém, à medida que subimos, a visão vai ficando mais ampla. Nossa perspectiva a partir dos degraus inferiores não pode abranger a vista que se descortina a partir dos degraus superiores. Contudo, a posição vantajosa dos degraus superiores não invalida os outros degraus.

O primeiro degrau da escada é real; assim também o décimo. A diferença é que o décimo inclui o primeiro.

Certa vez, dei uma consulta a um jovem assistente social que estava profundamente comprometido com um serviço a ser prestado ao "Novo Pensamento". Mas ele estava intrigado com o fato de ter de trabalhar naquilo que lhe parecia um sistema burocrático, vagaroso. Quando procuramos penetrar em suas intenções mais profundas, pareceu-nos que sua missão nesta vida era trabalhar dentro de instituições existentes, num emprego convencional, como um estabilizador que funcionasse durante as turbulências das mudanças que estamos vivenciando.

Com a finalidade de ajudá-lo a compreender a importância disso, recorri ao sentido mais profundo da história de Noé. Foi-me comunicado em Espírito que, durante qualquer mudança de era importante, há pessoas cuja tarefa é preservar as sementes de tudo o que a nossa espécie realizou até aquele momento e levá-las até a nova era. Quando chega a hora de passar pela iniciação como um povo, atravessamos o processo da morte que parece envolver grande turbulência e destruição. Mas a evolução que atingimos até esse momento não é perdida. As sementes da criação — os pares das criaturas preservadas na arca — são levadas conosco para atravessar o portal da iniciação até a compreensão superior.

Os frutos de cada encarnação e a sabedoria que assimilamos são preservados na consciência entre vidas sucessivas e são levados para novas encarnações. Muitas e muitas vezes, em sessões de aconselhamento, vi que os talentos que uma pessoa tem hoje originam-se de realizações que ela "acumulou no paraíso" no passado — *paraíso* significando "um estado de consciência indestrutível". Esses dons desenvolvidos não se perdem depois de uma única encarnação; mas as coisas "acumuladas na Terra" — isto é, que servem estritamente ao ego e nada mais — morrem com a pessoa e deixam de existir. Parece que nós *podemos* levar algumas coisas conosco.

A salvaguarda do conhecimento sagrado: as escolas de ocultismo

O ensinamento sobre o relacionamento humano com o Divino sempre seguiu duas direções distintas: a religião exterior, exotérica, com ênfase na obediência à estrutura e ao dogma da igreja; e o ensinamento esotérico, oculto. Toda religião importante tem seu núcleo interno de ensinamentos místicos: o sufismo no Islã, a cabala no Judaísmo, o gnosticismo no Cristianismo, o zen no Budismo japonês e a linha tântrica, tanto no Hinduísmo como no Budismo tibetano, só para mencionar alguns.

Seria necessária uma biblioteca inteira para apresentar as centenas de escolas e sociedades secretas que existem desde que a história começou a ser registrada e antes ainda. Mas estaríamos deixando de lado um ponto importante na nossa compreensão da mudança — e da iniciação — se não nos lembrássemos da continuidade dos ensinamentos sobre o renascimento espiritual.

Basicamente, o ponto principal desses ensinamentos é libertar o Deus que há dentro de nós da armadilha da matéria. A Doutrina Secreta, ou os Mistérios, como sempre foram chamados esses ensinamentos, ofereceram a estrada estreita e direta para o autoconhecimento. Se o lento movimento da evolução acabará por nos recolocar a todos em contato com a nossa Origem, há um caminho mais curto no qual podemos assumir o controle de nossa jornada. Ele é muito mais difícil e mais intenso, mas o Caminho foi apontado — e vivido — por mestres e avatares iluminados através dos tempos. É o caminho da iniciação.

O ensinamento dos Mistérios sempre foi transmitido de modo privativo a pessoas altamente treinadas, como preparação para assumir grandes iniciações e dar grandes passos no desenvolvimento espiritual. Essa informação nunca foi passada para um público sem treinamento. O conhecimento não é bom nem mau. Ele apenas é. Mas o conhecimento também é poder. Ele pode ser perigoso nas mãos erradas. Por isso, as seitas esotéricas protegiam esse conjunto de conhecimentos escondendo-o por meio de códigos, línguas e ciências só conhecidos por aqueles que haviam aprendido a ver os significados ocultos. Os adeptos, como são chamados esses praticantes, juravam manter segredo, geralmente perdendo suas vidas se revelassem os ensinamentos. Se caíssem na tentação de explorar o conhecimento para fins particulares, não poderiam completar a iniciação. Muitas das técnicas e habilidades que haviam sido concebidas para mostrar progresso na jornada espiritual foram adulteradas e reduzidas a instrumentos de feitiçaria e adivinhação. Tipicamente, quando uma civilização começava a entrar em colapso por sua própria fraqueza, os ensinamentos puros tornavam-se cada vez mais velados, a fim de proteger o sagrado do profano.

Quando os candidatos ao ingresso nas escolas ocultistas passavam por todas as provas e tentações, tornavam-se iniciados e acabavam como adeptos altamente treinados que preservavam o conhecimento. Seu conhecimento lançava as sementes de tudo aquilo que hoje é ensinado nas universidades — química, matemática, astronomia, medicina, arquitetura, filosofia — bem como as ciências do espírito. Definitivamente, a ignorância não era equiparada à piedade, embora no mundo em geral, os ensinamentos ocultistas sempre tenham sido encarados como ameaças às poderosas instituições religiosas das várias culturas. Os adeptos geralmente sofriam terríveis perseguições a fim de preservar o conhecimento.

Robert Macoy, um maçom de grau trinta e três, presta um tributo a essas antigas escolas ocultistas na sua *General History of Freemasonry* [História Geral da Franco-Maçonaria]: "Parece que toda a perfeição da civilização e todo o avanço conseguido pela filosofia, pela ciência e pela arte entre os antigos devem-se a essas instituições que, sob o véu do mistério, procuravam ilustrar as verdades sublimes da religião, da moralidade e da virtude e imprimi-las nos corações de seus discípulos. Seu principal objetivo era ensinar a doutrina do Deus único, a ressurreição do homem para a vida eterna, a dignidade da alma humana e levar as pessoas a ver a sombra da divindade na beleza, na magnificência e no esplendor do universo."

As antigas religiões cujos nomes foram esquecidos tinham suas contraposições nas escolas ocultistas do mundo todo. Muitos nomes que consideramos míticos talvez tenham sido conceitos simbólicos que formaram o núcleo de alguma escola ocultista: Ísis, Dionísio e Orfeu, Gaia ou Apolo, por exemplo. As histórias pitorescas em que deuses e deusas espelhavam todos os conflitos, defeitos e ambições dos humanos parecem, sob a ótica moderna, meras fantasias da superstição. Mas, fornecido o código simbólico da iniciação, cada uma das divindades e cada uma dessas histórias personificava o ensinamento das diversas etapas em direção ao autocontrole e à reunião.

O aparecimento do eu

Preparar uma pessoa para transpor os "umbrais do Eterno" sempre foi — e ainda é hoje — a missão dos ensinamentos ocultistas. Quer fossem transmitidos em disciplinas como o hermetismo, a alquimia, a Ordem Rosa-Cruz, a Franco-maçonaria ou a Teosofia, quer por meio das sociedades secretas de Ísis ou dos mosteiros do Tibete, o objeto era essencialmente o mesmo.

Ingressar nas escolas ocultistas era muito difícil. Dizem que Pitágoras, o grande matemático e filósofo que fundou uma grande escola ocultista na Grécia Antiga, exigia anos de silêncio de seus candidatos antes mesmo que fossem levados em consideração. Mediante um rigoroso treino da mente, do corpo, das emoções e do espírito, os discípulos eram preparados para a "morte" do corpo que lhes permitiria renascer para a totalidade iniciática e ritualística da sua verdadeira natureza.

A jornada que vai da morte de uma visão do eu limitada e egocêntrica até o nascimento na totalidade do Eu era classicamente marcada por diferentes graus de compreensão. À medida que os iniciados progrediam na morte simbólica do antigo eu e das antigas fascinações, passavam do papel de aprendizes para o de aspirantes, no qual se iniciava o trabalho de abertura do eu. Com persistência, os aspirantes provavam sua dedicação através de um período de provação, tornando-se, com o tempo, adeptos maduros. À medida que passavam de uma fase para outra, os discípulos recebiam cada vez mais ensinamentos ocultistas.

Além da mitologia exterior e das práticas rituais, os ensinamentos esotéricos no mundo todo transmitiam essencialmente a mesma linha de autoconhecimento e de responsabilidade pessoal. O caminho da iniciação consciente é o caminho da responsabilidade em relação ao eu. Ele é diferente do caminho fortuito do aspirante não-iniciado, que pode ter momentos de êxtase com o Espírito, mas ao sair deles retorna a uma vida caótica. O caminho da iniciação também pode ter seus momentos de êxtase, mas também é necessário que o iniciado aprenda a participar inteiramente das questões diárias enquanto retém a perspectiva mais ampla dos ensinamentos.

Os aspirantes aprendiam técnicas de purificação do corpo para permitir que ele emitisse mais vibrações, e vibrações mais sutis, da energia universal. Esse regime incluía alterações na dieta, jejum, meditação e exigia o constante domínio dos apetites sensuais. Isso não significa que eles tivessem necessariamente de abrir mão do sexo. O que os aspirantes precisavam aprender, isto sim, era a não serem empurrados nesta ou naquela direção por impulsos momentâneos e a escolher com cuidado o que fazer com sua energia sexual, e com quem. Também aprendiam técnicas para converter energia sexual em energia espiritual.

Assim como os aspirantes aprendiam a purificar os aspectos de suas vidas físicas que ainda eram inconscientes, também eram ensinados a limpar suas confusões e distorções emocionais e mentais. Eles se libertavam gradualmente do passado para se aproximar de cada novo passo na iniciação carregando cada vez menos bagagem. O objetivo era manter-se em contato com o amor puro — não o amor que amarra os outros a si, mas um amor marcado pela sua abrangência.

Todo treinamento era cuidadosamente planejado para preparar o aprendiz no sentido de vivenciar a primeira iniciação importante, o nascimento do Divino interior. Esse era — e ainda é hoje — o passo espiritual mais significativo que podíamos dar, desde que primeiro mergulhássemos no esquecimento. Os ensinamentos de iniciação, quer transmitidos diretamente, quer por meio da metáfora, descrevem a nova vida da alma despertada quando ela começa a viver a consciência divina na forma humana. As histórias antigas mostram o caminho e advertem sobre seus perigos e tentações, suas alegrias e oportunidades de serviço.

O feminino divino

Nas verdadeiras escolas ocultistas, o feminino não era sobrepujado pelo masculino ou vice-versa. Na verdade, a progressão só era possível quando a pessoa compreendia as duas energias do indivíduo e trabalhava com ambas.

Como seres feitos à imagem de Deus, temos, dentro de nós, todas as características da totalidade. A totalidade abrange a energia masculina e a feminina como forças criativas dentro do Espírito. Até mesmo quando encarnamos como homens ou mulheres a fim de cumprir as leis da criatividade no plano físico somos, em essência, as duas coisas. Como dizia São Paulo, "em Cristo não há masculino ou feminino". O sexo é apenas a expressão física da polaridade; as energias são femininas ou masculinas em muitos níveis não visíveis, como o pensamento e o sentimento. Mas no nosso estado de vigília — o nível da consciência cristã — estamos equilibrados além da dualidade e somos capazes de empregar à vontade tanto a energia masculina como a feminina.

Os taoístas descrevem os movimentos dentro da totalidade como *Yin* (feminino) e *Yang* (masculino). Um está sempre em vias de transformar-se no outro. Não somos um ou outro; ao contrário, somos ambos. O yin e o yang são movimentos de energia, não identidades. Posso ser emocionalmente yin no relacionamento com uma pessoa ou situação e muito yang no relacionamento com outra. Meu corpo pode ser yin, mas outros aspectos de minha personalidade podem ser muito yang.

Ficamos seriamente desequilibrados quando tentamos polarizar o movimento livre dessas energias para a estabilidade. Fazemos isso quando dizemos: "Esta é uma mulher; portanto, um ser yin e passivo" ou "Este é um homem; portanto, um ser yang e positivo." A pessoa toda é ao mesmo tempo passiva e positiva, abrangente e específica, receptora e doadora.

Na concepção, cada um de nós começa a reinterpretar todo o drama evolutivo da nossa espécie. Em eras passadas, vivíamos despreocupados num paraíso primordial, sem nenhuma dualidade, nenhuma identidade individualizada, nenhuma separação em relação à Fonte. Com o dom da vontade divina, optamos pela existência no plano terrestre e nos individualizamos. Comemos da Árvore do Bem e do Mal e aprendemos o que é dualidade e separação.

Revivemos a unidade primordial durante as primeiras semanas que se seguem à concepção. É apenas na quinta semana, com o concurso dos hormônios, que aparece a diferenciação sexual no zigoto. Antes disso, todos os zigotos são "femininos". A divisão da totalidade, a separação de masculino e feminino dentro de nós começa no ventre materno. Nós ansiamos pela outra metade de nós mesmos. Ansiamos pela ligação espiritual, pela consciência do Cristo, que irá restaurar a totalidade além da dualidade.

Até restaurarmos essa conexão interior, projetamos esse anseio para fora, para nossas sociedades, conferindo autoridade, primeiro a uma polaridade, depois à outra. Quando éramos um povo matriarcal, vivíamos na consciência tribal da unidade e da conexão com a Terra. Essa era a época da Grande Deusa Mãe, o princípio de conexão, de síntese.

A etapa seguinte na nossa evolução psicoespiritual é aprender mais a respeito da nossa singularidade como indivíduos; por isso começamos a explorar o princípio masculino. Assim como o bebê em crescimento que consegue reconhecer que é um ser único, separado da mãe, começamos a nos ver, e ao mundo, como algo feito de coisas distintas e separadas. Aprendemos a identificar, a catalogar, a examinar. Nossas ciências e indústrias nasceram da nossa perspectiva masculina.

Porém, no desenvolvimento do nosso impulso masculino, perdemos, como espécie, a noção daquilo que essas "coisas" individualizadas tinham que ver umas com as outras. Perdemos a noção do relacionamento, do parentesco. Enquanto o masculino está ocupado, identificando e catalogando, o feminino está preocupado em querer saber como tudo se relaciona. O masculino traz o conhecimento para o mundo; mas, sem a sabedoria do feminino para guiar o uso desse conhecimento, ele se torna perigoso e sem relação com o bem do todo.

Quando os aspectos masculinos da nossa natureza começaram a dominar, eles eram acompanhados por um medo crescente do feminino. Talvez um pouco desse medo se deva a uma ameaça primordial à individualidade, o medo de sermos absorvidos de volta ao ventre materno. Muitos de nossos mitos globais dos últimos três mil anos refletem esse medo do feminino, sendo que esses mitos foram manifestados em termos relativos à sexualidade humana. Nos primeiros anos da Igreja cristã organizada, construída sobre bases judaicas, o aspecto feminino de Deus ficou praticamente esquecido. Apenas no quinto século depois de Cristo é que a Virgem Maria recebeu um lugar de honra na hierarquia da Igreja. É provável que tenha havido muita pressão acumulando-se entre a população e que tenha sido necessário externar e equilibrar as energias da Mãe Divina interior. As pessoas estavam começando a voltar novamente para os templos das antigas deusas. Por isso, a Igreja acabou com os ícones, os templos e os títulos das antigas deusas "pagãs" e atribuiu-os a Maria, muitas vezes mudando apenas o nome.

Nos tempos antigos, entendíamos a Terra como nossa Mãe. Mas, à medida que o nosso conhecimento científico aumentou, ingenuamente começamos a pensar que poderíamos conquistá-la para os nossos próprios fins. Essa consciência patriarcal desequilibrada começou a considerar a Grande Mãe como a força que mantinha o nosso espírito aprisionado pela carne, separando-nos do Deus Pai. Nós A culpamos pela Queda, e Suas filhas de carne e osso na Terra começaram a ser encaradas como armadilhas potencialmente perigosas para o espírito masculino que busca a união com o Pai Celestial.

A luta para equilibrar nossa natureza dual de carne e espírito foi narrada em mitos e alegorias em todo o mundo. Esses mitos são realmente a respeito de uma pessoa — o Homem, a Mulher. As batalhas e triunfos contam-nos sobre as lutas do homem interior e da mulher interior, primeiro para descobrir nossas próprias identidades, depois para vencer o inimigo das ilusões interiores e, finalmente, para celebrar o conúbio dessas duas energias duais. Infelizmente, na época em que esses ensinamentos através de alegorias foram se tornando acessíveis ao povo, os princípios universais que eles transmitiam haviam se perdido ou haviam sido distorcidos.

> A orientação interior me disse certa vez que "apenas uma virgem pode dar à luz o Cristo" — afirmação essa que deixaria a maioria de nós bem para trás, se fosse interpretada literalmente. Mas, quando entendemos que a alma tem sido tradicionalmente retratada nas simbologias do mundo como feminina, a afirmação assume um novo significado. É a alma feminina dentro de nós, o princípio receptivo, que deve ser purificado no seu desejo de receber, antes que possa ser locupletado pelo Cristo Universal.

As teologias apoiadas na interpretação literal de alegorias foram então primorosamente racionalizadas e programadas para um sacerdócio que, por sua vez, mantinha-as junto ao povo como a palavra sagrada de Deus. Exemplo característico: Adão e Eva.

Certa feita, uma mulher que freqüentava um curso que eu estava ministrando sobre o feminino chegou à classe tão perturbada que levou vários minutos para se tornar suficientemente coerente e contar a seguinte história: Ela e o marido tinham passado por sérios problemas no casamento e por isso ela consultou seu pastor, ministro numa igreja de linha cristã, muito grande e próspera. O comentário final que ele fez foi que ela estava "partilhando o ônus da culpa de Eva".

Tal história nem valeria a pena ser contada se não fosse repetida tantas vezes de um modo ou de outro. Muitos símbolos das antigas alegorias — assim como a serpente, que tem significado simbólico profundo relacionado com a sabedoria e a cura na jornada pessoal da transformação — também vêm sendo distorcidos, e essas distorções têm sido repetidas com tanta freqüência que acabam se mascarando como poderosas verdades no inconsciente coletivo.

A serpente até hoje aparece em anúncios de perfume e roupa íntima, reforçando sutilmente a velha imagem da mulher como sedutora; mas essa imagem representa algo mais do que apenas a tentação sexual. Aos olhos patriarcais, a mulher representa o anseio de abandonar o paraíso pela atração da Terra. Ela é a tentadora arquetípica que afasta o homem de sua busca espiritual. É a irmã das sereias de Ulisses, a Rainha da Noite de Mozart, o Anjo Azul, a Rusaka russa que arrasta os homens imprudentes para sua morada dentro das águas e se faz presente em centenas de histórias semelhantes no mundo todo.

Jovenzinhas virginais que mantêm "perigosas" ligações mediúnicas com as forças naturais são periodicamente transportadas para fora do inconsciente coletivo e atraídas para enredos cinematográficos. Há, por exemplo, Carrie com seu poder incendiário; Jennifer e sua capacidade de conjurar serpentes quando fica zangada; e Regan, a possessa de *O Exorcista*. Esses arquétipos não estão muito distantes das contraposições medievais, pois não foi só o folclore que conseguiu transmitir que as mulheres eram sujeitas à possessão demoníaca; foram também os ensinamentos da Igreja. E isso levou à obsessão da caça às bruxas do século XIV ao século XVI, durante os quais literalmente milhões de mulheres foram mortas.

É demasiado complexo para o âmbito deste livro discutir os muitos indícios do fim do reinado exclusivo do patriarcado. Há muitos livros excelentes a esse respeito cuja leitura eu recomendaria a qualquer estudioso espiritualista. Vários deles foram incluídos na bibliografia que se encontra no fim deste livro. Mas eu realmente gostaria de contar algo a respeito de uma visão interior que recebi em Espírito.

Foi mostrado a mim que, nos domínios físico, emocional e mental, temos criado coletivamente formas-pensamento muito densas e escuras que impedem que uma alma num corpo feminino busque a auto-realização. Naturalmente, há almas que se viram livres dessas formas-pensamento, mas a maioria não escapou. Quando uma alma num corpo feminino ansiava pela união dentro da totalidade do eu, era-lhe permitido chegar exatamente até esse ponto, porém, não mais adiante. Quando ela se deparava com aqueles impedimentos obscuros e difundidos em toda parte — os quais ultrapassam de longe as meras regras e regulamentos e fazem parte do próprio ar que respiramos — era possível que cedesse à frustração. Freqüentemente, ela preferia ligar-se a um homem, pois os homens têm permissão para vivenciar o estado cristianizado. Talvez ela conseguisse obter um gostinho substitutivo da totalidade espiritual.

A mensagem continuou dizendo que essas formas-pensamento devem ser dissolvidas agora, porque, enquanto permanecem intactas, nenhuma de nós pode entrar na próxima etapa da nossa evolução. Também me foi dito que milhares de almas que possuíam muito treino espiritual em encarnações anteriores agora estão preferindo encarnar em corpos femininos, particularmente no Ocidente. Elas estão fazendo isso não só para prosseguir no seu próprio desenvolvimento, mas para participar da destruição das antigas formas-pensamento para nós todos.

Como não só se permite mas também se estimula que as mulheres (o símbolo terrestre da Mãe) procurem auto-realizar-se; como elas são aceitas para exercer a função de professoras e líderes lado a lado com os homens, teremos novos modelos de totalidade que nos ajudarão a nos libertar da tirania da polarização.

Contudo, também não podemos nos voltar inteiramente para a direção oposta, pois o nosso objetivo é a totalidade. Polarizar em direção à Mãe com a exclusão do Pai é perder o alvo, tanto como na situação contrária. Mas, antes que possamos sintetizar e integrar a totalidade, temos de recuperar e remediar o que foi perdido. Essa cura é uma das iniciações mais importantes que faremos coletivamente nas próximas décadas.

A repressão da Mãe Divina nos últimos trezentos anos acarretou o aparecimento de um eu dividido num mundo dividido. Toda vida provém do ventre materno, e toda vida retorna à Mãe para ser reciclada. É Ela que nos mostra a nossa conexão com a vida em todas as formas. E também é Ela que impõe disciplina e que nos mostra o preço da nossa arrogância na tentativa de conquistar a natureza e abusar das formas de vida na Terra. Não é apenas deselegante enganar a Mãe Natureza; é fatal também.

O Céu e a Terra só podem se encontrar no Espírito, que une a Mãe Divina e o Pai Divino. Quando não honramos os dois, ficamos totalmente desequilibrados e solitários em relação à nossa outra metade. A repressão, o ódio, o ressentimento e o medo do "outro" têm sua raiz no medo que sentimos do outro dentro de nós mesmos. O medo fica encurralado nos becos sem saída do corpo, das emoções e da mente. O treinamento psicoespiritual trata de limpar esses becos sem saída, de modo que nossas energias possam seguir seu curso natural em direção à união.

Vivenciamos o enlace interior, o "casamento místico", quando as energias masculinas e femininas dentro de nós são, em primeiro lugar, reivindicadas e depois purificadas de todas as distorções e, finalmente, fundidas na totalidade. Os textos de ioga, a cabala, a Bíblia, o Bhagavad Gita, o I Ching e o Tarô — são todos métodos de ensino que nos ajudam a equilibrar o nosso eu dividido.

O Cristo Universal nasce dessa união.

O Cristo Universal

O Cristo Universal não é representado apenas pela figura histórica que chamamos de Jesus, já que muitos de nós o compreendem como a suprema expressão da totalidade — do Deus manifesto. O Cristo Universal não está confinado a nenhuma religião. Ao contrário, deve ser compreendido como o potencial máximo que existe em todos os seres. Mas ele só desabrocha naquele que possui completa autocompreensão.

Os Grandes Mestres, aqueles seres que compreendem a si mesmos e que vivem como manifestações do Cristo Universal, apareceram em muitas tradições diferentes em toda a História. Eles demonstraram, na totalidade de seu ser e de seus ensinamentos o caminho para unir o humano ao divino. Este potencial está presente em todo ser. O Cristo Universal é o instrumento através do qual retomamos a conexão com a Fonte primeira. É a graça salvadora que nos liberta da ignorância e da escravidão na roda do renascimento. É a Luz do mundo, que transforma chumbo em ouro através da alquimia do amor puro.

O mistério do Cristo Universal certamente vai além da compreensão humana. Mas, como essa energia cósmica desce até as questões humanas, o exemplo do

Cristo é derramado dentro dos recipientes místicos de todas as culturas. Formando a base dos costumes e a história de vários povos, utilizando os materiais culturais disponíveis, a História Única da jornada da alma em direção à união com a Fonte original foi contada através das eras.

Todas as vezes e em todos os lugares em que a escuridão parece cegar as pessoas, sempre que o propósito da existência humana se perde no seu próprio atoleiro, um grande ser iluminado chega mais uma vez para trazer a verdade. Algumas lendas dizem que esses seres vêm do céu como um ato de graça. Outras entendem sua irradiação como o desabrochar do que há de melhor na nossa espécie. Mas, seja qual for o modo como chegam, eles vêm quando são necessários e nos instruem de acordo com o nosso nível de entendimento na época, deixando-nos um legado de ensinamentos que continua a impulsionar a nossa evolução. Tecida nos fatos reais da vida humana de um grande mestre, há uma história que transcende a vida de toda pessoa, pois ela faz parte do modelo do Cristo Universal.

A universalidade dessa História Singular pode ser um desafio a enfrentar quando se foi educado para acreditar que as verdades da própria religião excluem todas as outras. Mas este é um dos dons de nossa época: o acesso à instrução formal e às comunicações globais que nos permitem pesquisar e compartilhar das muitas variações da história em todo o globo terrestre.

Seria uma grande perda desprezar uma história porque descobrimos que ela tem contrapartes em diferentes culturas. A força e a verdade dessas muitas histórias do Cristo Universal residem em sua universalidade, não em sua exclusividade. Continuamos contando-as, geração após geração, de cultura para cultura, porque algo em nós ressoa profundamente com as suas verdades acerca de nossa natureza e do modo como podemos reconciliar o humano com o Divino. Por meio delas, encontramos orientação ao confrontar nossas sombras e ao enfrentar as provas e tentações, os perigos e os sacrifícios, ao viver a consciência do Cristo.

Não retornamos à totalidade através desta ou daquela religião; retornamos através do Cristo Universal. Os Mistérios ensinavam aos iniciados que nós, primeiramente, entramos no caminho, depois seguimos o caminho e, por fim, nos tornamos o caminho.

No Apocalipse está escrito: "Para aquele que supera [domina], construirei um pilar [uma força cósmica] no templo de Deus, e ele não sairá [não encarnará] nunca mais."

Enquanto vivermos representando a história de Adão e Eva, continuaremos a morrer muitas e muitas vezes. Mas quando vivemos o Cristo dentro de nós, o Buda dentro de nós, quando recebemos a infusão do Espírito Santo, então, como dizia Krishna, somos salvos da "eterna roda da morte e do renascimento". E, como disse Jesus, ganhamos "a vida eterna".

Esse é o caminho da iniciação.

A iniciação, hoje

Então, o que tem esse drama maior que a vida que ver com o pagamento das contas, a educação dos filhos, a ascensão na carreira e a sobrevivência no planeta Terra neste final do século XX?

Tudo. Em primeiro lugar, a iniciação que leva da escuridão à luz é a razão por que estamos todos aqui. Não existe vida comum. A matéria-prima da iniciação espiritual existe tanto num pequeno apartamento e num emprego de período integral como no cenário dramático de um conto antigo. A batalha entre o herói e o dragão é travada todos os dias nos escritórios, nos hospitais, nas lavanderias. Cada momento, cada interação, cada relacionamento, cada sucesso ou fracasso nos oferece a oportunidade de aprender mais a respeito de quem somos e por que estamos aqui.

A vida trata da iniciação. Assim como qualquer figura mítica, nós determinamos, através da vontade, a nossa corporeidade e estamos batalhando e abrindo caminho através de toda a densidade e do desafio desta dimensão para lembrar que você, que eu, que todos nós somos Seres de Luz — e nada menos. O processo de lembrança gradual nos conduz a portais sucessivos de visão interior. As pessoas e os acontecimentos da vida são o meio através do qual aprendemos. Eles são os nossos mestres que nos ensinam com tanta segurança como se sentássemos aos seus pés.

À medida que vencemos as batalhas interiores — empreendidas na arena das questões humanas — nós nos movemos através de várias iniciações. Cada momento de autodomínio sobre a crueldade, o egoísmo e a indiferença vai desfazendo um pouquinho mais da nossa ilusão de separatividade. Os sacrifícios de amor feitos pelos pais para educar um filho; a batalha pela integridade vencida nos negócios; a coragem de enfrentar adversidades sem amargura — esse é o estofo da iniciação. Ao viver autenticamente no aqui e agora, nossa Divindade inspira a nossa humanidade e as duas se tornam uma.

Há grandes chances de que você não freqüente uma escola ocultista. Talvez não tenha aprendido os códigos esotéricos. Mas você encarnou numa época em que os mistérios esotéricos estão se difundindo. "Vejam o aguadeiro", disse o Cristo encarnado. O aguadeiro é o símbolo do signo astrológico de Aquário, que significa o grande jorro das águas para todos. Aquário anuncia o início de uma época tal como nunca se viu antes no planeta Terra.

O primeiro passo é preparar o caminho. Nosso João Batista interior diz: "Purifiquem suas atitudes. Preparem tudo para o Cristo Universal, que vai nascer em muitos corações em todo o mundo. Preparem-se, pois o planeta todo está para ser incluído numa nova freqüência."

A estrada mais curta

Apenas para focalizar um pouco melhor o tema da iniciação, a educação formal que lhe foi transmitida desde a infância só era ensinada anteriormente nas escolas de ocultismo. A leitura, a escrita e até mesmo a educação física que enfatiza corpos mais fortes por meio de dietas mais puras e exercícios, sempre fizeram parte da preparação para manipular altas freqüências de energia e trazê-las para o corpo físico de um modo que o sistema nervoso seja capaz de suportar.

Se, de uma parte, foram ensinados os códigos morais e a ética, de outra parte, o que faltava na nossa educação espiritual era o ensinamento direto das ciências que hoje estudam a ponte entre o espiritual e o físico: as leis universais e os princípios de luz e energia, o entendimento dos corpos sutis e o controle da respiração. A ciência espiritual está agora inteiramente disponível por intermédio de milhares de livros, de mestres, de organizações, de revistas e de fitas cassetes, de áudio e vídeo que oferecem informações e técnicas úteis. A comunicação com o mundo todo e os sistemas de transporte expandiram a nossa realidade para abarcar todo o conhecimento do mundo.

Porém, uma palavra de advertência: devemos praticar a discriminação ao escolher o que vamos pegar do bufê espiritual disponível hoje. Para tudo o que é real também há uma simulação.

No sentido em que estou empregando o termo iniciação, ela não ocorre necessariamente aos pés de outro ser humano. Uma pessoa de muita luz pode muito bem ter a habilidade de catalisar a nossa energia quando estamos prontos para dar o salto. Essa pessoa pode servir como mestre, guia, preceptor ou modelo. Muitas vezes, não sabemos qual é a sensação de ficarmos livres de tensão até chegarmos a entender o vigor de alguém que já está livre de tensão. Uma criatura que vive o amor que ela é influencia todo o nosso campo energético. O amor que há em nós ressoa e se distende para corresponder ao amor. Seres muito superiores têm a capacidade de canalizar energias poderosas para dar apoio à nossa decisão de crescer — a expressão válida aqui é a "nossa escolha".

O ditado "Quando o discípulo está preparado, o mestre aparece" é, indubitavelmente, verdadeiro; a orientação chega exatamente quando dela precisamos. Mas há outro modo de entender esse ditado: o mestre pode não aparecer vestido com um manto brilhante. Às vezes, o papel do mestre divino é representado pelo nosso patrão, pelo vizinho do lado, pelo cônjuge. Quando estamos realmente preparados para aprender a ter paciência, todas as coisas que requerem paciência aparecem. Quando precisamos aprender a perdoar, lá estão elas, todas as pessoas e todas as coisas que apertam nossos botões como perfeitos mestres do perdão. Nossas "salas de aula" não são confortáveis, mas através delas descobrimos que temos uma coragem da qual nada sabíamos antes.

Conta-se a história de um mestre que estava tentando explicar a um rei que não era nada bom impor as coisas às pessoas. A mudança duradoura só era possível quando se mudava de consciência. O rei resistiu, sempre acreditando que se podia forçar as pessoas a mudar. Então o mestre lhe pediu para colocar o açougueiro do palácio dentro de um grande buraco no chão. Ele não deveria levar nada consigo para dentro do buraco. Depois de vários dias, eles tiraram de lá o açougueiro e descobriram que ele tinha passado o tempo todo modelando animais com barro e destruindo-os em seguida. Não importava o que lhe era imposto de fora: sua deliberação era abater animais. Apenas sobreviver dentro de um buraco não muda a consciência de ninguém.

Passando suficientemente por este mesmo tipo de "buracos", a pessoa, afinal, pode aprender alguma coisa. Mas esse é o caminho lento e esfalfante da evolução. Porém, quando nos resignamos a viver no buraco, então podemos dizer: "Bem, por que isso está acontecendo? Eu não gosto disso, mas o que posso aprender a partir daí?" Então nós dominamos o buraco. Essa é a estrada mais curta oferecida pela iniciação. A iniciação consciente é a estrada direta que leva ao lar.

A pior das épocas, a melhor das épocas

Você e eu escolhemos estar presentes durante esta época caótica no planeta Terra, embora, às vezes, possamos imaginar se não deveríamos ter pensado bem sobre o contrato antes de assiná-lo. Na verdade, é a melhor época possível. Como disse um representante da China nas Nações Unidas, alguns anos atrás: "As condições são excelentes; o mundo está numa confusão terrível."

A destruição é o primeiro passo para a mudança de consciência. O que é velho morre para que o novo possa nascer. Isso é verdadeiro, quer envolva pessoas, quer envolva sociedades ou a espécie humana inteira. Seria ótimo se deixássemos que a mudança acontecesse de modo ameno. Mas o nosso medo inconsciente da mudança sempre ocasiona as dores do parto. Porém, quanto mais relaxamos nas contrações, menos dor sentimos. Se nos entregarmos inteiramente ao processo, todo êxtase será possível.

Assim como temos um propósito individual para estar aqui e um destino para o qual nos estamos dirigindo, assim acontece também com o nosso planeta. Um antigo nome grego para designar a Terra era Gaia, a Deusa Mãe. Gaia é uma entidade viva, pulsante, e cada um de nós é uma célula do seu corpo — como são todas as outras formas de vida. Muitas culturas, erroneamente denominadas "primitivas", sabiam que a Terra era um ser vivo, sagrado, e viviam em respeitosa harmonia com ela. Ao esquecermos isso, chegamos perigosamente perto de nossa própria destruição. É interessante que nossos cientistas estejam funcionando como despertadores, fazendo-nos abrir os olhos para a ignorância, a negligência e a arrogância. As teorias mais avançadas em todas as ciências, da astrofísica à zoologia, dizem-nos agora que devemos encarar cada sistema na Terra em termos de sua interconexão com o todo.

Somos os agentes através dos quais se processará a iniciação de Gaia. Alguns de nós têm a tarefa de destruir os antigos protótipos de realidade. Outros têm o trabalho de preservar o que aprendemos de melhor até agora. Outros são os construtores de pontes, ensinando-nos o modo de passar do velho para o novo. Também há os verdadeiros visionários, que vêem o novo mundo. Muitas de nossas crianças estão nesse grupo, com o projeto de um novo mundo gravado em suas células. Muitas delas já sabem o que ainda estamos imaginando. Essas crianças formam uma turma voluntariosa e, sem dúvida, será um desafio educá-las. Mas elas têm de ter uma vontade poderosa a fim de levar a visão ao seu nascimento. Elas serão nossos mestres.

Recentemente, enquanto estava com um problema de atraso no aeroporto, tive uma longa conversa com um pequeno feiticeiro de quatro anos de idade. Daniel é negro, com olhos enormes e brilhantes, um sorriso contagiante e um vocabulário precoce. Num determinado momento, indaguei o que gostava de fazer. Sem um segundo sequer de hesitação, ele disse: "Eu gosto de me batizar!"

A luz em espiral

Os momentos decisivos de nossa iniciação, tanto do ponto de vista do indivíduo como da espécie, são, em geral, representados graficamente como uma espiral ascendente. Talvez a espiral seja um desenho que se origina em nossa estrutura celular, já que a Natureza gosta tanto dessa forma, utilizando-a em tudo, desde a configuração do nosso ADN até o formato de nossa galáxia. Ela é a interface de conexão onde aquilo que não tem forma toma forma. Quando contornamos uma das grandes espirais — o que parece que estamos fazendo exatamente agora — o universo move tudo o que está em seu caminho para fortalecer a mudança.

À medida que nossa perspectiva muda, chegamos a compreender que todos os homens, mulheres e crianças contêm a Luz dentro de si. Gaia tem essa Luz. A vida em todas as suas manifestações carrega essa Luz.

Temos de manter continuamente essa Luz e nossa visão de paz durante esta época crítica de purificação. Todas as injustiças e desequilíbrios do nosso planeta estão se alastrando atualmente. À medida que as divisões políticas, raciais e econômicas se tornam mais radicais, é necessária uma incrível autodisciplina para não entrarmos em desespero ou ficarmos presos à polarização. É preciso ter coragem, amor e o compromisso de acender as velas e desistir de maldizer a escuridão. Do outro lado dessa divisão encontra-se a paz, e nessa paz colheremos aquilo que foi plantado pela sabedoria de cada religião. Podemos ser emissários dessa visão de paz se nos comprometermos, em primeiro lugar, a resolver nossas próprias guerras internas.

Foi-me dito em Espírito que nossa experiência iniciatória em vigor poderia ser sintetizada como "estar no mundo mas não pertencer ao mundo". Se cada vez mais pessoas viverem a consciência do Cristo, elevaremos o nível de vibração de todo o planeta. Estamos a caminho de aprender a espiritualizar a matéria e a curar o velho cisma entre o físico e o espiritual. Quando esse processo se tornar consciente, ele gerará uma incrível mudança. E a mudança consciente é o mecanismo que põe em funcionamento a iniciação.

PARTE II

As Sete Etapas da mudança consciente

Nesta parte do livro, vou examinar vários aspectos da mudança à medida que ela se desenvolve através de um ciclo de sete fases. Isso pretende ser um modelo e, certamente, não deve ser interpretado como um conjunto rígido de regras. Na melhor das hipóteses, todo modelo para aumentar a nossa compreensão a respeito da maneira como crescemos é apenas uma plataforma na qual apoiamos nossas percepções interiores. Não obstante a nossa afeição ocidental por cálculos, comparações e estatísticas, o espírito humano desafia o sumário.

Podemos, no entanto, partilhar modelos que funcionam e eles ajudam a tornar mais fácil a jornada de transformação. Assim que compreendemos a natureza de um processo, podemos trabalhar com a dinâmica envolvida, e não contra ela.

Recomendo que você tenha em mente vários pontos enquanto estiver lendo este livro:

- Toda experiência, não importa quão mundana ela possa parecer, tem que ver com a sua vida espiritual. Seu relacionamento com a família e os amigos; sua profissão; sua maneira de usar o dinheiro, o sexo e a posição social — tudo isso é reflexo de um estado espiritual interior.
- Por mais impotente ou distanciado que você se sinta ao observar os problemas do mundo, a sua vida é, na verdade, inseparável dos acontecimentos no planeta simplesmente porque você está respirando, pensando e agindo na Terra. O macrocosmo da sociedade evolui através dos estágios de mudança, do mesmo modo que você evolui como pessoa, e você é um participante das mudanças coletivas, não uma vítima delas.
- Qualquer mudança numa parte de sua vida afeta todas as outras partes.
- Embora possa haver nítidas diferenças entre vários ciclos, você vai descobrir que eles se sobrepõem, particularmente no início e no fim de qualquer parte do processo.
- Toda mudança que você evitar ou deixar incompleta vai arrastá-lo de volta ou para trás, várias e várias vezes, para que a complete. Isto porque um ciclo completo altera o seu campo energético e, portanto, altera aquilo que você arrasta para dentro da sua vida. A autenticidade não pode ser falsificada, porque aquilo que é mantido na consciência é o ímã de tudo o que vai ao seu encontro ou é repelido por você.
- Provavelmente, você está passando por uma variedade de mudanças ao mesmo tempo. Como conseqüência, você pode verificar que cada mudança pode se encontrar em diferente fase do modelo proposto. Porém, assim que você se acostuma com os estágios da evolução consciente, começa a entender que eles são essencialmente variações do mesmo tema.

Recomendo que você leia primeiramente o material sobre as Sete Etapas para apreender o seu conteúdo geral e para compreender claramente os ciclos. Então, gostaria de sugerir que você reflita numa mudança que já completou e a encare pela perspectiva desse modelo.

PRIMEIRA ETAPA

A forma

A Floresta vai lhe responder no mesmo tom que você usar para se dirigir a ela.

Provérbio Finlandês

Tudo aquilo em que você acredita é verdadeiro — para você. Nós não agimos fora da nossa percepção da realidade. Toda figura e cada estrutura que nosso sistema de crenças assume em relação a qualquer assunto é a nossa "forma". Nossas formas permitem que nos expressemos dentro dos parâmetros daquilo que acreditamos que somos. *Bom, mau, possível, impossível* — esses conceitos são significativos para nós na medida em que acreditamos neles.

A Terra é um planeta de formas. Nós precisamos de formas a fim de nos exprimir aqui. Nossos corpos são formas; assim também nossos pensamentos e emoções. Recolhemos energia do reservatório universal para preencher as formas que esboçamos. Aquilo que por fim acaba se concretizando em realidade física é a forma de autolocupletação que elaboramos com nossos desejos e padrões de pensamento. Acredite que uma coisa é verdade e ela acabará se manifestando. Nada muda até que a forma que possuímos seja desafiada.

"Se ao menos eu acreditasse em tudo aquilo que afirmo acreditar"

Há vários anos, eu estava terminando a consulta de uma senhora encantadora, já de idade. Nós duas estávamos silenciosas, quando abri os olhos e voltei a um estado desperto de consciência. Foi então que ouvi a tal senhora exclamando: "Oh, eu sei que você está certa. Se ao menos eu acreditasse em tudo aquilo que afirmo acreditar."

Que maneira simples e profunda de sintetizar grande parte do nosso dilema! Quantas vezes você já não se surpreendeu fazendo concessões aos pensamentos negativos ou se comportando de um modo que sabia, mesmo enquanto o fazia, que não era aquilo em que realmente acreditava? Desconfio que todos nós fazemos isso.

O fingimento e o ritual dedicados às grandes verdades do espírito em nossos dias bastariam para nos fazer andar todos sobre as águas. Qual é a pessoa sensível que não "acredita" no amor, na justiça, na igualdade? Quem quer que viva mais ou menos atento no planeta Terra, hoje, certamente "acredita" no imperativo de proteger o meio ambiente. Não dizemos aos nossos filhos, aos nossos alunos, às nossas congregações para "acreditar" na indiferença, na guerra e na ganância, assim como também não lhes dizemos para priorizar suas vidas em função de um toca-discos a laser ou de uma carteira sofisticada. O que lhes dizemos está relacionado com a generosidade, com a melhora da condição humana, com a realização de seus talentos.

Não há nenhuma área da experiência humana em que sejamos mais enfáticos, mais emotivos ou mais inflexíveis em nossas crenças do que a espiritualidade. Declaramos que o nosso "Deus é um Deus de paz", enquanto engendramos meios cada vez mais eficientes para matar. "Deus está em toda parte", dizemos uns aos outros e depois continuamos eliminando da lista pessoas e até mesmo nações, raças, religiões e espécies inteiras.

Afinal, qual é o problema? Somos todos hipócritas? Estamos simplesmente derramando palavras suaves sobre um nobre sistema de crenças como tinta sobre as nossas frustrações? Estamos oprimidos? Desesperados? Ou é possível que tenhamos um alto grau de ambivalência funcionando no subconsciente? Suspeitamos secretamente que nossos ideais nada representam se comparados com as realidades do mundo material?

Como é que nós nos tornamos aquilo em que acreditamos? Talvez isso comece com a aceitação de que já estamos vivendo aquilo em que acreditamos — talvez só não seja aquilo em que desejaríamos acreditar.

Posso querer acreditar no amor, mas isso significa abrir mão da minha crença no medo. Quero acreditar na abundância, mas isso requer que eu amenize o meu apego ao que é limitado. O fato é que estou vivendo exatamente aquilo em que acredito. Se eu quero saber em que acredito realmente no que diz respeito a mim mesmo, a Deus, à realidade, tudo o que tenho de fazer é olhar para o meu mundo. Vou repetir precisamente aquilo que minha agenda é — quer esteja escondida, quer não. Como Jesus disse: "Ser-te-á dado conforme a tua fé."

Um ideal, mesmo que o achemos intuitivamente verdadeiro, não é a nossa crença até ser vivido num nível molecular. Então nós nos tornamos essa crença. Não se trata mais de um ideal "lá fora", externo, que podemos usar ou guardar como as roupas de cada estação. Aquilo que somos não pode estar mais separado de nós do que a cor de nossos olhos. Eu posso teorizar que o universo é um lugar adorável, mas fechar os olhos para o drama existente, que não é tão adorável. Porém, quando sei verdadeiramente que o universo é adorável, eu me torno amor. O amor inspira tudo o que eu faço, seja rezar, preparar uma salada ou disciplinar uma criança. O amor está na minha impressão digital.

Uma crença que se torna parte de nosso ser tem o poder de afetar, e até mesmo de alterar, tudo aquilo que toca. Veja o exemplo das palavras. Quando são repetidas de cor, geralmente soam como clichês, enfadonhas e sem vida. Mas essas mesmas palavras alçando vôo numa fusão do desejo, da vontade e da convicção, assumem o poder alquímico de transformar.

Quando nos tornamos uma crença, a freqüência de energia que ela emite penetra na nossa aura permanente, naquilo que irradiamos para o mundo. A aura é formada pela totalidade de nossas energias sutis — físicas, emocionais, mentais e espirituais. Estados de espírito, atitudes e até mesmo nossos altos e baixos físicos são como as cores mutáveis e os estados de um lago que reage às diferentes condições do tempo.

Todas as freqüências têm um som e uma cor. Elas podem ser sentidas nas nossas auras pela maioria das pessoas e podem ser vistas por outras. Até mesmo a gíria que usamos demonstra que percebemos essas emanações. Dizemos que alguém está "verde de inveja". É verdade. A cor da inveja se reflete, de fato, na aura, como um verde bilioso. Dizemos [em inglês] que estamos nos sentindo *blue**; uma pessoa desanimada tem uma tonalidade particular de azul na sua energia. A aura da pessoa verdadeiramente deprimida está repleta de um cinza sem vida.

Quando uma pessoa está zangada, sinais vermelhos podem ser vistos em sua aura. Quando passa o momento da raiva, a energia se dispersa, assim como o clarão vermelho na aura. Contudo, se essa mesma pessoa anda pelo mundo constantemente zangada, a energia vermelha torna-se parte permanente da sua aura. Essa pessoa emite sua raiva para o mundo o tempo todo, como uma notícia que fosse o tempo todo repetida por uma radioemissora. Enquanto somos passíveis de nos irritar com o "tempo" instável que vivenciamos uns em relação aos outros, essas irradiações permanentes afetam o mundo todo.

Apenas obtemos a cor da nossa pele, de nossa aura permanente, quando estamos vivenciando uma verdade particular. Há, por exemplo, em certas auras, um tom profundo e intenso de azul, a cor da devoção. Você pode pensar que esse azul deve ser visto principalmente na aura de monges piedosos. Porém, eu já vi mais esse tom de azul específico nas auras de cientistas do que nas de qualquer outro grupo, tanto de cientistas espiritualistas como de cientistas materialistas, embora eles fossem capazes de se arrepiar se eu sugerisse que estavam buscando a Deus num tubo de ensaio ou na ponta do telescópio ou do microscópio. Mas, se Deus é verdade, é exatamente isso que eles estão procurando — as verdades materiais de Deus. E eles usam essa cor específica de devoção em suas auras.

Estou me referindo aqui a verdadeiros cientistas, não a técnicos. Os técnicos podem ser manipuladores muito habilidosos da realidade material, mas não são verdadeiros cientistas. O verdadeiro cientista, por maior que seja o brilhantismo com que tem revelado as realidades até o momento, comporta-se como uma criança diante do desconhecido. Os verdadeiros inquiridores da verdade podem dominar o conhecimento existente, mas não tentarão trancá-lo numa gaiola. Um lado está sempre aberto para o universo para que haja expansão. Einstein disse certa vez que aprendeu tudo o que sabia, em primeiro lugar, por intermédio da intuição e depois passou horas no laboratório em busca das provas. Nós respeitamos e recompensamos as pessoas que apóiam a compreensão que temos da realidade, mas talvez o nosso maior débito seja para com aqueles que buscam aventurar-se fora da realidade.

---

* Em inglês, a palavra *blue* tem dois significados: "azul" e "triste" (N.T.).

A visão coletiva

Um dos desafios para sermos criadores conscientes e não apenas reagentes é aceitar que somos influenciados pela visão coletiva da realidade, mesmo que não estejamos inteiramente convencidos dela. Assim como partilhamos uma forma física semelhante que desenvolvemos juntos por milhares de anos, também partilhamos as formas de pensamento que organizaram o mundo para nós.

Quando eu e você nos prontificamos a criar algo novo, temos de examinar os parâmetros de nossos sistemas de crenças sociais e aceitar aquilo que insuflamos nessas formas, assim como fazem todas as outras pessoas. Não somos apenas condicionados por essas vozes da nossa família e dos nossos amigos íntimos, mas também somos afetados por mensagens provenientes das raças e do planeta a respeito da realidade.

Em nossa identificação com a criação material, temos nomeado guardiães dos mitos a fim de reforçarem a realidade existente relatando-a sempre para nós, muitas e muitas vezes. Como disse o "Pogo" de Walt Kelly: "Nóis encontrou o inimigo, e eles é nóis!" Os guardiães dos mitos na televisão, nos filmes, nas canções populares, na publicidade e na propaganda política são, em geral, altamente versados na arte de manipular símbolos e, se eles realmente acreditam naquilo que relatam, suas narrações são muitos poderosas.

Na verdade, não podemos criticá-los, porque nenhum mito tem o poder de nos afetar se não acreditarmos nele secretamente. Se alguém realmente quiser compreender um povo, é bom estudar seus mitos. Geralmente, as pessoas se sentem aliviadas e tranqüilizadas quando um mito é representado para elas, especialmente se ele traz entretenimento. É assim que o cinema, os espetáculos de televisão, a publicidade e as revistas tornam-se reflexos convincentes daquilo em que acreditamos coletivamente.

No entanto, a televisão também é um agente poderoso da mudança de consciência. As pessoas que sofriam os horrores da guerra, a fome ou a ganância política estavam anteriormente afastadas de nós. Mas, através da ação direta da televisão e dos filmes, o tempo e o espaço explodem e vemos que essas pessoas não são os "outros"; notamos que são nós mesmos. O simples relato dos fatos está criando uma percepção lenta e sutil da unidade na consciência humana.

A graça de existir

Todos os grandes pensadores, místicos, mestres espiritualistas, avatares, cientistas e artistas dominaram a habilidade de se locomover além das formas de pensamento culturais. Podemos materializar qualquer nova crença se levarmos a sério as palavras do Cristo Encarnado: "Para Deus, tudo é possível."

Os sufis são mestres em demonstrar um princípio fazendo uso de uma história. Aqui está uma delas que evidencia a diferença entre acreditar e ser:

Parece que houve um grande mestre sufi que era muito erudito e altamente especializado na teologia e no ritual sufi. Um dia, ele estava caminhando pela margem de um lago, concentrado em seus pensamentos, quando ouviu o som de uma canção atravessar o lago, vindo de uma ilha. Esse canto feriu seus ouvidos, pois ele sabia exatamente como deveria soar, e não era aquele ruído.

Como se tratava de um mestre responsável, decidiu corrigir essa distorção. Assim sendo, remou para a ilha, onde encontrou um homenzinho eufórico cantando com a maior alegria. O mestre sufi apresentou-se, deixando claro, naturalmente, que era um especialista na matéria, e ofereceu-se para lhe ensinar a maneira correta de cantar. O homenzinho se sentiu grato e aceitou o ensinamento.

Quando o mestre sufi se mostrou satisfeito por ter cumprido sua obrigação, voltou ao barco e começou a remar. Já estava na metade do lago, quando ouviu um som estranho: "splish, splash; splish, splash". Voltou-se e viu o homenzinho correndo atrás dele sobre a superfície da água.

— Espere um instante, ó grande mestre — exclamou o homenzinho. — Como o senhor disse que era o último verso?

Há uma outra história, da tradição hebraica, que nos ensina a ver além da tradição:

Houve certa vez um rabino muito importante e santo. Sempre que a desgraça ameaçava o povo judeu, ele ia até um determinado lugar da floresta para meditar. Lá, acendia uma fogueira e rezava uma oração especial e, milagre dos milagres, a desgraça se afastava.

Depois que ele morreu, a tragédia ameaçou novamente os judeus, e um de seus discípulos, também ele um rabino, procurou ajuda celestial. Foi até o mesmo lugar na floresta e disse: "Ó Senhor Deus, dirigente do mundo, eu não sei como acender a fogueira, mas ainda sei fazer a oração." E o milagre aconteceu outra vez.

Muitos anos depois, outro rabino temeu pela vida de seu povo. Mas ele tinha ouvido apenas vagas versões sobre essa tradição. Porém, desesperado em busca de um milagre, entrou na floresta e rezou: "Ó, Senhor, eu não sei como acender a fogueira. Não sei a oração. Mas conheço o lugar e espero que isso baste." E mais uma vez houve o milagre.

Passadas algumas gerações, outro rabino quis ajudar seu povo a superar a desgraça. Sentou-se em casa e falou com Deus, dizendo: "Não tenho a menor idéia de como encontrar o lugar na floresta. Não sou capaz de acender a fogueira. Não conheço a oração. Tudo o que posso fazer é contar-lhe a história. Espero que seja suficiente." Ainda uma vez o milagre ocorreu.

Nós não temos de ficar imaginando qual é o sistema de crença correto e trabalhar febrilmente para alcançar uma boa posição nesse sistema. O trabalho não consiste em ficar imaginando como ser bons. Já somos bons porque fomos feitos à imagem de Deus — como poderia ser de outro modo? A grande ilusão é de que não somos bons. Essa é a ilusão que primeiro adquirimos e depois nos dispomos a provar.

O trabalho não consiste em ficar imaginando o que fazer, como fazer direito, como alcançar a estrela de ouro. Ele está relacionado com o ser, com o desejo de tornar a nos religar. Nós estaremos fazendo muito. Quanto mais despertarmos e quanto mais conscientes estivermos em relação a quem somos e quem são todos os outros, tanto mais força teremos, mais criativos e amorosos nos tornaremos. O amor leva automaticamente ao serviço.

Uma nova ligação exige o despertar para o nosso direito inato e a lembrança de que já temos um liame. Não é algo que adquirimos; temos apenas de aceitar isso. A graça nunca foi retirada de nós. Nós a retiramos de nós mesmos com as nossas crenças limitadas com respeito a nós próprios.

Em certa ocasião, tomei a graça como tema de meditação, quando me foi apresentada a seguinte imagem:

Vi uma fonte de Luz líquida. Ela formava uma torre no ar, brilhante e colorida. Vi pessoas sedentas aproximarem-se dessa fonte, cada uma levando um recipiente. Algumas levavam apenas um dedal, que enchiam, depois bebiam rapidamente e se iam embora correndo. Outras levavam uma taça, enchiam-na e desapareciam. Eu sabia que retornariam, impelidas pelo vento seco do deserto. Vi também uma criança sorrindo. Era um menino. Ele correu até a fonte, tirou a roupa, pulou dentro e desapareceu na água, e tudo o que pude ver e ouvir foi o brilho ocasional de um olhar faiscante e a canção do seu sorriso. Então compreendi que aquilo é que era graça.

Como seria maravilhoso se pudéssemos, como aquela criança, pular simplesmente para dentro das águas perenes da fonte da graça e aceitar o nosso direito de nos banhar e brincar lá dentro. Ou então, como algum herói de um filme de quinta categoria, se pudéssemos apenas jogar fora nossos vícios e máscaras e proclamar: "Eu vi o erro de minhas ilusões a meu próprio respeito. Agora tenho consciência de que sou feito à imagem de Deus e devo demonstrar isso imediatamente." Você conhece alguém que fez isso sem lutar? Nem eu.

A maioria de nós, quando desperta para a Luz, encontra-se emaranhada numa complicada estrutura feita de dogmas, defesas, temores e preconceitos tribais. Nosso ego humano protesta; ele prefere mil vezes reordenar a realidade de acordo com a informação que está disponível.

A percepção altera a realidade

Talvez tenhamos medo de perder completamente o controle se não nos fixarmos na realidade. E, como o antigo tirano que matou todo mundo na cidade para que aquele que o insultara não pudesse fugir, nós matamos grande parte da nossa criatividade com a nossa necessidade, repleta de medo, de proteger o reino conhecido. Creio que muito fanatismo religioso provém dessa necessidade de controle. Uma vez, eu li que fanático é alguém que perdeu de vista seu objetivo e redobrou seus esforços.

Nossa história como espécie está ligada à elaboração, à manutenção e à destruição de ondas sucessivas de visões estanques da realidade. A "visão" que afirma que "o mundo é plano" transforma-se numa nova "visão" que afirma que "o mundo é redondo". A visão da realidade que proclama que "a escravidão é uma necessidade econômica" transforma-se naquela que diz: "Não está certo ter escravos."

Poucas pessoas corajosas questionam essas velhas "visões" da realidade. Primeiro, uns poucos, depois muitos deles e, finalmente, todo mundo procura esquivar-se. Os grandes criadores lançam-se para além do conhecido, mas, muitas vezes, eles pagam um alto preço em termos de personalidade. Tenho observado que a perseguição que encontram é a tarefa da sua alma, e eles parecem suportá-la com uma disposição que é incrível para aqueles que têm medo de se aventurar um pouco além dos mitos tribais.

Mais cedo ou mais tarde, mais alguns adotam a crença de um "herege" pioneiro. Depois, outros mais. Finalmente, todos acabam vendo as coisas de uma nova maneira. E a obra dinâmica da criação continua. Se eu tenho uma crença e a reforço com muito energia — pensamentos, palavras, paixão, tempo — ela se torna uma coisa viva e imprime-se sobre um éter universal muito tênue que aceitará tudo aquilo que eu colocar nele, seja bom, ruim ou indiferente. Então ela se torna um ímã nesse éter. Células semelhantes se atraem. Se você concordar com o pensamento que eu criei, ele começará a criar força, consideravelmente mais do que apenas um mais um. O princípio da progressão geométrica multiplica rapidamente a energia. Se milhares e depois milhões de pessoas concordarem conosco, logo a crença se tornará realidade aceita, uma nova fronteira. Quer no microcosmo de uma vida, quer no macrocosmo da nossa espécie, formamos a realidade com base nas nossas percepções; construímos os nossos sistemas para apoiar essas percepções; e então a evolução avança e as desafia. Começamos a questionar o velho, a lutar entre o velho e o novo, a nos expandir para estabelecer o compromisso com a nova realidade e a construir uma nova maneira de concebê-la. As concepções com as quais concordamos estabelecem o modo como o mundo todo é dirigido, dos governos às religiões e à vida pessoal.

Não é de admirar que o demônio tenha dado a resposta que deu quando ele e um amigo estavam caminhando e viram um homem parar à sua frente e pegar alguma coisa do chão.

— O que foi que ele pegou? — perguntou o amigo.

— Oh, apenas um pouquinho da verdade — replicou o demônio.

— Isso não o aborrece?

— Não — respondeu o demônio. — Eu vou deixar que fabrique uma crença com isso.

Se eu acreditar que sou "apenas humano", não serei capaz de criar nada além disso.

Muitas vezes sentimos orgulho de ser realistas. "Só acredito vendo", dizemos. Talvez a melhor parte da sabedoria consista em dizer: "Só verei quando acreditar."

Existe uma história a respeito de um navegador português, Fernando de Magalhães, embora eu também já a tenha ouvido sendo atribuída a Charles Darwin. Durante a viagem de Magalhães ao redor do mundo, ele ancorou na extremidade sul da América do Sul, num lugar hoje denominado Terra do Fogo. Ele foi recepcionado, na praia, por nativos pacíficos que ficaram perplexos em vê-lo ali. Como é que aparecera de repente em suas praias? Ele apontou para os navios ancorados ao longe. Porém, os grandes barcos com velas estavam fora da realidade deles, e eles eram totalmente incapazes de vê-los realmente. Finalmente, um de seus xamãs, que era capaz de admitir a possibilidade do desconhecido, viu os navios e ensinou o seu povo a vê-los também.

Conheço uma mulher que, aos três anos de idade, perdeu a mãe. A mente das crianças não aceita a morte. Quando os parentes a levaram para perto do caixão para dar um último adeus à mãe, ela viu um caixão vazio. Sim, é claro que sua mente estava dissociada da realidade da morte. Mas isso apenas enfatiza a capacidade que o nosso cérebro tem de negar toda realidade que não compreendemos ou que desafia o nosso conceito de realidade e de segurança.

Fico imaginando quantos navios à vela perdemos porque acreditamos firmemente que não estão presentes. Um de nossos detetives mais famosos de ficção, Sherlock Holmes, gostava de nos fazer lembrar que prova circunstancial é algo muito enganoso. Pode parecer que ela aponta para uma coisa mas, se você mudar ligeiramente o ângulo de percepção, pode descobrir que as provas apontam, de um modo igualmente convincente, para algo bem diferente. "Não há nada mais decepcionante do que um fato óbvio."

Se eu acreditar que sou apenas aquilo que criei — meus talentos, meu corpo, meu QI, minhas reações emocionais — vou investir pesadamente em preservar isso. Mas, quando desperto para a verdade de que sou eu o ser que está por trás da criação, eu me liberto para olhar para o meu mundo de uma nova maneira. A maioria de nós está profundamente condicionada a acreditar que é aquilo que faz e vivencia. Eu estou vivenciando a riqueza ou a pobreza; portanto, sou pobre ou rico. Tenho o título de doutor; portanto, sou aquele título de doutor. Estou ressentido com minha irmã; portanto, sou ressentimento. Essas crenças estão de tal modo impressas na nossa identidade que construímos poderosos suportes tribais para deixar claro uns para os outros que aquilo que fazemos é aquilo que somos. Porém, aceitar nossas experiências como aquilo que somos é algo que pode criar uma realidade muito tênue. Um negócio errado ou uma mudança econômica e lá se vai o emprego e o pagamento da nossa hipoteca. Um vaso sangüíneo pode romper-se e o mesmo acontece com o nosso QI.

Havia um homem idoso que estudou a Bíblia durante cinqüenta anos e que era considerado uma autoridade no assunto. Numa entrevista, perguntaram-lhe: "Depois de todos esses anos de estudo das Escrituras, qual é o seu versículo favorito?"

Ele sorriu e disse: "E assim se fez."

Flutuar com o espírito

Certa vez, eu estava refletindo acerca de nossas muitas crenças religiosas, e a triste ironia é que essas formas — que você pode acreditar que nos aproximam do Divino e uns aos outros — muitas vezes servem para nos separar. Isso me levou a pensar no desafio que é sermos ao mesmo tempo espírito e matéria, de modo que levei essa questão ao Espírito para melhor compreensão.

Foi-me mostrada uma imagem da água fluindo por todos os lugares, sem fronteiras, repleta de Luz. Então eu vi vários recipientes recolhendo um pouco de água. Um dos recipientes era fino e comprido; outro era baixo e largo. Alguns eram artisticamente trabalhados; outros, simples. Um era octogonal; outro era quadrado. Nenhum dos recipientes estava cheio de água, mas todos tinham um pouco. A água se adaptava ao formato dos recipientes. Quando ela se movimentava e chegava a transbordar dos recipientes, permanecia viva e pura. Mas quando a água não podia fluir livremente, ficava estagnada e sem vida dentro dos recipientes.

Compreendi que a água era o espírito de Deus em movimento, ou qualquer nome que você escolha para designar a Fonte primeira. Ela não tem limite, flui por toda parte e é oferecida gratuitamente a todos. Os recipientes são as nossas idéias humanas cristalizadas em formas e estruturas. Se um recipiente humano não interromper o fluxo da água, se não for insuficiente, a água será fornecida interminavelmente. Mas se o recipiente humano inibir a natureza da água, não será mais um bom recipiente, e a água ficará estagnada. Mesmo que eu respeite os recipientes, sou pessoalmente atraída para a água. Mesmo que meu temperamento possa se sentir mais à vontade com um recipiente que com outro, compreendo que ele não é mais do que isso: um recipiente para recolher um pouquinho da verdade, adequado nesta dimensão a menos que se torne inflexível.

Uma vez que chegamos a provar a água, os recipientes são adequados mas não limitadores. Como agora podemos nos identificar com aquilo que é ilimitado, podemos realizar o "impossível". Visto o impossível ter sido realizado por uma pessoa, ele alargará o próprio recipiente e redefinirá os limites. Harriet Tubman, por exemplo, era uma escrava cega, deficiente, quando ouviu seu próprio guia interior e ajudou centenas de escravos sulistas a escapar seguindo pela Estrada de Ferro Subterrânea. Ela não sabia que aquilo que estava fazendo era "impossível". Pablo Casals era visivelmente velho demais para encantar os ouvintes com seu violoncelo, aos noventa e seis anos, mas continuava a tocar. Nenhum ser humano havia corrido um quilômetro e meio em cinco minutos antes de Jim Ryun, mas agora, os corredores ultrapassam regularmente essa barreira, como algo natural. Como Henry Ford disse certa vez, "Se você acha que pode ou que não pode fazer alguma coisa, você está certo".

Os desafios que enfrentamos hoje parecem impossíveis de serem vencidos enquanto continuarmos a encará-los com os olhos do passado. As energias afetivas e impessoais da evolução estão nos levando para frente, a uma expansão maior. Todos nós temos intuição a respeito dessa mudança que agora está em processo. Se tivermos muito apego às formas existentes, teremos maior razão em temer o fim do mundo. Aqueles dentre nós que não estão tão apegados às velhas formas falam de uma "nova era" que se aproxima. Muitos vêem, nos sinais de transição, o retorno do Cristo.

Imagine que o nosso universo esteja fazendo uma grande dimanação impelindo-nos para perto do que há de melhor em nós mesmos. Podemos não compreender como essa energia evolutiva atua, podemos apenas ver que ela é indescritivelmente poderosa, que demonstra apreço para com tudo e com todos. Podemos explorar essas energias poderosas para nos expandir e crescer, para construir novos conceitos e novas estruturas. É isso o que muitas pessoas estão fazendo. Elas estão se tornando agentes da evolução, inalando esse novo ar e alinhando sua vontade, seus pensamentos e suas escolhas na direção apontada por ele. O Espírito está se revelando em cada um de nós, aqui e agora. A possibilidade de revelação está aberta para nós, mas só podemos ouvi-la se acreditarmos que ela é possível. A uma certa altura, devemos decidir se vamos dar continuidade ao nosso próprio relacionamento com Deus ou simplesmente aceitar a experiência alheia.

Como criadores conscientes, estamos sempre caminhando por uma linha entre a essência e a forma. Inspirando a essência indefinida, expiramos uma criação que é o total da soma de nossas crenças. O truque é saber que se trata apenas de uma criação, de uma forma, e não da essência mesma. Quando deixamos de nos identificar com o que criamos, quando podemos reconhecer que somos criadores, estamos livres para explorar mais, para nos aprofundar.

Dogma

Quando ele começou, era um verdadeiro guerreiro que ansiava pela verdade.

— Devo partir em busca de algo — disse.

Os mais velhos, satisfeitos com o fato de que essa paixão juvenil era controlada, de que sua ambição humana era moderada, entregaram-lhe o mapa secreto. Ele viajou durante muitas estações antes de chegar à Terra Alta. Dia após dia sentava-se na relva, no topo da montanha, com a vida e a respiração suspensas. Havia apenas o silêncio. Ele não via nada e não ouvia nada.

Então, na alvorada do sétimo dia, quando a Lua e o Sol se puseram em equilíbrio, sua busca alcançou um resultado. Do seio da Terra, saiu uma grande ave branca, com as asas banhadas pela luz dourada e aveludada do sol nascente. Ela voou suavemente até uma árvore próxima e cantou uma canção tão bonita que o guerreiro chorou ao ouvi-la, levantando as mãos em sinal de gratidão e de súplica.

Sem hesitar, a ave voou até as palmas de suas mãos, estendidas para o alto. Durante muito tempo, eles ficaram juntos, em harmoniosa união. Quando o mensageiro alado contou ao jovem e ansioso guerreiro muitas coisas extraordinárias, o espírito dele se libertou de suas amarras.

Então ele se lembrou de seu lar terreno e da tribo que havia deixado. "Eu preciso voltar e contar aos outros", pensou, e preparou-se para libertar a ave. Mas um pensamento o importunava. E se eles não acreditarem? Vou prender a ave e terão de acreditar.

A grande ave branca não ofereceu nenhuma resistência quando a grande palma da mão do guerreiro se fechou com firmeza. Cheio de regozijo e segurando a fonte de sua revelação, o guerreiro desceu correndo a colina na direção de sua casa, sem perceber o que havia acontecido à ave.

Reuniu o povo em torno de si e contou-lhe as coisas maravilhosas que aprendera com a ave. Então, com orgulho, apresentou o testemunho alado de sua busca. Mas os olhos da ave estavam fixos e vazios. As suaves asas brancas, que antes se arcavam ao alçar vôo, agora estavam planas e sem vida.

As pessoas ficaram intrigadas. Mas elas próprias nunca tinham optado pela busca. Certamente, o guerreiro devia saber das coisas. Sob suas ordens, construíram um templo em homenagem à ave e contaram a história da busca do guerreiro muitas e muitas vezes. Muitos jovens foram inspirados a optar pela busca.

Mas isso foi há muito tempo. O guerreiro não é mais jovem e ambicioso. Ele fica sentado sozinho numa sala poeirenta e sem ar. Dizem que fez para si mesmo uma capa de penas brancas e que, em determinados dias, senta-se diante da ave empalhada e fica esperando que ela fale com ele.

"Da última vez eu também não acreditava em reencarnação"

A reencarnação existe até você saber que não precisa dela.

Reshad Field

Antes de mais nada, como é que você acha que chegou aqui? Mergulhe de cabeça nessa questão sem a rede de segurança das explicações e preconceitos de outra pessoa. Pode ser assustador, mas é necessário, se você quer perscrutar as suas profundezas, pois aquilo que você acredita a respeito de suas origens estabelece os parâmetros primários da sua realidade. Todas as mudanças que você vivencia serão definidas por esses parâmetros.

A necessidade de saber como chegamos aqui parece estar construída na psique. Como é que eu chego até um determinado ventre, com uma combinação genética específica, herdando padrões familiares, psíquicos, fisiológicos e sociológicos que têm um alcance tão longo que acabam desaparecendo na história de cada um de nós?

Será que o universo é tão desorganizado que um óvulo e um espermatozóide podem se encontrar, fundir-se e nos enviar numa catapulta para passar noventa anos no planeta Terra sem que possamos emitir uma opinião a respeito? Se é assim, que espécie de Deus decidiria que devemos chegar bem em tempo de um ataque naval com bombas napalm, ou de uma esclerose múltipla, ou de uma violência sexual? Ou mesmo, em tempo de algo que diz respeito à saúde, à riqueza e à felicidade? Será que nós realmente construímos a nossa realidade? Será que existe a graça divina, e, se é assim, o que isso tem que ver com o destino ou as escolhas?

São questões difíceis. Mas as próprias questões, e até mesmo o fato de questionarmos, implicam que, de algum modo, nós sabemos que já existimos antes. Antes do quê? Antes de chegarmos aqui? Como foi que eu cheguei aqui? Para onde irei quando partir? Em primeiro lugar, quem é esse "eu" que faz as perguntas?

Um dos temas dominantes do pensamento humano é o de que voltamos à vida várias e várias vezes até aprendermos a dominar todas as lições que este planeta tem para nos ensinar. A reencarnação como o meio através do qual evoluímos espiritualmente tem sido aceita ao longo dos séculos por santos, sábios e pessoas comuns. No Ocidente, encaramos isso como uma doutrina tipicamente oriental, mas de fato essa sabedoria foi expressa em muitas culturas no mundo todo, dos essênios e gregos antigos aos índios americanos. Muitos cristãos, dos antigos gnósticos aos atuais crentes, acham o conceito de reencarnação não apenas em harmonia com os ensinamentos de Cristo mas amparados por eles.

Como a reencarnação atua

Com as devidas variações das embalagens culturais, a idéia é basicamente a seguinte: já tivemos uma existência em perfeito repouso e equilíbrio na Unidade. Então fomos expelidos do coração de Deus, carregando conosco a imagem e a centelha interior do nosso criador, com o dom de usar a nossa vontade para escolher e criar como desejarmos.

À medida que usamos essa vontade divina, nós nos tornamos cada vez mais fascinados pelo mundo físico, penetrando cada vez mais fundo na sua densidade. À medida que fomos nos identificando cada vez mais com as nossas criações materiais — com as nossas ilusões — começamos a esquecer quem realmente éramos, tornando-nos seres separados de Deus e dos outros seres.

Nossa separação é a nossa dor, e a cura é nada menos que a reunião. Os ensinamentos espiritualistas tradicionais dizem que o modo como essa reunião se realiza é através de vidas sucessivas, nas quais gradualmente nos cansamos das conseqüências de usar o nosso direito inato ao livre-arbítrio para criar dramas passageiros que perpetuam mais sofrimento e separação. Nesse ponto, começamos a fazer uso da nossa vontade para buscar a religação consciente com a Vontade Una. Isso acontece quando descobrimos que realmente nunca estivemos separados; apenas pensávamos que estávamos. Nunca houve uma época em que o amor e a graça de Deus não estivessem conosco. Muito daquilo que consideramos como *mal* é simplesmente ignorância e negação da Luz.

A reencarnação é o meio através do qual nossa vontade individual se torna consciente de sua verdadeira unidade com a vontade de Deus. As conseqüências de nossas escolhas, ações, pensamentos e desejos durante uma vida são vivenciadas em outras vidas. Esse é o processo de causa e efeito denominado carma.

O carma não é um sistema de moralidade de recompensa e castigo. É um princípio da natureza. Tudo aquilo que dizemos, fazemos, pensamos ou sentimos — de positivo ou de negativo — produz uma reação que retornará a nós, mas não necessariamente na mesma vida. Quando as condições são realmente corretas, recebemos de volta aquilo que enviamos. Aquilo que maldizemos fica ligado a nós; aquilo que abençoamos, nós libertamos.

A graça de Deus nos oferece a oportunidade irrestrita de aprender e o potencial sempre presente para transcender o carma. Fazemos isso tornando-nos bem conscientes e nos entregando ao Cristo Universal — ou qualquer outro nome que possamos dar a essa energia — pois a entrega total é o único modo de realizar a reunião e eliminar a série infinita de encarnações.

Muitas perspectivas do eterno retorno

A reencarnação tem sido atualizada em toda a história sob vários nomes — renascimento, recorporificação, metempsicose, metensomatose e até mesmo transmigração. Como ainda não conhecemos uma física que pudesse explicar como vivenciamos múltiplas realidades, criamos muitas teorias sobre o seu funcionamento.

Porém, o fato de que há muitos nomes e conceitos relativos à reencarnação, muitos dos quais contradizem os outros, não nega o fato de que ela existe.

Quando a verdade observada não tem um contexto provável no qual se possa colocá-la, ela fica carregada de crendices. Tomemos a transmigração, por exemplo. Esse conceito geralmente carrega consigo a implicação de que alguém poderia reencarnar numa forma de vida inferior. Isso não é coerente com a teoria da evolução; nós não voltamos atrás. Porém, hoje em dia, eu ainda posso encontrar pessoas que negam a reencarnação com um argumento do tipo: "Reencarnação? Não é quando você acredita que vai voltar como um cachorro?" Embora isso possa ser dito com desdém, às vezes eu sinto um pouquinho de medo na voz, um medo de que talvez Deus governe o universo como um alto oficial, trovejando: "Desobedeça à lei que Eu o rebaixo a soldado raso."

Talvez a transmigração como conceito resulte menos da ignorância sobre a evolução que da observação de que algumas pessoas, tais como magos e feiticeiras, podem projetar sua vontade consciente nas formas inferiores. Atribuiu-se aos xamãs de diversas culturas o uso de formas animais a seu bel-prazer ou a criação bem-sucedida da ilusão de um animal. Talvez a criança que existe dentro de nós ainda se pergunte se a feiticeira má realmente pode nos transformar em sapos.

Outro conceito a respeito do modo como a reencarnação atua é o da alma universal. Essa teoria afirma que o "eu" desta vida é apenas uma das muitas expressões que existem simultaneamente nos corpos físicos, de que somos parte de uma alma universal, como células individuais num corpo único, e cada um de nós tem, dentro de si, a capacidade de conhecer todas as outras expressões do "eu" que está passando por outras vidas. Essa perspectiva encara cada um de nós, ao mesmo tempo, como o todo — a alma universal — e as partes.

O conferencista e escritor Dick Sutphen nos recomenda pensar em vidas simultâneas como um tabuleiro de xadrez em vários níveis. Se olharmos direto de cima para baixo, veremos muitos jogadores em muitos níveis. Quando um jogador se mexe, afeta todos os outros.

Essas outras vidas também somos nós? Sim, se entendermos que o espaço e o tempo não são realmente lineares. Não há início, meio ou fim; ao contrário, todas essas vidas estão acontecendo no eterno agora. Nesse caso, quanto mais cedo fizermos uso do nosso direito divino de criar e de mudar alguma coisa, mais cedo aquilo que fazemos nesta vida compensará todas as nossas outras vidas.

Uma variação quanto ao conceito da alma universal diz que somos quem somos e jamais fomos alguém mais, e que o nosso conhecimento e energia permanecerão conosco por toda a eternidade. Na essência, nós mesmos nos criamos e esse "eu" é livre para criar outros "eus".

Há também a escola que defende a idéia de que a vida na Terra é simplesmente um jogo ilusório criado como um processo evolutivo da alma, que nós o inventamos — todo ele, mesmo que a ilusão pareça bastante real enquanto estamos aqui!

Hoje, talvez, um mestre como Jesus conversasse conosco como um físico, falando de muitas realidades alternadas, de muitas dimensões de tempo e espaço nas quais podemos viver conscientemente.

A reencarnação não é uma religião em si, embora seja aceita ou rejeitada por doutrinas religiosas. Assim como se pode ser um cientista social ou psicólogo adepto de qualquer fé, assim também se pode pertencer a qualquer religião e aceitar a reencarnação como um princípio de funcionamento da evolução da alma no universo.

Pesquisar o modo como Deus trabalha conosco através dos sistemas e leis naturais não é uma questão religiosa, mas uma questão de saber como funciona o corpo humano ou o sistema solar. Não muito tempo atrás, considerava-se pecado fazer uma autópsia. Também era pecado sugerir que a Terra não era o centro do universo. Aceitar cegamente as afirmações de qualquer teologia pré-científica como verdade final é algo que pode determinar uma escolha dolorosa e completamente desnecessária entre o nosso anseio natural de paz espiritual e o nosso anseio natural de conhecimento.

Não há divisão entre o espírito e a ciência, a menos que a provoquemos; a ciência descobre o modo como o espírito se manifesta. E algumas de nossas ciências, hoje, estão começando a explorar áreas que anteriormente eram consideradas território estrito da teologia. Os limites entre a realidade objetiva e a realidade subjetiva estão se tornando muito imprecisos. Sabemos que exercemos influência sobre aquilo que observamos. Nossa consciência e aquilo que costumávamos pensar que era a realidade objetiva estão demonstrando que são inseparáveis. Como disse o físico David Bohm, detentor do Prêmio Nobel, "Não acho que o estudo do misticismo seja mais estranho que o estudo do mundo material".

Corretamente compreendida, a reencarnação faz parte de um modelo teórico de ciência espiritual, uma disciplina que estuda como a consciência funciona. *Reencarnação* é um termo que se refere a um dos princípios de funcionamento da consciência. Quando estabelecemos a separação entre o estudo da consciência e o estudo da natureza, colocamos a ciência e a religião em campos separados. Sem dúvida, tivemos algum benefício com isso, pois retiramos o poder que tinham as instituições religiosas de interferir no prosseguimento do conhecimento científico. Mas, com essa separação entre a ciência material e a espiritual, também intensificamos a divisão entre nossas naturezas física e espiritual.

O fundo da questão

Um outro exemplo da reencarnação como uma ciência espiritual foi a experiência de um jovem que me foi encaminhado por um psiquiatra. Aos vinte e oito anos, sem nenhuma razão aparente e sem nunca antes ter apresentado qualquer comportamento semelhante, ele cometeu um ato violento. Os astrólogos observam que, nas idades entre vinte e oito e trinta anos, cinqüenta e seis e sessenta, e assim por diante, cada um de nós passa por um "retorno de Saturno". Isso significa que Saturno, o planeta da forma, da limitação e da restrição volta para o lugar que estava ocupando no momento do nosso nascimento. A maioria das pessoas passa por uma importante mudança nessas épocas — pode ser um casamento, uma morte, um nascimento ou mudança de emprego. Seja lá o que for, isso indica que outro capítulo da história da nossa vida está se iniciando.

O psiquiatra me disse que o rapaz manifestava várias neuroses que poderiam explicar esse inesperado comportamento violento. A primeira coisa que eu vi mediunicamente quando entrei em sintonia com ele foram vidas passadas no exército, remontando à Antigüidade. A vida mais recente foi como cavaleiro do exército nazista na Segunda Guerra Mundial.

O mais interessante que me foi contado em Espírito é que essa alma, originalmente, tinha chegado a este planeta por amor e pelo desejo de ajudar a fazer avançar a evolução. Infelizmente, uma das maneiras de divulgar a cultura, o conhecimento e a lei tem sido a guerra. Desse modo, o rapaz foi arrastado para a ação militar muitas e muitas vezes e, em cada existência, seu motivo original de acelerar a evolução foi se perdendo cada vez mais. Toda essa contínua experiência militar deixou o lado yin de sua natureza atrofiado. Ele estava em desequilíbrio em relação ao seu feminino interior, e o psiquiatra confirmou que o rapaz tinha muitos problemas para compreender as mulheres.

Quando ele chegou aos vinte e oito anos como cavaleiro do exército, os horrores do Holocausto provocaram um choque em sua consciência no sentido de fazê-lo ver a futilidade da guerra. E o moço reconheceu que a guerra não era o modo certo de mudar as coisas e, num momento de loucura, suicidou-se com um tiro.

Mesmo nesta vida, o rapaz tinha escolhido uma profissão paramilitar e, quando chegou à mesma idade em que se suicidara como cavaleiro do exército, começou a ter dores de cabeça violentas e inexplicáveis. Um dia, simplesmente perdeu o controle e explodiu.

Quando me encontrei com a família dele e contei o que havia descoberto, sua mãe empalideceu. Parece que ele havia desenhado suásticas compulsivamente a partir do momento em que conseguira controlar um lápis. Ninguém na família compreendia aquilo, já que ninguém tinha sido diretamente afetado pela Segunda Guerra, nem demonstrado qualquer inclinação política naquela direção.

Do nosso ponto de vista humano, o fim dessa história não é tão feliz. A visão de que a guerra não era a maneira de mudar as coisas foi devastadora. Ele era como um carro que tinha corrido a uma velocidade de cento e sessenta quilômetros por hora rumo ao seu destino, apenas para descobrir que estava se dirigindo ao lugar errado. Ele pisou no breque depressa demais.

Passou dos remédios para drogas entorpecentes, a fim de tratar suas dores de cabeça e sua ansiedade, e finalmente suicidou-se com um tiro — outra vez. Desconfio que estava sofrendo de um desespero profundo e não conseguia perdoar a si mesmo.

Quando o vi mediunicamente no funeral, ele estava muito feliz por se livrar do corpo e espantado pelo fato de que tantas pessoas gostassem dele o bastante para estarem ali presentes.

O corpo se lembra

Um outro exemplo da intensidade com que o corpo incorpora as crenças mantidas na mente ao longo do tempo e do espaço é dado pela história de uma mulher distinta, bem vestida e fina, com muitos problemas físicos sérios que veio me procurar para aconselhamento. Ela levou vários minutos para relatar seu caso clínico de vinte anos. Tinha feito terapia mais de uma vez e também estava satisfeita por ter recebido bom tratamento médico. Mas ela nunca encontrara uma resposta satisfatória para a pergunta subjacente que a trouxera até mim: "Por quê?"

Quando entrei em sintonia com ela, imediatamente vi um impresso feito em computador de dezenas de vidas com seu atual marido. Eles haviam tido todos os tipos concebíveis de relacionamento: mãe e filho, patrão e empregado, irmão e irmã, marido e mulher, e assim por diante. O único denominador comum era que cada relacionamento havia sido repleto de competitividade, ciúme e inimizade. Enquanto eu olhava para essa lista de relacionamentos negativos, a própria lista desapareceu e eu vi uma bola preta em movimento, tendo em sua superfície a inscrição da palavra *ódio*.

Meu eu observador ficou imaginando como é que eu ia dizer àquela mulher encantadora que ela estava sofrendo de ódio a longo prazo que se havia concretizado no seu corpo. Mas eu não posso rezar para ter visões e depois dizer ao Espírito: "Obrigada, mas prefiro outra, por favor." Então tomei um bom fôlego e lhe contei, com a maior delicadeza possível, aquilo que tinha visto, assegurando-lhe que ela própria poderia decidir se minha visão tinha algum significado para ela. Sua serenidade se dissipou. Ela caiu em pranto e disse: "É verdade, é verdade. Eu o odeio. Sempre o odiei e nunca entendi por que me casei com ele."

Ela tinha se casado com ele porque se sentira compelida a fazer isso — o ódio procura o seu objeto, tanto quanto o amor. Sentia por ele, ao mesmo tempo, atração e repulsão. Viver num estado tenso de ambivalência estava literalmente envenenando o seu corpo com ódio. Para ser curada, a alma procura o equilíbrio e o restabelecimento de sua natureza afetiva. O corpo carrega na memória, de uma vida para outra, o ressentimento que não foi liberado.

A reencarnação hoje

Até há bem pouco tempo, o legado dos cientistas que buscavam o conhecimento da consciência nos tempos remotos ainda não estava inteiramente disponível para nós. A maioria deles trabalhava em segredo. Mas tudo isso está mudando, e esses tesouros agora estão se difundindo na consciência do público. Além disso, os cientistas da física no mundo todo estão dirigindo suas mentes e seus laboratórios para o estudo da consciência — inclusive para o estudo da reencarnação.

O dr. Ian Stevenson, da Universidade de Virgínia, autor de *Twenty Cases Suggestive of Reincarnation* [Vinte Casos Sugestivos de Reencarnação] tem sido um dos pioneiros a submeter esse antigo ensinamento espiritual à moderna investigação científica. Além do mais, nossa compreensão de como a consciência cria a experiência ou mesmo de que modo ela cria a matéria, cresce à medida que a física quântica explora o espaço, o tempo e realidades múltiplas e alternadas.

Nos Estados Unidos, a reencarnação geralmente é tratada como um candidato à eleição, algo do tipo "ame-a ou deixe-a", uma espécie de diversão alegre e excitante. Ela até parece, de algum modo, constituir uma ameaça para algumas pessoas. Por quê? Talvez isso seja tão simples como o desenho de "Frank e Ernest", cuja legenda dizia: "Eu sei que nunca vivi antes, senão não estaria tão confuso desta vez."

Acaso aceitar a reencarnação significa aceitar que nenhuma equipe de salvamento virá para acabar com todos os problemas do mundo? A equipe de salvamento, os mestres e os professores já chegaram muitas e muitas vezes — e continuam chegando para nos mostrar como transformar o nosso mundo, o individual e o coletivo. Acaso faz parte do medo o fato de que devemos encarar e transformar nossos demônios pessoais, criados por nós mesmos, e depois trabalhar com os outros para transformar nossa loucura coletiva? Será possível que tenhamos mesmo de levar a sério Jesus, Buda, Krishna e todos os outros seres iluminados, e encontrar nossos caminhos através da "porta estreita", e não simplesmente ficar seguindo atrás de seus mantos, mantendo intactos os nossos preconceitos?

Nossa jornada através do processo de transformação é tornada mais clara pelos seres iluminados em todas as culturas que têm abençoado este planeta. Sobrepujando todas as armadilhas do mundo, eles acreditaram e depois se transformaram na crença. Eles se tornaram mestres superando todos os obstáculos com que você e eu nos deparamos. E pelas suas vidas eles nos ensinam que podemos fazer e faremos a mesma coisa. Suas lutas e triunfos impregnaram a mente coletiva com radiações tão claras e poderosas, que nos permitem encontrar nosso caminho para casa mais facilmente. Co-criando com o universo, eles amplificam o plano evolucionário e nos servem.

"Quero — ou não quero"

O plano evolucionário que acompanhou Paul nesta existência nos fornece muito material para reflexão. Paul mora na Europa. A primeira vez que o vi, ele tinha seis anos de idade. De início tinha sido diagnosticado como autista, mas seus sintomas não correspondiam exatamente a esse perfil, embora ele raramente falasse e permanecesse retraído. Era considerado muito deficiente em termos de capacidade de aprendizado e ocasionalmente apresentava sérios problemas de comportamento. Francamente, ninguém sabia o que havia de errado com ele.

Seus pais e seu terapeuta o trouxeram para mim, num fim de tarde, depois de um trabalho de *workshop* que eu acabara de fazer. No início, eu não conseguia fazer com que Paul me olhasse nos olhos, mas depois descobri que ele se abriria comigo se pudesse brincar nos tapetes do chão. A primeira coisa que ele fez foi tirar, metodicamente, as meias, os sapatos, as calças, a cueca, mas não a camisa e o suéter. O terapeuta comentou calmamente que ele nunca tinha feito aquilo antes. Concordamos em ficar esperando para ver o que aconteceria.

Depois que fizemos amizade, eu o levei até um cavalete, onde eu estivera trabalhando com canetas coloridas, segurei-o pelas mãos e ajudei-o a desenhar várias formas com cores diferentes. Quando ele demonstrou interesse, eu me afastei para ter a perspectiva de que precisava para ver o seu campo áurico. Em inglês, pedi a ele que desenhasse um círculo verde e ele o fez. Depois, um quadrado roxo, e ele desenhou. Fiz isso várias vezes para me assegurar, e àqueles que estavam observando, que o que ele estava fazendo não era acidental. Isso porque aquela criança, que consideravam como alguém que dificilmente poderia ser ensinada em sua própria língua e que raramente se exprimia nela, estava obedecendo às minhas ordens em inglês.

Quando olhei para sua aura, percebi que ela ocupava o seu corpo apenas o suficiente para fazê-lo mexer-se. A maior parte de sua energia estava concentrada em seu campo mental. Da cintura para baixo, sua energia era tão baixa que eu me perguntava como é que ele conseguia andar. Da cintura para cima, ficava cada vez mais forte. Acima da cabeça, pude ver a concentração do seu ser, ligada à vida de Paul, mas fazendo todo o possível para não se envolver com ela. Não é de admirar que ele tirasse a roupa da cintura para baixo. Ele estava passando por um *check-up* e sabia onde se encontrava o problema.

Paul não tinha vontade de estar no seu corpo masculino; na verdade, fazia uso de sua vontade extremamente forte para evitar encontrar-se no corpo mais do que o mínimo necessário. Tinha lembranças imprecisas de ter ocupado posições de mando nas quais empregara mal sua vontade e estava com medo dessa vontade e desse seu poder.

Finalmente, o menino deixou que eu fizesse contato com ele através dos olhos. Pode-se fazer contato entre duas vontades por meio dos olhos, e, se esse olhar estiver carregado de amor, ele pode dar muito apoio e passar direto pela barreira das palavras. Em resumo, a mensagem que lhe enviei dizia: "Eu vejo você aí dentro. Respeito a sua livre escolha. Estou lhe enviando uma lembrança do amor e da Luz que você é." Às vezes, é a única coisa que se pode fazer por uma pessoa, embora se trate de algo muito eficiente. Antes que ele fosse embora, dei a Paul um pequeno cristal como uma lembrança concreta da prece de energia que eu estava fazendo por ele e também porque as crianças gostam de cristais. Um amigo meu chama-os "bombons da Terra".

Posteriormente, sua mãe me escreveu que ele colocara com muito cuidado o cristal em cima de uma fotografia dele — mais precisamente, em cima do coração — e não deixava que ninguém o tocasse.

Mais ou menos seis meses depois dessa visita, recebi um desenho de Paul. Sua mãe acrescentou uma observação dizendo que Paul indicara que a figura era para mim, e acrescentou que ele raramente desenhava figuras. Ela contou que Paul pedira para "dizer à Gloria que ninguém vive nesta casa". O desenho era de uma casa, mas era também claramente um pênis. No centro, onde deveria estar o plexo solar, havia linhas vermelhas dentadas e, no topo, havia uma janela minúscula, a única que permitia uma visão para fora da "casa". Visto que o amarelo é a cor do corpo mental, sua figura confirmava o meu sentimento de que a vontade de Paul residia no seu eu mental — um eu extraordinariamente brilhante — mas que ele se recusava a infundir essa vontade no seu eu como um todo.

Eu sabia que Paul tinha devolvido o problema para mim. Então, dei ouvido aos meus instintos, confrontando-os com a opinião de dois psicólogos que trabalham com crianças, e decidi fazer o seguinte: recortei todos os tipos de figuras e colei-as em folhas de papel de 20 cm x 25 cm — havia cachorros, gatos, brinquedos, ursos de pelúcia e até mesmo um anjo. Enviei tudo isso a ele junto com uma carta dizendo que muitas coisas poderiam morar na sua casa se ele quisesse, mas que ele teria de escolher o que queria.

Eu sei que a vontade dele é seu direito congênito divino e ninguém que obedeça à lei universal pode interferir nisso. Tudo o que podemos fazer é amá-lo e oferecer-lhe oportunidades, apoio, técnicas e tempo. Seria presunção de minha parte dizer que eu sei o que é melhor para Paul. Ele está considerando outras opções para aquilo que está fazendo e continua atraindo, para sua vida, pessoas que lhe oferecerão opções.

Talvez esta encarnação seja um momento decisivo na sua evolução. Talvez ele precise de uma encarnação para permanecer neutro e observar. Decididamente ele não quer ser um menino. Mas eu nunca tive a impressão de que quisesse ser uma menina. Quaisquer que sejam os objetivos a longo prazo desta encarnação, ele certamente está se instruindo sobre o poder da vontade.

Oportunidades desiguais

A primeira vez que ouvi a respeito da idéia de reencarnação, quando criança, "compreendi" imediatamente que para mim era verdade. Certamente, a reencarnação dá sentido ao que, de outro modo, não teria sentido. Quando ficamos sabendo de situações aparentemente injustas, assim como vidas produtivas ceifadas por acidente, violência, guerra e doença, ficamos indignados com a falta de justiça em termos humanos. Recentemente, li uma sátira anônima que dizia que esperar justiça no planeta Terra apenas porque você é uma boa pessoa é o mesmo que esperar que um touro não o ataque porque você é vegetariano.

Evidentemente, as pessoas não começam a vida com oportunidades iguais. Do ponto de vista humano, a única coisa que uma criança que nasce com AIDS numa aldeia da África tem em comum com uma criança saudável dos subúrbios nos Estados Unidos é que ambas são bebês e dependentes. Ambas as circunstâncias nos oferecem a oportunidade de evoluir coletivamente. Mas essa é a segunda questão. A primeira é: por quê?

A reencarnação explica o aparecimento dos gênios e todas as situações excepcionais. E isso está em harmonia com o que, até o momento, entendemos a respeito da evolução física. Além disso, ela desfaz muitos nós da Sagrada Escritura que, sem esse conceito, nos deixam intrigados. Por exemplo: "Sede perfeitos" parece algo improvável quando encarado pela perspectiva de uma única vida. Mas esta é uma diretiva clara a indicar que a perfeição é o objetivo final.

Talvez tenha chegado o tempo de admitirmos a possibilidade de que a justiça divina e o amor divino não sejam nem remotamente parecidos com aquilo que nós, humanos, pensamos que são. Apesar de todas as contradições, há uma ordem e um propósito em todas as nossas vidas e, se não compreendemos como tudo isso funciona, há uma crescente evidência de que realmente funciona.

Compreender a reencarnação ilumina o conhecimento que vai além da razão. Ademais, propicia uma visão interior dos "fatos" imprevisíveis que trazem exatamente, no momento certo, a experiência certa para nós — essa "mágica" sincrônica — o *déjà vu* que traz até nós as pessoas certas, que abre e fecha portas e que muda a nossa vida.

O amor cura com o tempo

Esta é a história de uma vida passada de uma mulher ao mesmo tempo muito prática e intuitiva, que se encontrava próxima dos setenta anos de idade. Desde que nasceu, vivenciou o abandono, primeiro por parte da mãe, que morreu quando ela era bem jovem, e logo em seguida pelo pai, que a deu em adoção. Seu casamento com o único homem que amara foi penoso, pois ele passou os últimos vinte anos de sua vida num estado de alcoolismo que a excluía. Enquanto lutava com suas desilusões, ela pagou por isso com sua pouca auto-estima, e não tinha nenhuma noção de ser atraente como mulher.

Concluindo que o amor das pessoas não era para ela, começou a mudar procurando compreender a si mesma e o seu relacionamento com Deus. Aprendeu a não ter ressentimentos e perdoar o passado. Regularmente, rezava para concluir as lições desta vida.

Uma noite, encontrando-se à porta principal de um auditório, seu olhar cruzou casualmente com o de um homem que nunca tinha visto antes, um homem que era uns quinze anos mais novo que ela. Aquele único olhar penetrou direto em sua alma. Ela sentiu que o conhecia intimamente, e a sensação que isso produziu nela foi de desalento.

Ela abandonou o local em pranto, mas eles se encontraram novamente nos degraus da escada. Ela decidiu contar-lhe o que lhe havia acontecido. Ele também teve a mesma reação. Isso foi o começo de uma série de conversas que se estenderam por muitos dias e muitas noites.

Ela contou a ele coisas que antes nunca havia contado a ninguém. Ele lhe era mais familiar que todas as pessoas que tinha encontrado na vida. Ela nunca tivera anteriormente a lembrança de uma vida passada, mas, de repente, relembrava exatamente como e quando conhecera aquele homem — como se tornara sua querida esposa e melhor amiga. Nessa existência, ela fora muito amada e estimada. Sem se conhecerem, tanto ele como ela escolheram exatamente a mesma existência, incluindo o país, a época e as circunstâncias. Essa lembrança fora guardada com muita energia pelos dois.

Com o tempo, eles seguiram caminhos diferentes. Não era o seu carma nesta vida casar-se novamente, nem mesmo ter um envolvimento sexual. Acontece que o sentimento doloroso que ela tinha de não ser atraente foi curado. Como ela sinceramente desejara completar o ciclo, atraiu para si esse lembrete de uma época em que fora muito amada e valorizada, conseguindo, assim, dar vazão à raiva, à dor e ao abandono da sua vida atual.

Duas de uma só vez

Esta é a história de duas mulheres que viviam em locais distantes e que só se encontraram quando seus carmas colidiram. A primeira era uma jovem que eu aconselhara muitos anos atrás. Ela me procurou porque estava preocupada com o sentimento de estar estagnada em sua vida espiritual. Era como se tivesse chegado até um certo ponto e não permitisse a si mesma crescer mais. Eu tive a visão de uma vida em que ela fora uma sacerdotisa asteca; uma de suas tarefas era a de remover os corações dos que eram sacrificados nas festas religiosas. Ela se ressentia disso e me contou que era perseguida, desde criança, por sonhos em que se via toda salpicada de sangue.

Os anos se passaram e eu a encontrei por acaso numa conferência, num Estado distante daquele em que morava. Eu estava com uma amiga íntima e as apresentei, enquanto nós três estávamos esperando a cortina subir para a apresentação de um drama experimental. Eu nunca cheguei a ver a peça, mas duvido que se igualasse ao drama que veio a se desenrolar.

Para que você compreenda inteiramente esta história, devo informá-lo de que minha amiga é uma mulher muito controlada e equilibrada, alguém que está acostumada a confrontar suas próprias sombras sem histeria. Enquanto não conseguia ver a si mesma, de algum modo, como um produto acabado, ela se acostumara a empregar várias técnicas que a ajudavam a crescer. Estava consciente de que se sentia bloqueada na sua vida espiritual por um medo inominável, e havia rezado e meditado para eliminar esse bloqueio.

Enquanto aguardávamos, uma música muito estranha começou a tocar nos alto-falantes. Parecia a trilha sonora de *A Criatura da Lagoa Azul* — feia e dissonante. De repente, senti um puxão frenético no meu braço e, ao voltar-me na sua direção, ouvi minha amiga implorar com os dentes cerrados para que a tirássemos dali. Antes que eu conseguisse dizer uma palavra, ela saiu correndo pelo corredor, deixou o teatro e atravessou uma campina — comigo correndo atrás dela e a outra mulher atrás de mim.

De repente, caiu de joelhos e começou a gemer. Depois, vomitou e continuou a gemer. Como sua amiga, eu queria apenas apoiá-la e assegurar-lhe que, qualquer que fosse o problema, poderia contar com a minha ajuda. Mas tive uma brusca, clara e imediata orientação do Espírito no sentido de deixá-la passar por aquilo, de não impedi-la. Comecei a esfregar suas costas, correndo a mão pela coluna vertebral de baixo para cima, e logo suas palavras entrecortadas e aterrorizadas começaram a se misturar com as imagens que faiscavam na minha cabeça.

Ela estava se lembrando, com emoção e horror, de uma vida passada na qual fora uma jovem que havia sido drogada e paralisada, mas não tinha ficado inconsciente. Estava sendo levada por uma escadaria a fim de ter o coração arrancado em sacrifício aos deuses astecas.

Ela ficou visivelmente abalada após a lembrança, o que era compreensível, e eu sugeri que nós três fôssemos nos reunir em algum lugar sossegado. Nesse meio-tempo, a outra mulher não tinha dito uma palavra sequer, mas estava pálida. Mais ou menos uma hora depois, essa mulher se voltou para minha amiga e disse, com voz trêmula: “Acho que sei quem foi que arrancou o seu coração. Fui eu.” Minha amiga olhou-a espantada por alguns instantes, depois pegou sua mão e disse: “Eu a perdôo.” Elas se abraçaram longamente, e a dor, o medo, a culpa e os bloqueios carregados por ambas durante tanto tempo se dissiparam.

A leitura do registro akáshico

Na vida da alma, sempre que desenvolvemos um talento, fazemos uso das circunstâncias e dos nossos recursos para tirar o máximo de nossas habilidades e fazemos o bem a todos, acumulamos isso no paraíso — um "Paraíso" entendido como um estado de espírito. É como ter uma galeria repleta de tesouros, só que nesse caso são talentos que desenvolvemos ao longo de muitas encarnações.

Também há um livro de registros nessa galeria, e ele guarda a contabilidade detalhada de todos os créditos e débitos. Agora, imagine que você entre nessa galeria com o objetivo de se preparar para uma encarnação. Você vê o livro de registros através da percepção da vontade superior, não com os olhos ávidos do ego, e escolhe algumas coisinhas que precisam ser trabalhadas. Você pode decidir não utilizar todos os seus tesouros em alguma experiência de vida, de modo a focalizar uma lição específica.

No Oriente, esse registro de tudo o que já fizemos é conhecido como Akashia ou o registro akáshico. A Bíblia se refere a ele como o Livro da Memória. O registro akáshico, o Livro da Memória, está dentro de nós. O éter se move através de todas as coisas, e nele tudo fica registrado exatamente como acontece. É o amor altamente magnético. É o nosso registro, como indivíduos e como espécie, e se move conosco, para onde quer que vamos. Aqui, o que é semelhante se atrai. Se você imprimiu o medo, então, assim como Jó, descobrirá que aquilo que temia se abateu sobre você.

As pessoas com sensibilidade mediúnica altamente desenvolvida podem ler esses registros. Porém, antes que você acredite no relato de uma de suas vidas passadas feito por alguém, é bom considerar que as impressões mediúnicas são filtradas e interpretadas através da mente e do sistema de crenças daquele que recebe a impressão. Obviamente, quanto mais trabalho o sensitivo teve para transformar os seus próprios padrões, mais claramente é capaz de ler o padrão que diz respeito a você.

Tive uma experiência, num país estrangeiro, com uma médium altamente treinada que esclarece esse ponto. Era a primeira vez que eu viajava para aquele país. Lá me contaram sobre uma mulher que era considerada uma das melhores médiuns da região. Enquanto eu esperava que as pessoas se inscrevessem num curso que eu estava oferecendo, ela entrou, dirigiu um olhar para mim e, francamente assustada, começou a tagarelar numa língua que eu não entendia. Meu intérprete disse que a médium anunciara que eu era a reencarnação de uma das figuras míticas mais conhecidas daquele país. Eu sabia muito bem que não era nada daquilo. Tenho sérias dúvidas de que essa figura tenha realmente existido, tanto quanto duvido que os deuses e deusas da Grécia antiga tenham sido pessoas reais.

Mais tarde, quando me familiarizei com essa médium, dei-lhe a entender que ela estava entrando no domínio do arquétipo. Os arquétipos são figuras imaginárias que assumiram uma certa vida "real" coletiva na nossa consciência porque suas histórias foram contadas e recontadas centenas de vezes. Eles se tornam os símbolos de certos tipos de energia. Até mesmo as pessoas reais que foram importantes heróis ou vilões em sua época assumem proporções arquetípicas à medida que suas façanhas são relatadas. Uma certa espécie de energia em determinada pessoa pode nos fazer lembrar de personagens lendárias. Essa médium não conseguia aceitar isso; nem sequer considerava que certo tipo de energia em mim havia desencadeado nela uma referência subconsciente às qualidades que ela viu na figura mítica. No seu sistema de crenças, aquela figura mítica tinha vivido, e eu era a sua reencarnação.

Não estou criticando essa mulher. Achei sua sensibilidade muito acurada e acertada em relação a muitas coisas. Sei muito bem que todos nós temos de interpretar aquilo que sentimos mediunicamente, e que isso é modelado — ou remodelado — na nossa mente por aquilo em que pessoalmente acreditamos e também pelos símbolos que guardamos no nosso subconsciente. Eu digo a todos a quem aconselho que devem pesar cuidadosamente tudo o que lhes é dito e decidir por si mesmos o que é verdadeiro e o que é simbólico.

A lembrança da vida passada pode ser simbólica, racial ou arquetípica. A exatidão da lembrança não é tão importante quanto o tipo de energia que ela faz surgir em nós. Depois que os melodramas de uma determinada vida terminam, o que resta é a essência destilada da experiência. A experiência de ser um cacique de tribo oferece-nos a mesma dinâmica de aprendizado sobre as responsabilidades de liderança que a de ser rei ou presidente dos Estados Unidos. Se vemos a nós mesmos, ou outra pessoa, como Napoleão, isso não significa necessariamente que fomos Napoleão. Pode ser simplesmente o nosso subconsciente oferecendo-nos uma referência simbólica para o tipo de energia que encontramos. Eu sempre me pergunto quem fazia as tarefas comuns no Egito e na Atlântida. Quem eram os sapateiros e os cozinheiros?

Suponha que você esteja aterrorizado de medo de perder um filho a ponto de ficar neurótico. Pode ser que você tenha vivenciado esse tipo de perda em experiências de outras vidas, talvez por morte, seqüestro ou escravidão. Alguma coisa hoje aciona esse medo em você, e sobe à superfície a "lembrança" de uma vida que você pode ou não ter tido. Quando o cérebro se esforça para dar um nome aos terríveis sentimentos de perda por que você está passando, ele extrai aquilo que existe no seu subconsciente. Você pode ter assistido a um filme a respeito de alguém que perde um filho, *A Escolha de Sofia,* por exemplo, e encontrou uma resposta ecoando profundamente dentro de você, que o fez sentir quase como se aquela exata experiência tivesse ocorrido com você. A "lembrança da vida passada" aparece como o filme. As lembranças se reúnem em torno de experiências arquetípicas tais como o nascimento, a morte, o amor, o ódio, a guerra, a religião e o poder político. Algo em você reconhece a dinâmica e cria a sua versão do filme.

Se todas as almas são iguais, nem todas são igualmente experientes em relação à existência terrestre. Há, na verdade, almas antigas que estão cansadas, cheias de enfado e esgotadas devido a toda a ginástica a que submeteram a sua vontade. Elas podem criar vidas muito, mas muito difíceis para si mesmas a fim de afastar a última das ilusões mundanas que se encontra na sua consciência. Ficamos intrigados com as pessoas que giram em torno de si mesmas e, no entanto, parecem ser generosas de todas as maneiras. Algumas vezes, elas estão simplesmente começando a vivenciar aquilo que sua vontade pode realizar. Seu egoísmo não tem muito que ver com o fato de serem más, mas sim com o fato de serem jovens de entendimento.

Uma das características de uma alma madura é a sua preocupação com o bem geral. Isso nada tem que ver com a escolha daquilo que parece ser uma profissão desprendida. Tem mais a ver com uma total peregrinação de vida sem fazer o mal e com a consciência de sua própria contribuição. Não faz diferença se essas pessoas são ou não são bem-sucedidas em termos mundanos; elas utilizarão todos os recursos e influências que estão à sua disposição para colocar no mundo o melhor que têm a oferecer.

Almas mais velhas: lições mais difíceis

Tive a oportunidade de conhecer uma mulher de alma madura. Esta senhora é uma das pessoas mais sensíveis e adoráveis que você jamais poderia imaginar encontrar, o tipo de pessoa que só deveria ter o melhor que o mundo pudesse oferecer. Mas não é assim. Desde o começo de sua vida, ela foi rodeada por pessoas egoístas e preocupadas consigo mesmas. Quando se casou, viveu com um homem egocêntrico que lhe deu pouco ou nenhum apoio. Seus filhos foram uma constante prova para ela. Mesmo quando chegaram aos trinta anos, raramente iam visitá-la e eram indiferentes às suas necessidades. A vida era extremamente dolorosa e solitária para ela, mas ela optou pelo amor e pelo perdão, e não pelo martírio.

Certa vez, quando eu estava fazendo um trabalho de cura para ela, ouvi em Espírito: “Ela percorreu com graça um corredor escuro.” O Espírito continuou a me contar que ela havia encarnado para trabalhar o amor incondicional e tinha feito exatamente isso, sem considerar o que recebia em troca. Por mais doloroso que fosse, ela trabalhava diariamente na liberação dos filhos, abençoando-os, perdoando-os.

Essa mulher continuou amando os filhos, apesar do comportamento deles e, à medida que os anos foram passando, eles começaram a corresponder à sua aceitação permanente e ao seu amor. Ela tinha sido mais que sua mãe. Tinha sido uma mestra. Finalmente, ela está começando a colher o que plantou, nesta vida mesmo, mas a lição de manter o amor incondicional foi longa e árdua.

Muitas e muitas vezes, pude mostrar que chegamos a uma determinada encarnação tanto para aprender como para ensinar. Nenhum ser humano é capaz de entender inteiramente a que propósito outro ser humano está servindo. Por exemplo, uma alma muito evoluída pode estar pronta para as lições de sacrifício do ego individual. Outra alma pode decidir encarnar como uma mulher com capacidade mental limitada para proporcionar aos outros a oportunidade de aprender a respeito do amor, ao ter de cuidar dela. Outra pessoa pode vir para esta vida como um homem que acertou na loteria — bonito, rico, com todos os talentos que se possa imaginar — mas que tenha de lutar constantemente com o problema da escolha. O que escolher? Como usar essas oportunidades? Essa alma está aprendendo a focalizar a intenção.

A vida que estamos vendo agora é apenas uma página de um romance épico. Se este é o ponto no desenrolar da história em que o herói ou a heroína está sendo desafiado(a) pelo vilão, a existência pode parecer trágica para nós. Mas essa é a nossa interpretação humana. Também pode muito bem ser o momento decisivo na evolução global da alma. Não nos cabe julgar.

Uma vez, o Espírito me disse: "Você não concorda com o modelo da asa de uma ave? Não concorda com a cor de uma pedra ou com a órbita de um planeta? Então, por que não concorda com o modelo da alma de outra pessoa? Você acha que sabe mais a respeito do que é necessário para o outro, além daquilo que a alma dele ou dela está fazendo? Quando você sente a necessidade de julgar outra pessoa, você pode estar certo de que é você quem está em desequilíbrio."

Podemos aceitar apenas que as coisas não são o que parecem ser e que, muito provavelmente, estão exatamente onde devem estar. Isso inclui tanto a nossa avaliação precipitada dos assim chamados *yuppies* como a superstição reinante de que os pobres estão, de algum modo, sendo castigados por Deus. Pelo que sabemos, os *yuppies* são almas que estão esgotando o que lhes resta de materialismo, adquirindo "coisas" e status numa espécie de identificação do ego de última hora. Não podemos saber. Em certas práticas de treinamento espiritual no Oriente, se um mestre observar que você tem um vício que permanece impune, ele não lhe ensinará a reprimi-lo. Em vez disso, irá encorajá-lo a satisfazer o seu vício até o limite máximo, até você enjoar dele. Então você estará livre dele de uma vez por todas.

Quando somos capazes de permitir a nós mesmos e aos outros apenas ser — sem nenhum julgamento — começamos a compreender a sabedoria e a perspectiva que a reencarnação nos ensina.

Mas será que isso resulta em indiferença em relação ao sofrimento dos outros, como algumas pessoas dão a entender? Minha observação revela que é exatamente o contrário que acontece. Quanto mais compreendemos a nossa ligação, melhor percebemos que somos uma parte encarnada do todo, mais responsáveis nos tornamos à medida que nos relacionamos com o todo.

Se você caiu num buraco, e está no meu caminho, isso não é acidental. Está sendo oferecida a mim a mesma oportunidade de aprender que é oferecida a você. Posso me compadecer de você e amá-lo, ou posso culpá-lo por ter caído e dizer que você mereceu isso. Posso lhe oferecer ajuda para sair do buraco. Posso colocar um sinal para avisar os outros. Ou posso ignorar a coisa toda, dizendo que não tem nada a ver comigo, o que seria a maior ignorância, pois falharia em notar que você e eu estamos na vida juntos. Nós dois estamos no buraco, não apenas você. Isso se torna muito importante quando aplicamos essa tomada de consciência às nossas principais questões sociais, como o problema de falta de habitação.

No entanto, chega uma época de nosso crescimento em que desistimos de nos preocupar com a reencarnação. O místico e mestre sufi, Reshad Field, sugere que "se a vaca sagrada da reencarnação ainda provoca gripe em você, então é melhor abandoná-la". Quando aceitamos que nossa vida é contínua, uma trama que nos coloca e nos tira de muitas experiências, então podemos ficar indiferentes ao que já fomos ou deixamos de ser. Mais cedo ou mais tarde, todos nós vamos representar todos os papéis. Enquanto isso, há apenas o agora, as exigências imediatas e as preocupações desta vida.

Talvez não saibamos por que uma criança encarna e enfrenta uma luta cruel. Só sabemos que a vida dessa criança não está separada da nossa. A experiência dessa criança pode ser um sacrifício de amor em benefício de todos. E, uma vez que ela chama nossa atenção, oferece-nos a oportunidade de mudar as condições políticas, sociais e psicológicas que permitiram que o bombardeio ocorresse. Não é apenas o nosso drama individual que traz água para o moinho da evolução; é a nossa reação à vida como um todo.

Obtenção de ajuda — terapia e aconselhamento

Uma vez que decidimos fazer as pazes com nossas vidas e dedicar-nos inteiramente à auto-aceitação, temos de parar de atribuir a culpa — até mesmo a Deus, ou seja lá qual for a denominação que dermos a essa energia. Mesmo que tenhamos sido sacrificados da pior maneira, ainda somos responsáveis pelo que fazemos com essa experiência. Isso geralmente exige, em primeiro lugar, a exploração e o domínio de todos os sentimento envolvidos, incluindo a raiva, o medo e a impotência.

Nem sempre pode ser importante identificar quem fez o quê para quem, quando e por quê, mas é muito importante reconhecer e dominar os sentimentos que nos mantêm presos a uma impotência de vítima e à raiva reprimida. Em alguns momentos, temos de decidir o que vamos fazer com esses sentimentos, uma vez que os identificamos. Conheci pessoas que passaram anos fazendo terapia e que eram capazes de articular trinta razões para o seu ódio, e ainda assim se mantinham presas a esse ódio.

Porém, as boas terapias nos ajudam, primeiro, a identificar, depois a dominar, compreender e assumir a responsabilidade pelas nossas reações. Somos gradualmente levados à verdadeira transformação de energia lidando com as questões pessoais. Sabemos que os sentimentos se encaminham para a saída quando não há carga emocional em nenhum sentido — o sentimento é neutro.

Até há pouco tempo, a maioria dos psicólogos têm sido muito cuidadosos em deixar de lado tudo o que diz respeito ao espírito ou pelo menos tentaram fazê-lo. Eles são cautelosos em considerar as influências das vidas passadas em seus pacientes. Eu compreendo isso, depois de ter lidado com pessoas que estão claramente bloqueadas em seu eu emocional e que tentam evitar o confronto com a dor por meio de uma cortina de fumaça que consiste num discurso ambíguo a respeito do espírito. Talvez os terapeutas cuidadosos, como eu sou, já tenham encontrado Marias Madalenas ou sacerdotes egípcios demais. Eu ainda me pergunto quem eram os sapateiros e cozinheiros em todas essas civilizações antigas.

Hoje, porém, mais e mais terapeutas estão percebendo que é efetivamente impossível trabalhar sem lidar com as próprias crenças espirituais e com as do cliente. Conheço muitos que empregam o conceito de "vidas passadas" como um instrumento para se aprofundar no recôndito da psique das pessoas, onde se misturam as águas da mente, do espírito, da emoção e da imaginação. É claro que, se há uma situação crítica no eu emocional, é lá que a cura precisa ocorrer. Mas, para a terapia que visa, em última análise, à totalidade e à auto-realização, não se pode separar o espírito das pessoas de suas emoções ou do seu corpo, assim como não se pode separar o sangue de um organismo vivo.

O que vai, volta

É muito raro analisar em detalhe a vida passada de alguém numa sessão de aconselhamento. Contudo, numa sessão particularmente reveladora que orientei, ocorreu uma apresentação em profundidade. Eu não conhecia nenhum dos fatos da experiência de vida atual daquele homem antes de começarmos. Mas, naquele caso, eu deparei com uma vida passada repleta de detalhes. E aconteceu que o enredo, as personagens e a dinâmica eram misteriosamente semelhantes à vida atual do meu cliente.

Na vida anterior, esse homem tinha sido um modesto artesão numa pequena cidade de Israel. Mais do que qualquer outra coisa, ele amava a Torá e, quando não estava trabalhando, estava no templo discutindo os desígnios de Deus. Quando sua primeira filha nasceu, ele ficou muito desapontado por não ser um menino, mas a decepção foi ainda maior quando vieram a segunda, a terceira, a quarta e, finalmente, a quinta filha. A cada nascimento, ele se afastava mais e mais da família e passava cada vez mais tempo na sinagoga. Com o passar dos anos, sua mulher foi ficando muito amargurada. Nas raras ocasiões em que ele se encontrava em casa, era hostil e indiferente para com as meninas, especialmente as mais novas. Ele só tinha tempo para a Torá. A filha mais nova teve perturbações emocionais a ponto de passar muito tempo fora do corpo, sem poder ser influenciada por ninguém. Ela estava, sem dúvida, mentalmente doente.

Um dia, enquanto consertava o telhado, esse homem caiu, quebrou a espinha e teve de permanecer acamado por mais de um ano. Sem poder ir ao templo, foi forçado a ver o que tinha acontecido com a mulher, antes tão meiga. Ela já não se importava com ele e fazia apenas a sua obrigação. Concentrava grande parte da sua raiva na sinagoga, encarando as obsessões espirituais do marido como se encarasse uma amante dele.

A filha mais velha, pelo menos, tinha tido um pouco de orientação de amor paterno nos primeiros anos de vida e, apesar de sentir-se rejeitada, ainda procurava o amor e a aprovação do pai. Tornou-se sua enfermeira. Frustrado no início por não poder discutir sua venerável Torá com alguém, esse homem começou a discutir conceitos espirituais com a filha mais velha — criando atrito entre ela e a mãe. Enquanto permanecia acamado, também começou a perceber como a filha mais nova estava doente e teve sentimento de culpa.

Quando esse homem veio me ver, na vida atual, ele era o pai de várias garotas e o marido de uma esposa zangada. Ele passava a maior parte do seu tempo livre na igreja. Era considerado pela maioria das pessoas como um homem muito espiritualista, já que era tão devotado ao estudo da religião. Havia encontrado uma mulher na igreja com quem podia conversar sobre essas coisas e tinha se convencido de que ela o compreendia espiritualmente. Ele não via que o seu relacionamento com a mulher e as filhas tinha algo que ver com sua vida espiritual e estava pronto para abandonar a mulher e as filhas, das quais a mais nova era emocionalmente instável.

Eu não reconheci todas as personagens nessa reprise, mas ficou claro que o seu novo amor era a filha mais velha na vida em Israel — mesmo naquela época ele achava que a filha era a única que o compreendia. A esposa de hoje era a mesma de ontem, e nenhum deles tinha perdoado e liberado a hostilidade mútua da vida passada. Ele ainda estava substituindo a transformação espiritual por conceitos espirituais — só que, dessa vez, a teologia protestante tomara o lugar da Torá. Eram os conceitos, e não a sua orientação, que o fascinavam. Mas a alma conhece a diferença. Não progredimos porque ficamos repisando a culpa; temos de nos tornar aquilo em que acreditamos.

Não era minha função dizer a ele o que fazer, mas eu expus claramente a dinâmica para que ele pudesse entender. Ele teve reações muito fortes à descrição da vida em Israel, chegou até mesmo às lágrimas. A reação emocional forte geralmente é uma pista de que a informação — ou o valor simbólico — é acurada.

Não há como separar as influências psicológicas da escolha que a alma faz de suas lições. Por exemplo, suponha que uma alma tenha medo de se encontrar num corpo feminino. Talvez essa pessoa tenha passado muitas vidas sofrendo limitações ou perseguições como mulher. Essa pessoa pode decidir encontrar o equilíbrio, não só através de uma existência preenchida com os desafios pelo fato de ser mulher, mas é provável que a alma comece tudo isso no ventre materno. Ela pode ser filha de alguém que também tenha sérias dúvidas a respeito de gostar de ser mulher. Enquanto estiver no útero, compartilhando do sangue da mãe, a garota será marcada pelas vibrações psíquicas da mãe. Todas as coisas diante das quais ela demonstrar medo serão moldadas desde o primeiro dia do seu nascimento. Sem dúvida, ela terá muitos recursos psicológicos a que recorrer, mas suas escolhas cármicas providenciaram-lhe as circunstâncias perfeitas para as lições que sua alma deve receber.

Embora a terapia de vidas passadas não substitua a tarefa de desfazer os nós emocionais desta vida, ela pode ser uma auxiliar muito útil. Ao longo dos anos, trabalhei em colaboração com muitos terapeutas. O terapeuta leva a fita cassete de uma das minhas sessões de aconselhamento, que pode incluir vidas passadas, e depois, semana a semana, trabalha com o paciente, numa dinâmica contínua, as informações extraídas da leitura.

Mediante esse processo, tenho visto pessoas liberar as forças que se haviam congelado no passado, colocar de lado os temores que nenhuma terapia anterior conseguira dissipar e abandonar o ódio antigo, liberar as fobias, compreender as complexidades numa súbita percepção gestáltica e chorar pela dor há muito tempo guardada.

Minha experiência demonstra que uma vida passada é lembrada porque tem relação direta com a experiência imediata. Ela não é lembrada como um entretenimento. A lembrança de uma vida passada não é um jogo de salão.

Tenho estado com muitas pessoas que sofrem as dores de um parto ao rememorar uma experiência penosa de um passado do qual não se liberaram. Elas não são observadoras distanciadas; em vez disso, podem chegar a reviver as principais emoções da experiência.

Quando uma energia está contida na consciência, ela está fora do tempo e do espaço. Ela vive no AGORA. Portanto, se um ódio foi alimentado, digamos, no século XV na Espanha, e não foi liberado pelo perdão e pela compreensão, é como se tivesse acontecido hoje de manhã. Esse ódio tem o poder de nos influenciar como uma energia viva. Há uma grande chance de que o ódio tenha criado um ímã que se mantém ativo na vida atual. Não precisamos nos lembrar da experiência na Espanha para saber que a energia ainda é ativa; precisamos apenas ser sinceros com as nossas reações, preconceitos e antipatias de hoje.

Acho que uma boa porcentagem de nossos padrões que se mantêm de uma vida para outra constelam-se em torno da falta de amor pelo eu. Temos a tendência de nos agarrar a sentimentos de culpa, de vergonha, de perda, de impotência e de autopunição. Porém, essas emoções podem ser identificadas, aceitas e liberadas pelas técnicas de processamento que sabemos que funcionam. A coisa mais importante é o perdão do seu eu e dos outros. Deus não está cobrando de nós as nossas ações passadas. Somos nós que nos recusamos a nos perdoar.

Lembrança do que fomos na infância

O sofrimento ao longo das experiências de outras vidas aflora em predisposições; atrações; paixões, tanto positivas como negativas; compatibilidades; e resistências espontâneas. Algumas crianças têm lembranças que chegam espontaneamente, em especial antes dos quatro ou cinco anos de idade. Depois disso, as impressões desta vida e suas exigências assumem o comando.

As crianças podem ser muito realistas a respeito de tudo isso. Conheci um garotinho de três anos que disse casualmente à mãe: “Eu matei o papai, e estou contente por ter feito isso.” Ocupada com o jantar, a mãe o afastou com um “Não seja bobo, você ama o seu pai”. Mas ela começou a prestar mais atenção quando ele retrucou: “Não foi agora, mamãe. Foi antes. Você se lembra, nós morávamos na Califórnia e o papai era aquele homem mau do México, e ele estava tentando machucar você. Eu dei um tiro nele e fico feliz por ter feito isso.” Não é difícil imaginar por que os três estão juntos outra vez.

Outra amiguinha que eu tenho, também com três anos de idade, exprimiu algo sobre o desafio dos relacionamentos quando gritou brava para a mãe: “Eu gostava mais quando eu era a mãe e você, a filha!”

Acho que as crianças desfazem as lembranças conscientes por duas razões, embora o conhecimento integrado esteja sempre lá. Em primeiro lugar, as crianças precisam focalizar as lições e oportunidades desta vida. Um dos controles que embutimos no equipamento mediúnico saudável é uma válvula de segurança que se fecha quando o nosso eu multidimensional tem dificuldade para se manter em contato com a realidade atual. Quanto mais somos capazes de integrar todos os aspectos do corpo, da mente e do espírito, tanto mais podemos abrir as válvulas.

Mas eu também acho que há outra razão em virtude da qual as crianças se esquecem. Muitos adultos não levam a sério as observações das crianças a respeito de outras vidas. Às vezes, acusam-nas de estar inventando histórias, não apenas a respeito de vidas passadas, mas também das experiências mediúnicas em geral. Esse é o início de problemas muito sérios para muitas pessoas.

Por exemplo, se a mãe de Johnny diz que ele apenas imaginou ter visto o vovô na esquina ("O vovô está morto e não volta mais. Isso é impossível"), ou pior, se o acusar de estar mentindo, então Johnny pode duvidar e desconfiar de sua capacidade de perceber a realidade. Isso acaba se tornando a semente da dúvida em relação às suas outras percepções. Já estive ao lado de muitos adultos razoavelmente equilibrados e experientes que se desfizeram em lágrimas de pesar pelas crianças mediúnicas que haviam sepultado dentro de si.

A graça maravilhosa

Tenho uma amiga que diz que pretende terminar tudo desta vez porque se recusa a aprender a tabuada novamente! Com certeza, as lições da reencarnação parecem não ter fim. Será que alguma vez vamos parar de percorrer os nossos próprios labirintos? Estamos continuamente procurando as respostas nos livros, nas teologias, junto aos mestres e conselheiros e, de várias maneiras, parecemo-nos com peixes nadando de um lado para outro no oceano, quando a resposta é o próprio oceano como um todo, e o seu nome é Graça.

É por intermédio da Graça que nos tornamos capazes de carregar o fardo de nossas vidas. Temos apenas de perdoar a nós mesmos e perdoar uns aos outros.

É por intermédio da Graça que recebemos as oportunidades de purificar todas as nossas concepções errôneas.

A Graça nos encerra na totalidade, mesmo quando nos consideramos seres separados.

A Graça contém nossos segredos mais recônditos e nossos maiores triunfos, sem fazer julgamento de qualquer um deles.

A Graça é um amor tão profundo, tão incondicional, que não podemos nomeá-lo ou limitá-lo.

A Graça transcende o carma; ela existe no tempo de Deus. O surgimento da Graça dentro de nós assinala a complcição das séries infindas de nascimentos, e renascimentos.

O Cristo Universal — qualquer que seja o nome que você lhe dê — é a personificação da Graça.

Mesmo quando começamos a despertar para a Luz dentro de nós, é importante que sejamos pacientes e gentis para conosco quando procurarmos nos desvencilhar das limitações.

Nosso ego humano protesta quando começamos a desafiar velhos conceitos do nosso eu. Ele prefere ordenar a realidade de acordo com a informação disponível. Mas, sem levar em conta aquilo de que o ego gosta ou aquilo de que não gosta, as velhas idéias do eu serão desafiadas quando procurarmos o autoconhecimento. Quer ele chegue tranqüilamente, quer nos ponha a nocaute, qualquer desafio às nossas velhas formas, às nossas velhas crenças, assinala para nós que a mudança consciente está avançando.

EXERCÍCIO: *CHECK-UP* DA FORMA DE PENSAMENTO

Este exercício foi elaborado para apontar aqueles pontos negativos que você pode estar energizando com pensamentos e palavras na sua vida diária. O compromisso significa prestar atenção a todas as maneiras que você usa para construir uma realidade para si próprio. A proposta é que você considere a palavra, ou o pensamento, ou ambos, e depois pense se está afirmando isso ocasionalmente [+] ou regularmente [*].

Você já disse para si mesmo, ou já pensou...

IDÉIA	*PENSOU*	*DISSE*
Sou gordo demais.	[ ]	[ ]
Sou magro demais.	[ ]	[ ]
Sou velho demais.	[ ]	[ ]
Já estou na meia-idade, portanto... (preencha o resto).	[ ]	[ ]
Tenho quadris muito grandes (sou orelhudo, baixo, tenho muito busto, pouco busto, etc.).	[ ]	[ ]
Não sou proporcional (gracioso, etc.).	[ ]	[ ]
Tenho problemas de visão.	[ ]	[ ]
Minhas alergias estão se manifestando (meu traseiro está grande, etc.).	[ ]	[ ]
Minha família tem problemas cardíacos (calvície, diabete, etc.).	[ ]	[ ]
Outras afirmações negativas a respeito do corpo.	[ ]	[ ]
Não sei desenhar (cantar, dançar, etc.).	[ ]	[ ]

Tenho medo de... (preencher).	[ ]	[ ]
Sou tímido.	[ ]	[ ]
Sou muito tagarela.	[ ]	[ ]
Não sou tão esperto como... (preencher).	[ ]	[ ]
Não consigo parar de fumar (de comer, de resmungar, etc.).	[ ]	[ ]
Não consigo visualizar.	[ ]	[ ]
Não consigo meditar.	[ ]	[ ]
Não "vejo" mediunicamente.	[ ]	[ ]
Eu sou... (enumere outras auto-imagens negativas).	[ ]	[ ]
Não ganho mais porque...	[ ]	[ ]
Sou uma mulher.	[ ]	[ ]
Isto não é espiritual.	[ ]	[ ]
O mundo é injusto.	[ ]	[ ]
Sou velho demais.	[ ]	[ ]
Não há oportunidades.	[ ]	[ ]
"Eles" não permitem.	[ ]	[ ]
Os homens são todos... (preencher a generalização)	[ ]	[ ]
Todas as mulheres são... (preencher a generalização).	[ ]	[ ]
As crianças de hoje são mimadas (etc.).	[ ]	[ ]
Todos os políticos são corruptos.	[ ]	[ ]
Estamos passando por uma depressão.	[ ]	[ ]
Não dá para lutar contra os grandes (a prefeitura, etc.).	[ ]	[ ]
Os israelenses e os árabes nunca vão viver em paz.	[ ]	[ ]

As grandes catástrofes são inevitáveis.	*[ ]*	*[ ]*
(Outras suposições e generalizações).	*[ ]*	*[ ]*

Quantas vezes no mês passado você pensou ou disse...
Eu sou filho de Deus.
Eu me sinto bem do jeito como sou.
Eu me sinto grato.

Tente tomar uma das frases negativas que você vem formulando com certa regularidade a seu próprio respeito, tanto oralmente como em pensamento, e formule-a de modo positivo. Utilize a força do Eu Sou *para decretar aquilo que deseja. Por exemplo, se você tomou a frase "eu sou gordo demais", então dê ao seu subconsciente a afirmação "eu me sinto grato por meu corpo estar se tornando perfeitamente equilibrado".*

Quando você se sentir tentado a reforçar o negativo, simplesmente respire fundo e, em vez disso, decida acentuar o positivo. Quando isso funcionar para você — e vai funcionar — tente resolver os outros reforços negativos um por um. Preste muita atenção nesses pensamentos e afirmações que você inicia com Eu sou. *Você está decretando uma realidade quando os utiliza.*

Pode ser difícil, no início, reformular todas as afirmações que se iniciam com Eu sou *de um modo positivo, mas você vai acabar se acostumando. Se você for perseverante, vai descobrir que esse é um dos segredos subjacentes ao seu poder de modelar a realidade.*

EXERCÍCIO: SINCERIDADE COM RELAÇÃO A SEUS OBJETIVOS

Há uma grande diferença entre ter vontade de criar alguma coisa e realmente desejar fazer isso. Mudar conscientemente as velhas tentativas e ser transparentemente sincero com relação àquilo que você de fato quer. Este exercício será mais eficaz se você fizer uma etapa de cada vez e não continuar lendo os itens seguintes:

1. *Tome cinco minutos e enumere, na margem esquerda de uma folha de papel, todos os objetivos que você tem nesta existência. Não elimine nada — jogar um bom jogo de tênis, ser um padeiro de fama internacional, falar francês fluentemente — esses exemplos fazem parte da lista que relaciona os objetivos profissionais.*

2. *Feito isso, tome três minutos para escolher as cinco coisas que são as mais importantes para você. Coloque uma estrela ao lado de cada uma delas.*

3. *Agora, suponha que eu lhe contasse que você tem exatamente um ano de vida pela frente. Qual das cinco é a mais importante para você? Sublinhe-a.*

4. *Em seguida, no lado direito do papel, enumere tudo o que você está fazendo em sua vida, agora, para atingir esse objetivo.*

5. *Depois de ter completado a lista para sua primeira escolha, tome as outras quatro nas quais colocou a estrela e enumere tudo o que está fazendo agora com o seu tempo, dinheiro, talentos, energia e compromissos para atingir esses objetivos.*

O que é que você está fazendo com seus recursos atualmente? Quem é responsável pelas suas escolhas? Se você descobrir que não está pondo em andamento as próprias coisas que diz querer criar, então tenha isso em mente no trabalho individual que está fazendo com a autoconsciência. Como você está gastando o seu tempo e a sua energia? Quem planejou a sua agenda? A sua semana está sendo desperdiçada com as noções que outras pessoas têm daquilo que você deveria estar fazendo? As vozes internalizadas dos seus pais — ou dos semelhantes, do cônjuge, dos meios de comunicação — estão controlando você?

SEGUNDA ETAPA

O desafio

"A verdadeira viagem de descoberta não consiste em procurar novas paisagens, mas em possuir novos olhos."

Marcel Proust

A mudança consciente é posta em andamento quando a forma da crença original é desafiada. Algo acontece para fazer explodir a segurança do *status quo* — crise, trauma ou desilusão. Ou então o desafio pode infiltrar-se sorrateiramente, como uma inquietação que assinala que você superou uma antiga atitude. O elemento que desafia a visão aceita da realidade pode vir através da educação, de uma viagem, do contato com outros pontos de vista ou da interação com alguém que tem uma perspectiva mais ampla. Mas, quer ele chegue de modo dramático quer de modo sutil, o desafio à antiga forma faz a mudança acontecer efetivamente. Você não pode voltar à forma antiga — ela não funciona mais. A mudança está em andamento.

Desafio: tensões e distensões

O desconforto — o principal agente da mudança consciente — tem recebido muita pressão negativa. Nós não mudamos, a menos que estejamos dispostos a passar pelo incômodo que qualquer mudança acarreta às nossas velhas crenças, às nossas antigas formas. Sabemos, a partir de pesquisas sobre medicina e comportamento, que qualquer tipo de mudança, boa ou ruim, provoca tensão. Um casamento, um novo bebê, um novo emprego ou uma nova moradia provocam tensão com a mesma facilidade que a doença, o divórcio, a morte na família, a morte, ou o fracasso no mundo dos negócios.

O dr. Hans Selye, que conquistou fama internacional com o seu trabalho sobre tensão, definiu-a como "a reação não-específica do corpo a qualquer exigência que lhe é feita".

Na Escala de Avaliação de Reajustamento Social Holmes-Ray, várias mudanças na vida humana recebem pontos de tensão. Conheci um jovem casal que tinha certeza de que seu casamento estava destinado ao fracasso e procurou aconselhamento com um psicólogo. A primeira coisa que o psicólogo fez foi submetê-los ao teste de estafa. Entre sair de casa, casar-se, ter um filho e mudar para outro Estado longe da família e dos amigos, tudo isso num ano, eles tinham acumulado pontos de estafa suficientemente altos para ultrapassar os limites do gráfico. Assim que perceberam isso, conseguiram colocar as dificuldades conjugais dentro da perspectiva adequada, contrastando-as com o panorama das enormes mudanças repletas de tensão por que tinham passado. Deixaram de reagir exageradamente à tensão como indicador de que algo ia mal com o casamento e começaram a avaliar saudavelmente a maneira de controlar o cansaço pelo qual cada um estava passando.

Novos empregos, outras pessoas, novos ambientes — qualquer coisa nova — tudo isso apresenta desafios potenciais para aquilo que acreditamos ser, mas também nos oferece grandiosas e novas possibilidades de vida. Às vezes, o desafio chega violentamente, sem nenhum aviso. Suponha que parte de sua identidade seja "Eu sou uma esposa". Basta um telefonema numa manhã comum de segunda-feira e, de repente, você é viúva. Ou talvez parte de sua identidade seja: "Eu estou financeiramente segura." Então chega a Segunda-Feira Negra e você está de volta ao ponto zero. Ou talvez parte de sua identidade seja o fato de que está ocupada com o seu próprio mundo, sem se importar com o que os outros estão fazendo, mas aí Chernobyl explode na atmosfera e de repente o mundo todo se encontra potencialmente dentro do quintal da sua casa.

H. G. Wells disse certa vez que o futuro é uma corrida entre a catástrofe e a educação. Sem a catástrofe, você não é motivado a mudar; mas, com catástrofes demais, você fica paralisado e se torna incapaz de mudar.

O caráter repentino do desafio, no entanto, também pode vir de maneira prazerosa — você ganha uma viagem, encontra uma pessoa especial, recebe uma herança. Mas, quer a novidade lhe cause um choque, quer o estimule, ela vai fazer mais do que mudar sua vida física. Vai oferecer-lhe a oportunidade de ver a si mesmo e à realidade com novos olhos. O desafio representa aquilo que Marilyn Ferguson definiu em seu livro *The Aquarian Conspiracy* [A Conspiração Aquariana], como o "ponto de partida" da mudança.

Segundo a teoria dos sistemas, as pessoas e as instituições sociais só evoluem quando não são mais capazes de produzir os resultados necessários. Enquanto as instituições estão funcionando, elas permanecem intactas. O mesmo acontece com a nossa vida pessoal. Podemos ter um sistema pessoal, um conjunto de crenças que funcione por alguns anos, durante uma existência ou várias existências. Enquanto uma determinada estrutura de crença estiver trazendo as pessoas e os acontecimentos de que precisamos para o local do nosso aprendizado, a forma ainda estará funcionando. Os fluxos e as possibilidades de aprender ainda estão quentes, vivos e demonstram vitalidade. Mas quando a forma já não oferece mais oportunidades de crescimento, quando estamos começando a andar como sonâmbulos por toda parte, as coisas começam a desmoronar.

Quando a tensão vai se acumulando durante anos ou ao longo de vidas inteiras, ela acaba atingindo o ponto de ebulição. O desafio é aquele momento de erupção em que o controle da forma não consegue mais segurar a fortaleza. E parece que toda a ordem se desfaz graças ao desafio.

A família de uma jovem adolescente solicitou tratamento para ela porque estava constantemente com problemas e recusava ajuda. Quando entrei em sintonia com a garota, a primeira imagem que vi foi a de água espirrando para todos os lados sem limites (as emoções estavam fora de controle). Outra imagem que eu vi foi a da cabeça e do corpo da moça separados. Vinha-me a informação de que não havia nenhum controle racional presente. Então eu vi um carro despencando morro abaixo, sem freio, e percebi que ele ia se despedaçar. Minha filha, na época, tinha quase a mesma idade dessa garota. Enquanto via essas cenas destrutivas, perdi a objetividade, escorreguei para o eu maternal e exclamei: "Oh, não!"

Imediatamente, as imagens da garota desapareceram e passei a ver um panorama do universo. Num cantinho, havia uma caixinha branca, microscópica, e foi me dito em Espírito: "Nunca se esqueça de que isso é tudo o que você sempre vê em determinado momento."

Nascimotos

Às vezes, o desafio parece entrar em erupção com uma destruição repentina e terrível. Mas, assim como um terremoto que faz pressão no deslocamento das camadas terrestres, o evento exterior "repentino" surge de circunstâncias já existentes, nas quais se acumula uma pressão que precisa ser liberada. Essas circunstâncias se transformam naquilo que um amigo meu denomina "nascimotos".*

Por exemplo, Paula cresceu e mais tarde se casou dentro dos preceitos de uma igreja extremamente fundamentalista. Passados os anos, ela estava com três filhos. Era uma mulher maltratada. Temendo pela sua própria segurança e pela segurança dos filhos, ela procurou o santuário da igreja. Disseram-lhe claramente para voltar para o marido que, "pela autoridade de Deus, era o cabeça do lar". Além disso, disseram-lhe que, se procurasse se aconselhar ou se pensasse em se divorciar, seria considerada como morta para a sua família e para a igreja. Ela fugiu com os filhos. Todas as formas dentro das quais tinha vivido — Deus, a família, o casamento — foram desafiadas. Um período longo e difícil seguiu-se quando ela separou os fragmentos de sua vida, mas gradualmente começou a ver a si mesma de maneiras novas e mais saudáveis. Embora tenha sido doloroso vivenciar a violência, a desilusão e as perdas, diz ela que foram essas mesmas coisas que a forçaram a abandonar a vida construída com base no medo.

Coisas que caem do céu

O acontecimento que desafia o seu mundo origina-se no modelo de sua alma e nas pessoas com quem você partilha a sua vida. Geralmente, é necessário ter a perspectiva do tempo para compreender aquilo que você estava sendo desafiado a aprender. Mas, quando a alma está pronta para liberar sua cápsula do tempo, "coisas impossíveis" acontecem.

---

* Em inglês, *birthquakes*, por analogia com *earthquakes* (terremotos).

Uma dessas coisas caídas do céu aconteceu comigo em 1968 e mudou a minha vida. Eu era uma mulher jovem que estava criando dois filhos sozinha e trabalhando como editora de arte para uma publicação nacional. Duas boas amigas minhas estavam indo para o Peru numa viagem de pesquisa e queriam que eu viajasse com elas. Eu achei que elas estavam loucas; cada tostão que eu ganhava era indispensável para atender às minhas necessidades familiares.

Elas sugeriram que eu pedisse ao meu editor para me mandar para lá, ou, o que era menos provável, que uma das empresas delas financiasse a minha viagem. Tudo o que fiz foi rir da idéia. Mas minhas amigas propuseram-na ao meu editor e, por razões que não compreendo até hoje, ele concordou.

Então, lá fui eu, naquela viagem "impossível", e me diverti muito, feliz e esquecida do verdadeiro objetivo da viagem — até chegar a Machu Picchu. Hoje, todos nós já ouvimos falar na atração mística do Peru. Mas não era assim em 1968. Isso foi muitos anos antes que o Peru se tornasse um ponto de atração do movimento da Nova Era. Eu nem sequer sabia que Machu Picchu existia. Nunca tinha conversado com alguém que tivesse estado no Peru, nem tinha lido nada a respeito. E não sabia nada sobre o efeito que certas regiões da Terra têm sobre nossas energias.

Nem bem tínhamos chegado à Cidade Perdida dos Incas, eu comecei a sentir algo estranho, mas atribuí aquilo a um problema com a comida da noite anterior. Quando começamos a subir, em fila indiana, por uma trilha estreita que levava a um relógio de sol, alguém atrás de mim perguntou em voz alta o que iríamos encontrar ao chegar lá. De repente, minha boca se abriu, e eu comecei a descrever o que iríamos ver, qual o seu significado e o seu propósito. Na minha mente, eu via cenas que se apresentavam aos meus olhos como se fossem *slides*.

Ninguém estava mais surpreso do que eu. Como é que eu tinha aquela informação? Era mais do que estranho. Eu estava terrivelmente perturbada. Meu senso de realidade estava sendo seriamente desafiado. Mais tarde, afastei-me do grupo, tentando recuperar o senso de realidade que havia levado comigo à montanha. Mas uma grande mudança havia ocorrido.

Desde a minha infância, eu vinha observando imagens casuais em minha mente. Nunca as questionara antes. As crianças não perguntam se você está vendo o mesmo que elas vêem; apenas presumem que está, se é que pensam a respeito. Mas, a partir daquele momento em Machu Picchu, as imagens mentais que eu tinha visto desde a infância não foram mais casuais. Agora, elas vêm quando eu as solicito.

Na época, eu não tinha idéia de que viria a utilizar como ferramenta essa capacidade denominada clarividência, pois minha tarefa de vida só se desenvolveu sete anos depois. Embora essa viagem inesperada e improvável tivesse me feito explodir mediunicamente, assim que voltei tentei rejeitar a experiência como sendo algo estranho, mas sem relação mais séria com a minha vida. Porém, com a visão que tenho hoje, posso remeter as mudanças que me trouxeram a este momento a essa experiência em Machu Picchu.

Do hábito à escolha

Sempre temos o direito de escolher o que vamos fazer com qualquer desafio. Sempre podemos recusar a lição. O desafio simplesmente voltará outra vez em nova embalagem. O Espírito é amorosamente paciente e impessoal; ele está interessado em nossa evolução na consciência, não em nosso conforto em cada época determinada.

Considere, por exemplo, o caso de uma mulher que acredita que só tem valor quando está se relacionando com um homem. Se em algum momento ela preferir utilizar o desafio de outro amor decepcionante para examinar as crenças que tem a seu próprio respeito, pode romper o padrão. Caso contrário, fica presa à segunda fase da mudança — o desafio. Vai manter sua crença, vai ser desafiada, vai agüentar todos os distúrbios do desafio e depois recomeçar todo o processo.

Conheço mulheres na faixa dos cinqüenta anos que fazem a mesma imagem de si mesmas que tinham quando adolescentes, que não desenvolveram seus talentos e vivem com medo de envelhecer, totalmente inconscientes da riqueza do seu ser, independentemente de quem está ou não está participando de suas vidas. Muitas dessas mulheres viram-se ante o desafio proposto ao desempenho da mulher que está prevalecendo na nossa cultura hoje em dia. Suas lições individuais de alma fazem parte do desafio coletivo que está se manifestando.

Estar habituado a uma forma não é o mesmo que preferi-la. A mudança do hábito para a preferência é um conceito inteiramente explorado por Ken Keyes, Jr., fundador do Cornucopia Center em *A Handbook to Higher Consciousness*.* Ele descobriu que, quando estamos presos a um hábito, achamos que não podemos passar sem aquilo a que estamos habituados. O mesmo acontece com o nosso sentido do eu, daquele eu que pensamos que temos de ter para ser felizes. Quando mudamos do hábito para a preferência, percebemos que não temos de ter nada para ser felizes, mas que preferimos ter; a escolha é nossa.

A mulher que está habituada aos homens pode enfrentar o desafio achando que é digna de estima independentemente de quem está ou não participando da sua vida. Então ela pode decidir se prefere envolver-se nesse relacionamento. A diferença é a escolha; ela não está mais sendo arrastada pela mesma trilha muitas e muitas vezes.

Às vezes, a mudança nos diz: "Escute, essa velha idéia a respeito de quem você é o mantém preso na armadilha. Agora é uma boa hora de acabar com ela." No momento em que realmente ouvimos isso, descobrimos que há muitos sistemas em torno de nós para ajudar a ir além das formas. Os Alcoólatras Anônimos e os Filhos Adultos dos Alcoólatras atingem alto índice de sucesso em ajudar as pessoas a lidar, não apenas com os problemas relacionados com o álcool, mas também com os problemas que resultam de qualquer família em desequilíbrio.

---

* *Guia para uma Consciência Superior*, Editora Pensamento, São Paulo, 1990.

Suas instruções em doze fases para a recuperação do vício começam, em primeiro lugar, por fazê-lo admitir que tem um problema.

A expansão de nossos mitos pessoais

Todos nós construímos mitos pessoais, geralmente durante muitas existências. E, na medida em que acreditamos neles, eles dirigem nossas vidas. Mas quando é a hora de crescer para além desses mitos, chegam os desafios.

Num artigo da revista *ReVision,* David Feinstein e Stanley Krippner dão a entender que os nossos mitos pessoais são o produto de quatro origens interagentes. A primeira é a biologia. Eles dizem que nossas crenças, tanto pessoais como culturais, terminam como símbolos e narrativas enraizadas na estrutura do cérebro. As informações e as atitudes são neuroquimicamente codificadas. Além disso, o temperamento e os hormônios também influenciam aquilo em que acreditamos. Em segundo lugar, nossos mitos pessoais são, numa certa medida, um microcosmo da mitologia de toda a nossa cultura. Eles dizem que a terceira fonte são os detalhes da nossa história pessoal. E, por último, o nosso mito pessoal assume sua configuração final como resultado de experiências transcendentes que englobam os episódios, os vislumbres, os sonhos e visões que inspiram e expandem nossa perspectiva.

Eles salientam, e eu concordo, que, quando um mito pessoal está sendo transformado — seja individualmente, seja no âmbito da nação ou de toda uma espécie — essas mudanças tornam-se marcos da evolução da forma e da consciência humana (ou, nas palavras deles, "o calor da história humana"). Este é o ponto em que nos encontramos no nosso planeta.

O psicólogo e filósofo Rollo May diz que, quando um mito sobre nossa realidade não está mais funcionando para o nosso bem máximo, quando não está nos trazendo as experiências e o crescimento que nossas almas programaram, ele cria o "mitoclasmo", e o mito, a forma, passa por um desafio.

Lembro-me de um jovem sincero que mal conseguia esperar para tornar-se ministro. Porém, seu primeiro ano de faculdade foi traumático, pois estava exposto a fatos e a uma lógica que nunca tinha encontrado na mitologia segura de sua família e da sua cultura local. Ele me disse que aquilo não era nada comparado com o choque da pós-graduação. Uma a uma, suas histórias infantis favoritas tiveram de ser sacrificadas no altar da verdade. Sua própria dedicação assegurou-lhe o grau de educação que o levaria a descobrir uma verdade mais rica. Não tivesse ele alimentado um desejo tão profundo, poderia ter encontrado uma escola muito menos desafiadora para si próprio.

Nós atraímos para nós mesmos aquilo que realmente queremos, não aquilo que achamos que queremos. Não é má idéia perguntarmos a nós mesmos de vez em quando: de quem é a verdade que estamos vivendo? De quem é o sonho que estamos sonhando? Kay Boyle disse certa vez: "Só há uma história importante, e é a história daquilo em que você já acreditou e a história daquilo em que acabou acreditando."

Nos primeiros dois anos do meu trabalho de cura, vivi num estado de desafio. Todas as minhas idéias preconcebidas a respeito do que era real foram trazidas à baila para análise. Como a maior parte das pessoas que receberam educação formal no Ocidente, eu estava altamente envolvida com a lógica do cérebro esquerdo. Intuitivamente, sabia que tinha de haver mais do que eu havia aprendido na ciência newtoniana, mas naquela época eu não sabia nada a respeito de campos energéticos unificadores, espaço-tempo, relatividade ou realidades alternativas.

De vez em quando, as explicações quanto à doença de alguém combinavam com a minha visão do poder que o pensamento e as emoções têm sobre o corpo. Não fiquei demasiado surpresa em ver que o ressentimento contido termina num problema de vesícula biliar, ou que uma recusa em liberar o passado manifesta sua severidade mediante um problema de intestinos. Fui delicadamente advertida para não dizer que a raiva *sempre* se expressa desta ou daquela maneira, ou que o ressentimento *definitivamente* causará isto ou aquilo. Acho que é muito simplista dizer "sempre". As pessoas são muito mais complicadas que isso. Talvez seja mais exato mencionar que uma desarmonia "possivelmente" se manifestará numa determinada circunstância.

Porém, muitas vezes, no meu trabalho, eu tinha de defrontar uma situação que desafiava inteiramente qualquer explicação conhecida que eu tivesse da realidade. Simplesmente, não havia como explicar que eu pudesse me concentrar numa pessoa a centenas de milhas de distância e diagnosticar acuradamente um problema. Eu conseguia ver uma pessoa em minha mente, sentir as energias movendo-se através de mim em direção à outra pessoa e freqüentemente ela se reabilitava.

Muitas vezes, aquilo que eu vivenciei desafiou todo o sentido da lógica. Um amigo meu, um executivo na área de propaganda, perguntou-me um dia se eu podia tratar da filha de um de seus colegas de trabalho. Holly tinha quatro anos de idade na época e era simplesmente impossível lidar com ela. Seus pais estavam fora de si. Ela estava tão fora de controle que se punha a jogar coisas pelas janelas. Os pais já a haviam levado a vários médicos especialistas, inclusive alergistas e terapeutas do comportamento. Ninguém tinha a menor idéia do que havia de errado com a menina.

Minha mente lógica, com suas idéias acerca da realidade, supunha que iríamos encontrar um grave desequilíbrio químico. Imagine a minha surpresa quando me familiarizei com Holly e descobri duas crianças vivendo no espaço de que ela precisava dispor. Foi-me dito em Espírito que outra alma havia se apegado a Holly no nascimento e que, desde então, estava com ela.

O único tratamento que eu imaginei para isso foi a intervenção dos anjos. Vi lindos seres de Luz remover, com amor mas com firmeza, a alma que não deveria estar ali. Disseram-me que Holly ficaria desorientada por algum tempo, mas que acabaria ficando bem. Depois, fui aconselhada para dizer aos pais apenas que o trabalho estava feito. Eles não tinham nada no seu sistema de crenças que pudesse fazê-los acreditar no que acontecera. Podiam chegar à conclusão de que a criança estava sofrendo uma possessão, mas não era esse o caso.

Aproximadamente um ano depois, meu amigo perguntou ao pai de Holly como ela estava indo. "Oh, está ótima. Ela agiu de maneira estranha por algum tempo, mas agora é como se tivéssemos uma nova filha."

A vontade de Holly estava relacionada com o desenvolvimento biológico normal. A vontade da entidade que não deveria estar lá era muito forte e muito ligada a Holly. Ela não estava substituindo a vontade da criança, mas dominando o seu comportamento e confundindo-a. A entidade foi conduzida pelos seres angelicais à dimensão a que pertencia do ponto de vista cármico.

Arquivo de quebra-cabeças

Os meus conceitos de realidade foram desafiados com tanta freqüência nesses primeiros anos que eu tive de criar várias técnicas para assimilar os choques, já que não tinha a intenção de me tornar um "cadete do espaço". Eu me comprometi a fazer o trabalho, mas me comprometi igualmente com a necessidade de manter-me equilibrada e bem fundamentada nele.

Algo que funcionou para mim e que continua me ajudando quando me encontro às voltas com o desafio é construir um compartimento em meu cérebro com o rótulo de "Esperando Esclarecimento Posterior". Quando não consigo entender como algo pode ser possível e não quero me limitar inserindo-o no meu conhecimento já existente ou preconcebido, simplesmente ponho o problema na prateleira e deixo o tempo passar. Eu parto do pressuposto de que, mais cedo ou mais tarde, vou obter a informação de que necessito para me ajudar a compreendê-lo.

Às vezes, essa prateleira fica mais cheia de perguntas que de respostas. E então, mais uma vez, as respostas vêm quando eu menos espero. Quando entramos em pânico diante do desafio porque não sabemos todas as respostas, podemos bloquear temporariamente a oportunidade que o desafio está nos oferecendo. Estou utilizando a palavra *temporariamente* porque, se é o nosso momento de aprender alguma coisa, ela se apresentará novamente, de outra forma.

Quando uma das crenças que sustentamos com carinho, quer social, quer pessoal, cai por terra pelo desafio, podemos sentir-nos como se estivéssemos nos desintegrando. "Eu já não sei mais quem sou." "As coisas estão acontecendo depressa demais." Parece não haver nenhuma ordem ou direção. Assim como uma estrela que está passando pela entropia, tudo aquilo que pensávamos ser real parece entrar em colapso. Então explodimos em expansão. Mas o processo mais uma vez nos levará a nos contrair e então a reforma — uma nova forma — vai começar. Às vezes, tudo o que podemos fazer quando o desafio chega e sentimos que nossas partes vão se desintegrando e voando para longe é manter-nos firmes e esperar.

Prestar atenção

Com freqüência, durante essa parte do ciclo de mudança, o desafio traz à superfície ambivalências, decepções com relação a nós mesmos e inconsistências. Se dizemos que acreditamos em determinada coisa e, no entanto, vivemos de um modo diferente, então todos os modos pelos quais não estamos vivendo as verdades que apoiamos virão chamar a nossa atenção, e nem sempre com gentileza.

Exemplo: nós dissemos que, desde o momento em que os Estados Unidos declararam sua independência, acreditávamos que todas as pessoas nascem iguais. Porém, depois de uma Guerra Civil e mais 125 anos de luta social, ainda somos desafiados a viver aquilo em que dissemos acreditar. Ainda estamos manifestando uma realidade baseada numa crença profundamente assentada na desigualdade. Até que todas as pessoas realmente vivam em igualdade, continuaremos a ser desafiados. Não há nenhum modo de manipular o universo com chavões e "boas intenções".

Acima de minha escrivaninha, há um poster com estes dizeres: "Hoje Não Faça Nada que Ofenda a Harmonia do Universo." Eu declarei que acredito nisso. Mas houve uma época em que o universo disse, efetivamente: "Vamos ver se você está mesmo prestando atenção na relação que isso tem que ver com a sua vida."

Nessa época, eu estava morando num lugar isolado nas montanhas da Carolina do Norte. Um dia, uma amiga foi me visitar e nós saímos em direção ao Blue Ridge Parkway para passar o dia. Decidimos parar e fazer um buquê de flores silvestres. Após alguns minutos, minha amiga disse: "Acho que não deveríamos estar fazendo isso. Não me sinto bem agindo assim."

"Por que não?", perguntei. Ela deu de ombros e continuamos a colher um grande maço de flores. Na noite seguinte, eu estava lendo um livro de viagens a respeito do Tibete. Não se tratava absolutamente de um livro sobre a consciência — ou pelo menos era o que eu pensava. Na segunda página as seguintes palavras me saltaram aos olhos: "E, do ponto de vista deles, as duas piores coisas que alguém pode fazer são: maltratar uma criança e colher uma flor silvestre."

Uma quinzena mais tarde, eu estava dando um curso de uma semana em uma associação. Um dos gestos que muito me agrada aplicar nessas aulas específicas consiste em oferecer uma flor a cada participante. Achei que o comitê organizador não iria gostar se eu apresentasse a conta de cinqüenta flores. Então, colhi um enorme buquê de flores silvestres fora da cidade, levei-o até a sala e coloquei-o num bule de café, num canto escondido e sombrio. Quando voltei, duas horas depois, elas tinham sumido misteriosamente. Era de se esperar que eu prestasse atenção a esse detalhe. Mas foi preciso outro incidente.

Uma semana após a conferência, minha filha e meu netinho de dois anos de idade foram me visitar nas montanhas. Ele e eu estivéramos andando contentes por mais de uma hora na campina, apanhando todo tipo de pedras. Quando estávamos para voltar, eu lhe perguntei: "Você não gostaria de levar uma flor para a mamãe?" Nisso ele estendeu o corpo para colher uma flor silvestre e foi picado por quatro abelhas. Foi um momento assustador, pois não sabíamos se ele era alérgico a picadas de abelha, e estávamos pelo menos a trinta minutos do posto médico mais próximo. Felizmente, ele estava bem, mas o incidente certamente me perturbou.

A experiência foi menos a respeito de flores silvestres em si e mais a respeito de uma lição sobre sintonização acurada, coerência e atenção. Eu dissera que acreditava em não perturbar a harmonia do universo, mas me esquecera completamente do papel que as flores silvestres representam no ecossistema.

Por fim, compreendi o que aquilo significava.

A ânsia pelo paraíso

A mudança nem sempre é alarmante; às vezes, ela vem suavemente. O desafio em sua forma mais sutil pode ser um anseio obscuro por algo que não tem nome. Em meio à vida mais simples que se orgulha de conduzir tudo em perfeita ordem, esse anseio pode se infiltrar como um nevoeiro e se assentar em toda parte. Um amigo me escreveu: "Reconheço em mim mesmo um sentimento, uma ânsia tão antiga, tão pré-verbal e pré-racional, uma voz semelhante ao uivo de um lobo solitário que exprime o seu anseio pela lua. Não tenho palavras para transmitir isso, mas o desejo tem algo que ver com a vontade de ir muito mais adiante. Acho que é um anseio por mudança — e por Deus."

O poeta Francis Thompson chamou esse anseio de "Ânsia pelo Paraíso". Outros chamaram-no "descontentamento divino". Não consigo me lembrar de uma época de minha vida em que eu não tivesse desejo de saber qual o objetivo de estarmos aqui. As perguntas ficavam esquecidas quando eu estava ocupada com os afazeres diários, para vir à tona mais tarde e mais fortes do que nunca — como se o próprio anseio fornecesse o combustível da busca. Uma amiga querida, que tem oitenta e dois anos, revelou-me um modo filosófico de conviver com esse desejo: "Eu preferiria ser uma pesquisadora — disse ela — a me contentar com o pouco que aprendi."

Às vezes, o desafio pode chegar como um enfado que vem se arrastando lentamente. Tudo aquilo que já foi satisfatório uma vez perde o atrativo. Um dia, uma pessoa olha em volta para o mundo da competição e descobre que o dinheiro e o *status* profissional já não são mais suficientes. "Então é só isso o que conta?" Uma jovem vai à discoteca da moda, como de hábito, e descobre que aquelas mesmas coisas que haviam despertado o seu gosto na semana anterior haviam perdido a graça. O padre, tão dedicado quando começou seu ministério, descobre que a paixão esvaiu-se de sua vida e que está executando um ritual vazio.

O momento de desafio da mudança lança-nos para a beira do desconhecido. E isso provoca medo, todos os tipos de medo. Teoricamente, podemos saber que a alegria, a realização e todas as respostas encontram-se no desconhecido. Pragmaticamente, podemos ficar desconfiados.

Às vezes, o ego acha que o desafio é um acidente, algo que realmente não devia acontecer. Há uma antiga expressão militar que diz que você não morre enquanto a bala não tiver seu nome gravado nela. Provavelmente, aquilo que tememos é a bala que diz "a quem possa interessar". Os acidentes, em geral, são manifestações de crenças que foram negadas ou não foram reconhecidas. Se realmente sentimos que nossa vida está fora de controle, podemos criar um "acidente" que exteriorize a exaltação interior. Se temos uma crença secreta de que "nada se ganha em se perder", podemos provocar todos os tipos de colapso nos equipamentos que vão nos custar tempo e dinheiro. Em algum momento, damos permissão a nós mesmos para pegar uma virose, pelo menos com a nossa recusa de prestar atenção às necessidades do corpo. Há uma razão pela qual encontramos a nós mesmos no lugar onde ocorre um acidente.

Lembro-me de ter assistido a uma palestra do dr. J. Allen Hynek, o pesquisador de objetos voadores não identificados, que antigamente comandou o programa "Livro de Registros da Força Aérea". Depois de sua exposição, que consistia num apelo por uma averiguação aberta e sem preconceito, ele abriu espaço para perguntas. Um homem disse que ouvira a idéia de que os OVNIs deveriam ser realmente irmãos do espaço que vinham aqui nos ajudar na nossa evolução.

Antes que o dr. Hynek pudesse responder, o auditório explodiu em risadas. Depois que o riso cessou, o dr. Hynek perguntou aos ouvintes se sabiam por que estavam rindo tanto. Fê-los pensar que provavelmente haviam feito o mesmo quando estavam no quarto ano primário e ouviam as pessoas falar sobre sexo. Sexo era o misterioso desconhecido, e a melhor defesa contra o mistério contido nele era ridicularizá-lo. A platéia imediatamente silenciou.

Quando a forma é confrontada com o desafio, o ego às vezes ri. É um riso nervoso — o ego não quer ser considerado ridículo e ele teme a crítica. Ele também se precipita em dizer: "Isso não é verdade porque não condiz com aquilo que eu conheço."

Então, como é que lidamos com a fase de desafio da mudança? O mais importante que podemos fazer para nós próprios é aceitá-la e mergulhar inteiramente nela. Também precisamos prestar atenção. O nosso mundo, tanto interior como exterior, sempre nos diz o que está acontecendo.

Se pudermos deixar de questionar, pelo menos no momento, tão logo percebamos que estamos fazendo isso ("Por que isso está acontecendo comigo?"), podemos poupar-nos uma grande ansiedade. É quando ficamos presos à idéia de que alguém tem de ser responsável por isso, que somos tentados a culpar a nós mesmos e aos outros. Isso apenas adia o processo todo. A essa altura, precisamos dizer para nós mesmos: "Ninguém está certo ou errado; ninguém é culpado, inclusive eu próprio. Isso simplesmente está acontecendo. Há um propósito nisso, e eu prefiro achar que está tudo bem se eu não entender neste momento que propósito é esse. Com o tempo, sei que vou compreender."

Gratidão

A segunda melhor coisa que podemos fazer com o desafio é agradecer por ele. Eu costumava me perguntar por que os grandes mestres sempre nos orientaram para a gratidão, para dizer obrigado. Com certeza, Deus não tem um ego que necessita de louvor. Mas, através do meu trabalho de cura, acabei entendendo por quê. A gratidão é uma energia que faz milagres em todas as nossas dimensões.

Em primeiro lugar, aprendi isso quando fui solicitada a fazer um trabalho com um jovem que tinha sofrido um acidente em um pequeno avião. A primeira vez que trabalhei com ele, em Espírito, seu campo de energia estava fragmentado e traumatizado, como era de se esperar. Foi-me pedido para trazê-lo de volta a outra sessão no prazo de três dias.

Quando estive com ele outra vez, mal podia acreditar no que estava vendo. Havia milhares e milhares de minúsculos sinais de luz brilhando em todo o seu corpo. Fui avisada de que eu estava vendo a "energia da gratidão em funcionamento". A gratidão libera um imenso poder de cura dentro da estrutura de nossas células; é como uma explosão atômica em miniatura. É por isso que nos dizem para sermos agradecidos: somos fortalecidos pela gratidão. A gratidão é uma escolha; com o tempo, torna-se um hábito.

Nossos desafios são perfeitos locais de treinamento. Se formos atentos, poderemos descobrir que, por trás das respostas frenéticas do ego ao desafio, uma parte mais misteriosa de nós já sabe ser agradecida.

No momento do desafio, é grande a tentação de querer que alguém, qualquer pessoa, faça tudo isso desaparecer. Eu chamo isso "procurar a varinha mágica". Às vezes, rezamos ao Espírito para levar tudo embora.

Certa vez, deparei-me com um desafio que me desnorteou tanto que fui implorar ao Espírito para me dizer o que fazer. Naquele momento, eu não queria nenhum dos discursos costumeiros, repletos de sabedoria; eu só queria que ele me dissesse o que fazer. Depois que me acalmei, o Espírito me disse: "Você acha que é tão pouco amada a ponto de ser privada do único modo que tem de crescer — das decisões que toma todos os dias?"

Então me foi mostrada a imagem de um bebê aprendendo a andar. Ele às vezes caía e se machucava. Surgiam então mãos amorosas que o ajudavam a pôr-se de pé novamente, que lhe davam uma batidinha no traseiro e se retiravam. "O verdadeiro amor", foi me dito em Espírito, "respeita a capacidade inerente que a criança tem de andar." Ele não diz: "Como você se machucou, vou carregá-lo pela vida afora." Nossos desafios chegam porque é a hora de aprendermos a engatinhar, depois andar e depois correr. Sem eles, estaríamos eternamente presos à primeira infância.

Outra técnica que ajuda durante o desafio — e também em outros estágios — é desenvolver aquilo que é comumente denominado a testemunha ou o observador. Isso significa que você atribui a alguma parte da sua consciência a função de permanecer fora daquilo que está vivenciando e simplesmente observar. Ela não interfere nas reações que você tem. Se você chorar ou rir, protestar ou sucumbir, ela simplesmente observa e toma nota. O desafio é aquilo que você está vivenciando, não o que você é. A testemunha o ajuda a ver a diferença.

Nesse estágio, assim como nos outros, é importante começar do ponto em que você se encontra.

Durante um desafio, nós nos sentimos como se estivéssemos tateando no escuro, e pode ser mais confortável voltar à luz das formas antigas, mais seguras. Porém, as respostas não estão ali. Elas estão no escuro desconhecido.

Mas não se esqueça de que, com o tempo, os ciclos escuros se iluminam.

Conta-se a história de uma mulher que perdeu as chaves do carro. Ela estava de pé, sob a luz de uma lâmpada tateando em volta para procurá-las. Então chegou um homem e se ofereceu para ajudar. Depois de algum tempo, ele perguntou:

— A senhora tem certeza de que as perdeu aqui?

— Oh, não — respondeu ela — eu as perdi lá no escuro. Só que aqui há mais luz.

EXERCÍCIO: PROFESSORES, SALAS DE AULA, LIÇÕES

Dentre as principais perguntas que são levadas a um conselheiro, encontram-se estas: "Quais são as minhas tarefas? Quem são os meus mestres? Onde estão eles?" Mas, na verdade, não precisamos que ninguém mais nos diga isso. As respostas estão na nossa vida diária. Este exercício simples vai ajudá-lo a se lembrar.

1. *Pegue uma folha de papel e faça três colunas.*

2. *Na coluna da esquerda, enumere todas as pessoas importantes da sua vida. Isso naturalmente incluirá pais, irmãos, amantes, cônjuges, filhos. Mas também deve incluir o vizinho do lado, o patrão ou sócio, um companheiro, seus amigos mais íntimos e qualquer um com quem você se relaciona com freqüência.*

3. *Na segunda coluna, ao lado de cada nome, escreva o ambiente no qual você encontra a pessoa — escola, trabalho, lar, igreja.*

4. *Na terceira coluna escreva, ao lado de cada nome que enumerou, a característica ou emoção que lhe ocorre, em primeiro lugar, quando pensa nessa pessoa. Isso é só para você; portanto, seja honesto consigo próprio.*

5. *Agora, com letras maiúsculas, escreva acima da primeira coluna: "MEUS MESTRES"; acima da segunda: "MINHAS SALAS DE AULA"; e na terceira, "MINHAS LIÇÕES".*

6. *Pense a respeito disso. Respeite seus mestres, suas salas de aula e suas lições. Você criou esse espaço perfeito para aprender e as pessoas perfeitas com as quais irá aprender.*

TERCEIRA ETAPA

A resistência

Você nunca vai me fazer virar uma coisa dessas!

A lagarta olhando para a borboleta

A terceira etapa inevitável da mudança de consciência é a batalha entre o velho e o novo. A velha forma não abandona o território com facilidade. Quando começamos a considerar uma nova maneira de encarar a realidade, todos os nossos padrões de pensamento e de sentimento profundamente condicionados se levantam dos porões da mente e gritam: "Oh, não, não faça isso!" Novas idéias atiçam o medo do desconhecido, o medo de romper com os modos de pensar aceitáveis que mantemos desde a infância, com os padrões ditados pela cultura e pela família, talvez até mesmo originários de outras vidas.

Esta é a fase da transição em que predominam as formulações como "e se?" e "sim, mas". "E se essa nova maneira de pensar for errada?" "E se eu falhar?" "Sim, eu gosto dessa nova idéia, mas, por outro lado, foi assim que eu sempre pensei." Aquilo que é novo atrai, mas o velho tem a força de tração da história. A hesitação e a indecisão transbordam e se manifestam como símbolos externos do conflito. Contudo, a resistência é uma parte natural da mudança consciente — e um período do ciclo que não pode ser apressado, a não ser que você queira refazê-lo mais tarde.

Argolas de fogo

Sempre ouvi as pessoas dizerem que, tão logo começaram a levar a sério a vontade de crescer, suas vidas se tornaram caóticas. Por exemplo, a primeira coisa que geralmente acontece quando você decide combater um vício é que ele piora. Decida abandonar o cigarro, o álcool, o chocolate ou o namorado que não serve para você e tudo o que você conseguirá é pensar no cigarro, no álcool, no chocolate ou no namorado que não serve para você. No momento em que anunciamos que queremos ser mais pacientes, a vida repentinamente se torna uma constante frustração.

O tipo de lamúria a essa altura é: "O que eu estou fazendo de errado?" Absolutamente nada. Você está bem dentro dos planos. O caos é um sinal de que a mudança está se processando. O desafio à sua forma antiga explodiu como uma bomba no *status quo,* e o sistema de defesa acendeu o alerta vermelho.

A primeira vez em que decidi conscientemente levar a sério minha vida espiritual, meu mundo particular imediatamente virou de pernas para o ar. Àquela altura, passei alguns anos estudando várias teorias na área da psicologia e tinha a ilusão de que me conhecia muito bem. Mas, quanto mais eu estudava, meditava e frisava quais eram as minhas aspirações, mais confusão experimentava. Finalmente, consegui deixar de resistir ao processo e comecei a perguntar como entendê-lo.

Em Espírito, foi-me apresentada uma imagem em movimento. Ao fundo, havia uma coroa de ouro e, em primeiro plano, um círculo de fogo. Vista a distância, daquele círculo em direção à coroa, havia uma série ininterrupta de círculos de fogo. Os primeiros dois círculos estavam a algumas polegadas de distância, os dois seguintes a apenas uma polegada, aproximadamente. Conforme os círculos iam se aproximando da coroa, a distância entre eles ia ficando cada vez menor, até se tornarem uma parede de fogo. Compreendi que a coroa de ouro não era uma recompensa pelo feito; ao contrário, representava uma parte do autodomínio pessoal. Quando buscamos a coroa do autodomínio, tudo o que há dentro de nós que não está sujeito a esse domínio pessoal procura revidar.

Quando partimos por esse caminho, primeiramente atravessamos um único círculo de fogo e experimentamos um certo alívio. Mas, quanto mais determinados estamos nessa busca, mais as resistências surgem, até que, ao nos aproximarmos do objetivo, elas se tornam uma parede de fogo contínua.

Quando passamos pelo fogo da resistência, os medos de determinada existência começam a se acender. Eles queimam e, por um momento, tudo parece ficar chamuscado. Isso não significa necessariamente que estamos fazendo a coisa errada. É bem possível que a estejamos fazendo da maneira perfeitamente certa. Cada coroa do autodomínio que pretendemos alcançar, por menor que seja, vale a pena. Porém, durante o período de resistência à mudança, não parece ser assim.

Se nunca examinamos as crenças que herdamos dos pais, professores, pastores e mentores nas artes ou nos negócios, suas vozes podem falar alto durante a resistência. Algumas pessoas sentem como se a culpa, a vergonha, as fúrias gritantes da dúvida e do medo tivessem sido liberadas. Outras vão descobrir que seu ego está revidando com a voz macia e fria da lógica: "Muito bem, eu sei que essa idéia o atrai, mas vamos examinar os fatos com calma, está bem?" É claro que essa voz, geralmente, refere-se aos fatos antigos, familiares. Ela é a mestra da racionalização.

As alegrias da ambivalência

Inúmeras coisas podem acontecer quando forçamos o caminho através da resistência. Freqüentemente, descobrimos que nos tornamos um exemplo de ambivalência. A afirmação "Sim, vou fazer isso", na segunda-feira de manhã, torna-se "Não, não vou fazê-lo", na segunda-feira à noite. Uma parte de nós continua experimentando a nova idéia como se fosse uma roupa exótica; a outra parte preferiria se enfiar logo num roupão confortável. Às vezes, sentimos que, na verdade, perdemos a capacidade de tomar uma decisão com clareza.

Por exemplo, a maioria de nós descobre que é ambivalente a respeito daquilo que quer na área do relacionamento pessoal. Se nos tornamos maiores de idade nos últimos vinte anos, acabamos tornando-nos parte dos conceitos mutáveis dos homens e das mulheres a respeito de relacionamento. Descobri que essa alteração cultural não termina absolutamente com o período de resistência. E essa resistência geralmente traz idéias ambivalentes a respeito de maridos, esposas ou namorados.

Um dos cursos que costumo oferecer é acerca de relacionamentos e, nesse curso, eu peço às pessoas que façam um teste para examinar suas atitudes. Quase todos se revelam ambivalentes sobre aquilo que pensam que deveriam buscar e aquilo que realmente os faz sentir-se bem. Por exemplo, eles podem ter vontade de viver um relacionamento igualitário. Uma mulher poderia dizer — e ela realmente está sendo sincera — que não se importa com o dinheiro que o homem ganha. Ela fica satisfeita se ele dirige um carro velho e vai acampar nos fins de semana. Ela quer apenas que o seu relacionamento seja igualitário. No entanto, quando é pressionada para ser sincera, ela geralmente admite que o homem que está dirigindo um carro novo a caminho de uma promoção realmente desperta o seu interesse. Um homem acostumado com mulheres liberadas consegue admirar uma mulher que tem o mesmo sucesso profissional que ele. Mas admite secretamente que fica mais à vontade quando sente que está no comando.

Ambos estão falando a verdade a respeito daquilo que querem; apenas são ambivalentes. As velhas formas do homem ideal e da mulher ideal estão profundamente assentadas na nossa psique. Elas não se rendem sem lutar. É claro que o meu exemplo é estereotipado para servir de argumento, mas não conseguiremos aproveitar criativamente um desempenho, a não ser que sejamos francos quanto à sua existência.

Sim, mas e *e se* tornam-se um estilo de vida quando estamos atravessando a resistência.

"Sim, eu sei que não quero que ele me trate dessa maneira, mas... e se eu falar alto e ele for embora?"

"Sim, eu gostaria de voltar à escola, mas ele (ela, eles) não vão deixar."

"Não, eu não aprovo os resíduos químicos, mas, e se eu protestar e atirarem em mim?"

"Sim, sou a favor da igualdade, mas preciso tocar meus negócios."

"E se eu estiver errado?"

"E se eu falhar?"

E, mais perturbadoras do que tudo, as questoes não verbalizadas: "Do que é que eu vou ter de abrir mão?"

A velha forma tem a doce garantia da tradição. Sabemos o que esperar, mesmo que não gostemos disso. A idéia nova não tem história; não temos noção daquilo que esperamos e os medos crescem rapidamente no desconhecido.

Conheço um médico que lutou durante meses com o *sim, mas*. Sua forma tinha sido seu treino tradicional que o ensinara a encarar a doença como se fosse o colapso de uma máquina. A medicação era o modo de consertá-la. Porém, à medida que ele foi se expondo cada vez mais a atitudes holísticas, acabou se interessando muito sobre o modo como a mente e as emoções afetam o corpo.

Não se tratava de um desafio grande demais. Ele podia encontrar um lugar para isso dentro de sua velha forma. Mas, quando testemunhou a cura espiritual, que era claramente "impossível", de acordo com sua antiga forma, enfrentou um sério desafio.

Como um verdadeiro médico — não apenas um técnico — ele queria honestamente crescer em sua compreensão a respeito das coisas. Por causa disso, começou a desafiar seriamente suas crenças originais. A essa altura, sua mente lógica enfrentou um conflito terrível; a ciência existente era o grande canhão. Ele também tinha de lidar com seus medos tendo em vista o modo como o AMA [CRM], seus colegas e pacientes poderiam reagir. Finalmente, resolveu o conflito e tornou-se um verdadeiro médico holístico, mas não antes de lutar com suas resistências, assim como Jacó teve de lutar com o Anjo do Senhor. É interessante observar que foi a ciência, a "nova física" que explora a consciência, que o ajudou a construir uma ponte sobre a fenda que havia separado a verdade espiritual e a verdade científica no seu passado.

A perda do senso de direção

Uma das razões pelas quais esse período da mudança é tão incômodo é que estamos perdendo o nosso senso de direção. Anos atrás, eu li uma descrição perfeita dessa sensação. O escritor (cujo nome esqueci) dizia que é como se tivéssemos perdido a segurança do meio-fio. Estamos seguindo por uma rua, pela qual decidimos andar, mas estamos bem no meio da rua, eqüidistantes do meio-fio que abandonamos e do meio-fio para onde estamos nos dirigindo. Quando estamos no velho meio-fio, mesmo que não gostemos dele, ele continua sendo algo familiar. Quando estamos prontos para pisar no novo meio-fio, a sensação de estar quase lá ajuda-nos a ultrapassar o medo do desconhecido. É quando estamos no meio que perdemos o nosso senso de direção. Essa é a parte que mais amedronta na jornada. Quando o tráfego fica pesado, uma parte de nós quer retroceder, a outra quer correr em frente.

Quando eu penso em perder esse senso de direção, lembro-me da terrível desordem psíquica de muitos dos nossos veteranos do Vietnã. Muitos deles acreditavam verdadeiramente que estavam lutando pelo seu país, e que o seu país abraçara uma causa justa. Essa foi a forma com que começaram. Eles se sentiram desafiados pela falta de sentido da guerra, mas foram até o fim, ainda que presos a lutas pessoais torturantes. Mas, quando voltaram ao lar, em vez de encontrar gratidão, apoio e ajuda, foram tratados como leprosos, símbolos vergonhosos da nossa loucura coletiva. Levou vinte anos para pararmos de torturar os mensageiros do nosso mito de mudança, vinte anos em que os veteranos ficaram deslocados. Embora ainda não tenhamos eliminado o mito do guerreiro, o certo é que, a partir do momento em que começarmos a admitir a nossa ambivalência, poderemos abraçar novamente nossos filhos e assim poderá ter início a prática da cura.

O dr. Ira Progoff remete-nos ao enorme potencial que existe quando estamos no meio do caminho em direção a uma mudança. "Até esse momento, quando o passado já acabou e o futuro ainda não se fez passagem, o ponto médio é um movimento repleto de possibilidades. Corretamente aproveitado, ele se torna semelhante ao núcleo de um furacão, um centro calmo no cerne da vida, um momento de oportunidades livres e incondicionais."

O efeito de ponto morto

O período de resistência à mudança manifesta-se na energia do ponto morto. Enquanto o novo reúne forças, o velho soergue-se para um contra-ataque. Nos anos 60, demos grandes passos para a frente no que diz respeito aos direitos civis e programas sociais, só para experimentar o ponto morto de um "retorno aos valores tradicionais" nos anos 80.

O movimento feminista é um exemplo do efeito de ponto morto. Desafiar uma das antigas formas que temos como seres humanos, o mito do patriarcado, é algo que exige nada menos que uma revolução de nossas suposições mais básicas. Da década de sessenta em diante, foram dados saltos visíveis e viáveis à medida que um número cada vez maior de homens e também de mulheres apoiaram a reavaliação da igualdade entre os sexos. As leis mudaram, as escolas tornaram-se mistas, as oportunidades de trabalho para as mulheres aumentaram. O cinema, a televisão, as revistas e a publicidade começaram a nos mostrar mulheres que estavam interessadas em algo mais que em detergentes e em "agarrar um homem". Centenas de livros e programas de televisão abriram um fórum de debates para examinar minuciosamente as injustiças e oferecer novas opções.

Porém, o tempo todo, a forma do período antigo que caracterizava as mulheres permanece enroscada na nossa consciência coletiva à semelhança de uma serpente, atacando sempre que encontra um lugar vulnerável. Podíamos alterar algumas leis, mas não estávamos conseguindo ir além da "lei" — ERA (Período) — que resolveria as questões da desigualdade de uma vez por todas. Conseguimos ver o surgimento de um novo mito quando, finalmente, algumas de nossas filhas puderam penetrar nos umbrais sagrados das instituições que antes eram destinadas apenas aos homens. Enquanto isso, um número cada vez maior de nossas filhas eram atacadas na rua. Até mesmo quando colocamos uma mulher no Supremo Tribunal em Washington e cogitamos em outra para vice-presidente, a "feminização da pobreza" tornou-se uma realidade crescente em todo o país. Por um lado, queríamos que nossas garotas tivessem aspirações e realizações; por outro, queríamos que fossem bonitas e jovens para sempre. Nós éramos e somos ambivalentes.

Durante essa mesma passagem, não sabíamos mais o que os homens poderiam ser. Por um lado, o filme *Tootsie* oferecia-nos uma nova visão sobre o homem e a mulher, e *Kramer versus Kramer* mostrava-nos um pai sensível. Por outro lado, pagamos milhões de dólares para ver *Rambo*, e milhares de crianças de dez anos de idade vestiram uniformes militares, usaram granadas e botas e reproduziram o velho mito.

Muitas formas antigas vão morrer nas próximas décadas. No topo da lista dos resultados da evolução encontram-se a repressão, a negação e o mau aproveitamento da energia feminina — o aspecto feminino de Deus. Agora Ela está abrindo caminho através de nossa evolução e está nos dizendo com firmeza que, se quisermos sobreviver, não podemos mais sujar a água, a terra e o céu; não podemos cometer voluntariamente o genocídio de espécies inteiras, escravizar economicamente os membros de nossa própria família ou poupar conhecimento e recursos em benefício de poucos.

Alguns de nós sempre deram ouvidos ao feminino eterno. Mas, nas últimas décadas, muito mais pessoas começaram a fazer isso. Cada vez que mais uma pessoa opta pela cooperação em vez da conquista, o canteiro de toda a nossa sociedade torna-se mais fértil.

A lagoa das rãs morfogenéticas

Toda vez que uma pessoa opta pela cooperação em vez da conquista, a sementeira de toda a nossa sociedade se torna mais fértil. Quando uma espécie está pronta para operar uma mudança evolucionária, ela desenvolve novos órgãos, elimina outros, acrescenta ou subtrai a cor, aprimora a força de suas asas ou pernas para fugir dos predadores — em essência, aquilo de que necessita para enfrentar as novas exigências do meio ambiente.

O modo como isso é feito é explicado pelo botânico Rupert Sheldrake em sua teoria dos campos morfogenéticos. Segundo esta teoria, tudo o que está vivo, do átomo mais minúsculo ao maior planeta, é rodeado por um campo energético que impõe seu padrão exclusivo de ser. O dr. Sheldrake acredita que "as experiências acumuladas de uma espécie constituem um tipo de memória formadora".

Quando a energia universal se derrama no campo da força energética de uma criatura viva, digamos uma rã, a padronização genética (memória) conserva a forma da rã. Qualquer mudança observável numa espécie leva muito tempo. Mesmo quando a evolução diz que é a época de mudar o arquétipo das rãs, nem todas as rãs mudam ao mesmo tempo. Porém, em algum momento, um novo padrão se introduz no mundo das rãs. Primeiramente, só poucas rãs demonstram as novas possibilidades, depois mais algumas. Quando um número considerável de rãs assimila o novo padrão, uma massa crítica se constrói até que — no salto de um quantum — todo o reino das rãs faça a mudança para o novo modelo. Estabelece-se então um novo tipo de memória. Provavelmente, muitas rãs preferem os bons velhos tempos, mas elas não duram muito na lagoa.

O mesmo acontece conosco como indivíduos. Quando estamos fazendo uma mudança na consciência coletiva, não é provável que todos cooperemos imediatamente, mesmo que saibamos que é a mudança certa. As idéias que temos a nosso próprio respeito possuem seus próprios campos de energia morfogenéticos. Temos um modelo daquilo que é a realidade e esperamos que a energia de vida se derrame naquele molde familiar. Quando nos conscientizamos de uma nova idéia, temos de ser pacientes enquanto há resistência a essa idéia — afinal, um novo molde está sendo feito. Não há necessidade de tornar-nos pessoas perfeitas e íntegras para que a energia do novo conceito mude o padrão. Mas precisamos fazer uso da nossa vontade para afirmar com persistência a possibilidade da mudança.

Com os cientistas sociais, aprendemos que uma nova idéia considerada como radical, herética e até mesmo perigosa em seu começo acaba, no entanto, sendo bem semeada numa sociedade quando apenas cinco por cento da população aceitá-la; e que ela já estará a caminho de se realizar quando vinte por cento a aceitarem. Contudo, entre cinco e vinte por cento há quinze pontos de porcentagem que pesam. É aí que encontramos resistência, com sua ambivalência e fatores de ponto morto, fervilhando numa intensidade febril. Ameaçada de morte, a antiga forma vai revidar.

O efeito borboleta

A alteração crítica no crescimento ocorre quando o desejo de mudança é maior do que o medo do processo. Quando temos cinqüenta e um por cento de amor a Deus, ultrapassamos a curva. Até mesmo as batalhas mais dramáticas têm um sabor diferente quando compreendemos que o resultado já foi definido no momento em que dissemos: "Eu quero a verdade."

Nem sempre contamos com muito apoio no nosso meio ambiente quando a luta começa. As pessoas e circunstâncias em torno de nós não estão necessariamente mudando apenas porque nós estamos mudando. O nosso meio pessoal foi construído sobre os ímãs do passado. Nosso emprego, nossa religião, nossos amigos, *hobbies*, atitudes, relacionamentos pessoais, todas as nossas preferências, vícios e atitudes vêm espelhando constantemente as criações que fizemos até o momento. Comece a mudar e o espelho se quebrará.

Na área das ciências, a teoria do efeito borboleta diz que o ar dos Estados Unidos sofre alterações quando uma borboleta bate as asas no Japão. Imagine então o impacto que ocorre num relacionamento quando você introduz uma mudança, mesmo que sutil. Os relacionamentos são harmoniosos, em grande parte, devido a realidades e papéis a respeito dos quais há concordância. Eles funcionam bem até que um dos parceiros comece a mudar e o outro seja ameaçado.

É muito comum, depois de uma conferência, depois de um curso ou de uma sessão terapêutica, onde realizamos uma importante mudança na percepção, voltarmos correndo para casa cheios de entusiasmo — e entrar em colapso imediatamente. Estamos prontos para mudar, mas o nosso mundo está exatamente lá onde o deixamos, e todas as velhas defesas se insurgem. A família e os amigos não têm idéia do que estamos dizendo; com freqüência, eles podem sentir-se tão profundamente ameaçados que se tornam acusadores: "Você não é a garota com quem me casei." "Você mudou." "Você não foi educado assim." "Você está abandonando o barco no momento mais difícil."

O "momento difícil" é provavelmente qualquer coisa que está do outro lado da percepção que eles têm de nós e da realidade. Mas isso não serve de consolo quando estamos tentando conciliar uma visão interior nova, frágil e que ainda não está integrada com um relacionamento antigo e já estabelecido.

Costumo prevenir as pessoas que passaram por experiências relacionadas com o despertar para que se fundamentem bastante antes de abandonar o cenário que escolheram para aguardar as novas idéias. Há muitas técnicas para fazer isso. Uma é simplesmente diminuir a velocidade, respirar fundo e inserir os novos sentimentos num contexto saudável. É importante lembrar que a família, os amigos e os companheiros de trabalho não partilharam das experiências que tornaram possível essa mudança. Eles podem ficar espantados com as novas idéias ou não se interessar por elas. E certamente ninguém muda por imposição.

Muitas vezes, tudo o de que a outra pessoa precisa é de uma afirmação nossa de que não vamos deixá-la para trás à medida que crescermos. Quando vivemos com a nova visão interior, essa característica gradualmente se torna parte daquilo que somos. As outras pessoas em nossa vida aprenderão muito mais com a nossa demonstração viva do que com exigências ou proselitismo.

Um dos melhores conselhos que eu conheço para aceitar essa situação foi dado pelo poeta Rainer Maria Rilke a um jovem escritor em *Cartas a um Jovem Poeta*:

"Mas tudo o que pode algum dia vir a ser possível para muitos, o homem solitário pode preparar e construir agora com suas mãos, que erram menos. Portanto, caro senhor, aprecie a sua solidão e suporte com um lamento suave o sofrimento que ela lhe causa. Isso porque, quando aqueles que agora estão perto de você estiverem longe, então a sua distância já estará entre as estrelas e será muito ampla; alegre-se com o seu crescimento, para o qual, naturalmente, não poderá levar ninguém junto e seja gentil com aqueles que ficaram para trás, e mantenha-se firme e calmo diante deles, e não os atormente com a sua confiança ou alegria, que eles não são capazes de compreender.

"Procure você mesmo algum tipo de comunhão simples e leal com eles, que não precise mudar necessariamente à medida que você mesmo for se tornando diferente; ame neles a vida numa forma não familiar e tenha consideração para com os idosos, que têm medo da solidão na qual você confia. Evite contribuir para o drama que sempre se mantém tenso entre pais e filhos; ele desgasta grande parte da energia das crianças e consome o amor dos mais velhos, que é eficaz e acolhedor mesmo sem tomar consciência. Não peça conselhos a eles e não conte com compreensão alguma, mas acredite num amor que está sendo armazenado para você como uma herança e tenha a confiança de que, nesse amor, há uma força e uma bênção para além das quais você não precisa se adiantar a fim de ir muito longe."

Verdadeiros sentimentos ou apenas reações

Durante o ciclo de resistência à mudança, é útil distinguir entre sentimentos e reações emocionais. "Permaneça em contato com os seus sentimentos" é o grito de ordem para a maioria das etapas de crescimento, e é claro que isso é essencial. Caso contrário, você vive na repressão e na decepção com relação a você mesmo. Não importa qual é o ideal a que aspira, você tem de começar do lugar em que está. E isso significa ser tão honesto quanto possível a respeito de suas reações.

Muito daquilo que parece ser sentimento é, na verdade, apenas reação emocional programada. Eu posso sentir profundamente que o que eu quero oferecer é perdão, mas quando uma velha ferida é reaberta, posso ter uma reação espontânea de raiva e de autojustificativa. As reações nos revelam as coisas a que ainda estamos reagindo a partir do nosso velho modelo. Porém, nossos sentimentos mais profundos levam-nos ao local onde as reações ainda se encontram e servem de inspiração para nós com a nova orientação. As reações emocionais são muito impetuosas e nos fazem prestar atenção; os sentimentos são ouvidos nos momentos mais calmos.

Quanto mais ouvimos o nosso eu mais profundo e nos comprometemos a seguir a sua orientação, mais somos capazes de ver a diferença entre aquilo que somos em oposição àquilo que estamos vivenciando. As reações nos mostram o que precisa ser removido. Às vezes, é como ir ao dentista porque queremos ter dentes saudáveis. Mas aí chega o dia em que somos capazes de observar uma reação com um certo grau de distanciamento: "Oh, já estou ficando com raiva outra vez. Eu gostaria de saber do que é que tenho medo."

A reciclagem através da resistência é útil para a nossa necessidade de equilíbrio. Nós avançamos e depois recuamos com vistas ao nosso próprio equilíbrio. A reciclagem funciona como uma verificação daquilo que é excessivo, oferecendo-nos análises constantes da realidade. Ela nos ajuda a adquirir a capacidade de discriminar e a aprender a ter força de vontade.

Em *Os Diários de Abraham Maslow*, o psicólogo pioneiro observou: "A voz do Divino que há dentro de nós é contraposta, não pela voz do demônio que há dentro de nós, mas pela voz da timidez."

Quanto mais lutamos contra a resistência, mais apertados ficam os nós. Também podemos decidir encará-la como uma parte necessária e significativa do processo de mudança. Ela passa. Seja paciente. O tempo em que permanecemos nesse estágio depende, em alto grau, do quanto desejamos ser honestos com nós mesmos, sem julgar nossas ambivalências, e do fato de estarmos inteiramente presentes diante das questões que elas trazem.

Há algumas coisas que podemos fazer para nós mesmos a fim de facilitar essa passagem. As terapias podem ajudar durante esse estágio, como também falar e escrever a respeito e liberar a tensão através de válvulas de escape físicas. A oração também ajuda. Não as orações de um suplicante que vê o eu como algo afastado de Deus e que implora para se ver livre da dor, mas sim as orações de um peregrino oferecidas em gratidão, afirmando que Deus está em nós e que o nosso maior bem está no avanço. O momento da compreensão e do despertar está próximo.

EXERCÍCIO: VISUALIZAÇÃO PARA CONTROLE DO *STRESS*

Sente-se tranqüilamente num lugar onde não possa ser perturbado. Faça quinze ou vinte respirações lentas e iguais — respirações que penetram no fundo do seu abdômen. Faça sua mente pensar na respiração. Quando você for capaz de observar sua respiração, entrando e saindo várias vezes em seguida, dê o próximo passo.

Mentalmente, visualize-se sentado na sua própria testa, bem entre as sobrancelhas. Você pode se imaginar envolto em um manto, na posição de lótus da hatha yoga, ou qualquer outra coisa confortável.

Nessa posição, você passa a ser o que observa. Note todos os pontos de tensão do seu corpo. Quando encontrá-los, envie as próximas respirações para esses pontos. Contraia e depois relaxe todos os seus músculos. Faça isso mais vezes — um músculo fica mais relaxado depois de ser contraído. Agora, como observador, note o que suas emoções estão fazendo. Se você descobriu energias tensas — medo, raiva, inveja, coisas do gênero — então faça uso da respiração para liberá-las. Quando expirar, veja essas energias negativas serem sopradas para fora. Se for útil atribuir-lhes uma nova cor, use o cinza para o medo, o vermelho para a raiva, o verde bilioso para a inveja e assim por diante. Ao inspirar, absorva Luz para dentro de suas emoções e relaxe.

Dessa posição de observador, note os pensamentos dardejando em torno da sua cabeça. Não tente resistir a eles. Simplesmente, tome a decisão de não ir atrás deles. Com muita docilidade, observe os pensamentos irem e virem. Se algum deles exigir permanentemente a sua atenção, mande-o embora delicadamente através da expiração e dirija a atenção de volta ao ato de se observar respirando. Quando o próximo pensamento vier, faça a mesma coisa. Parte do sucesso desse exercício consiste em não combater os pensamentos, mas em ser gentil, atento e claro em suas intenções.

Em seguida, imagine que há minúsculos buracos em seus dedos e que eles são drenos para tudo o que está rígido e tenso. Apenas deixe que tudo isso flua para fora. Utilize a sua expiração para se esvaziar. Quando isso for completado, tape novamente os buracos e comece a utilizar a inspiração para se encher de Luz pura.

Quando o processo estiver completo, simplesmente descanse por algum tempo em seus corpos físico, mental e emocional, ciente de que você não é nenhum desses veículos, mas sim, o ser descontraído que está no comando deles.

EXERCÍCIO: O EQUILÍBRIO DAS POLARIDADES *YIN-YANG*

Este exercício mental ajuda a criar um estado de equilíbrio interior entre suas polaridades feminina e masculina. Para que todo exercício de formação de imagens seja eficiente, trate primeiro de estar muito bem acomodado e depois profundamente descontraído. Utilize a expiração para liberar todas as tensões e preocupações.

Forme a imagem do conhecido símbolo yin-yang *— o círculo com as partes preta e branca separadas por uma linha curva, com um ponto negro na parte branca e um ponto branco na parte negra.*

Mentalmente, trace a circunferência do círculo várias vezes e depois trace a linha divisória, curva, várias vezes. Agora imagine-se totalmente na parte bran-

ca. Respire o branco; sinta-o na sua pele; cheire-o. Apenas o branco existe. Fique com essa experiência de brancura por um minuto ou mais.

Agora, no meio da brancura, observe que há um pequeno círculo negro que está atraindo você. Sinta o seu magnetismo até você desaparecer na escuridão. É uma escuridão que não ameaça. Experimente-a, respire-a. Deixe-a tornar-se uma parte total da sua experiência sensorial sem nenhum julgamento; apenas esteja ciente de como a sensação é diferente da que é provocada pelo branco. Depois de alguns minutos, observe que há um círculo branco para o qual você está se dirigindo. Mergulhe nesse branco, e mais uma vez só existirá o branco. Fique assim por aproximadamente um minuto e novamente sinta o magnetismo do preto atraindo-o para ele.

Mude para a frente e para trás várias vezes até sentir-se tranqüilo e equilibrado com o branco e também com o preto. Este é um bom exercício para fazer quando sentir que está indo para um ou outro extremo.

O despertar

Correr em volta do barco nada significa no sentido de assegurar o avanço através da água.

Anônimo

Quando a forma é desafiada e a resistência tolerada, segue-se o despertar. O despertar é o avanço nas linhas inimigas — a visão interior que provoca a alteração crítica do velho para o novo.

O "Ah! Agora entendi" do despertar sempre parece chegar de repente. Mas isso é só aparência. Na verdade, foi concebido na luta, nos estágios anteriores, e nasceu com aquele "Eureka!"

Essa parte da transição é muito alegre. A formulação *Por que não*? substitui o *Sim, mas*. A mágica natural da sincronicidade traz novas idéias, novas experiências, novas pessoas, novos livros e até mesmo novos sonhos para dentro de nossas vidas. O estado de espírito é exploratório à medida que o nosso desejo se altera. O cérebro direito, portal do eu intuitivo, começa a enviar novas informações para fora, novos tipos de resposta a velhas questões. Em pouco tempo, começamos a compreender que o nosso mundo ficou maior para sempre.

Veja o Sol

No ciclo de resistência, nós fazemos a pérola. No ciclo do despertar, nós a trazemos à superfície.

Logo quando pensamos que não vamos agüentar a tensão da resistência nem mais um minuto... quando estamos fartos... convencidos de que não há respostas... cansados de ambivalência... quando estamos prontos para abrir mão de tudo... ou realmente abrimos mão de tudo... Eureka! De repente, lá está a resposta, a orientação, a visão interior, a doce solução para o conflito que nos vinha consumindo.

Entramos no ciclo de mudança relativo ao despertar. Que alívio! Que mágica! Que alto astral!

O despertar pode chegar aos poucos, com a mesma delicadeza com que o amanhecer faz desaparecer a noite. Ou então pode explodir sobre nós inesperadamente, como o sol de verão perfura as nuvens da tempestade.

O despertar pode chegar quando cedemos à força do "eu não sei" e começamos a ver novas opções. Ele pode chegar com um encontro casual, durante uma conferência ou pelo correio. Porém, se o período da resistência for muito longo, desconfie. Como disse um amigo: "Estou vendo uma luz no fim do túnel. Só espero que não seja um trem chegando."

Para o astronauta dr. Edgar D. Mitchell, o despertar chegou a bordo de uma espaçonave. Ele escreveu que sua visão a respeito da vida e da realidade mudou no momento em que viu o planeta Terra do espaço. Ao ver o nosso mundo como "uma jóia verde e azul engastada no céu da meia-noite", com uma súbita visão interior ele compreendeu que havia um Deus, que havia ordem e um plano para esta Terra. Mas seu momento de êxtase foi imediatamente seguido por uma negra depressão quando ele percebeu o quanto estávamos pondo em perigo a Terra. Ele voltou daquele vôo com o compromisso de gastar o seu tempo e os seus recursos com o engrandecimento da consciência humana. Para realizar sua visão, fundou o Instituto de Ciências Noéticas que, por meio de publicações, pesquisas e programas públicos, dedica-se a um campo de debates estimulante entre as ciências físicas e espirituais.

O despertar não chega porque nós assim queremos mas porque o desejamos em algum nível da consciência. Ele pode surgir do desejo sincero de resolver o conflito que estamos enfrentando, ou então do desejo mais profundo, inconsciente, do plano da nossa alma — ou de ambos. Porém, não importa se vem de repente ou gradualmente: o despertar nos transporta para o nosso próximo estágio de crescimento.

O despertar não é nada acidental. No nosso caminho de vida, todo grande passo é cronometrado pela nossa alma. O despertar nos faz olhar para o nosso relógio interior e reconhecer que estamos em cima da hora.

Durante a resistência, porém, podemos fazer uma pausa quando sentimos que não estamos dirigindo o carro, que não podemos mudar o roteiro. Tudo parece estar congestionado ou fora do nosso controle. Isso pode ser tão frustrante, tão doloroso, que há uma grande tentação de "fazer alguma coisa, mesmo que esteja errada".

Nessas fases, o melhor que podemos fazer é não fazer nada ou aquilo que se parece com nada. Não resistir a uma situação que não podemos alterar é um "feito" muito eficaz por si só. Isso retira a energia que alimenta a situação difícil. Quando investimos nossas energias em alguma coisa, nós fortalecemos essa coisa. Mas quando afastamos a raiva, o medo, a negatividade que está juntando os dois lados da resistência, não há energia que possa mantê-la em atividade. Com muita freqüência, é aí que começa o despertar.

A não-resistência não é passiva. A passividade sugere falta de força. Mas a não-resistência é muito forte. Ela significa que estamos escolhendo conscientemente aquilo que desejamos fortalecer. A não-resistência é a ação da sabedoria que avalia uma situação e chega a entender que nada se ganha em lutar contra ela. Assim que decidimos descontrair-nos e aceitar uma situação ou uma ambivalência que não podemos mudar no momento, torna-se muito mais fácil aproveitar nossos próprios recursos para encará-la de frente. A essa altura, todo o nosso senso de humor, nossa capacidade de análise e nossa objetividade voltam a fluir.

O Taoísmo nos ensina a Wu-Wei, a arte de consumar algo não fazendo nada. Nada é forçado; nada é desfeito. Como dizia Tolstói, "Há um movimento infinito dentro de um momento de descanso".

"Mas se não podemos forçar o surgimento de um despertar", perguntamos, "se não podemos acelerar a viagem, então o que é que devemos fazer? Por que nos preocupar?"

Bem, para os iniciantes, se não estivermos prestando atenção, é possível que não reconheçamos o despertar quando ele chega. Nós chegamos ao ponto do despertar precisamente porque já chegamos lá. Ele faz parte dos enigmas cósmicos. Podemos preparar o solo, plantar as sementes, fertilizar e capinar — mas temos de esperar que a natureza faça o resto. O tumulto na psique durante a resistência é uma parte necessária do ciclo de crescimento. Quando revolvemos o solo para o plantio na primavera, trazemos à superfície não apenas a terra rica e argilosa, mas também as pedras. A aceitação de ambos mostra-nos as possibilidades, assim como aquilo que tem de ser eliminado.

Parte de nossa prontidão para o despertar consiste em confiar naquilo que achamos que é Deus, em confiar no nosso plano de vida, em confiar que estamos ligados a tudo o mais no universo. Confiar é a lei universal da atração. É a essa altura que começamos a entender que não temos de implorar, de atropelar ou de manipular o universo — apenas temos de nos descontrair no lugar que nele ocupamos.

Recentemente, um médico me escreveu uma carta que dizia: "Acho que finalmente compreendi que o progresso espiritual não é algo que eu consiga compreender. Mas se eu simplesmente continuo com minhas práticas espirituais, então eu mudo, as coisas mudam e eu não tenho de compreendê-lo ou manipulá-lo. Que grande bênção."

Sincronicidade: a coincidência de Deus

Há uma história sobre um "fazedor de chuvas" que foi levado para uma aldeia que vinha passando por um período de seca há muito tempo. Quando ele chegou, encontrou os aldeões aborrecidos e ansiosos. O clima reinante na aldeia fez com que ele também se sentisse assim; por isso, retirou-se para uma cabana, onde não fez nada a não ser ficar quieto. Seu silêncio acabou por se alastrar e os aldeões ficaram mais calmos. Em pouco tempo as chuvas chegaram. Ele não havia feito nada, a não ser colocar a sua energia em harmonia com o universo. E então as forças naturais trouxeram a chuva.

As misteriosas "coincidências" que chegam como chuva necessária em nossa vida geralmente contribuem para o ciclo do despertar da mudança. Superficialmente, parecem ser acontecimentos ilógicos e improváveis: Como é que eu encontrei aquela pessoa precisamente naquele momento? Como recebi aquela ajuda financeira exatamente na hora certa? Como aconteceu de eu escolher exatamente aquele livro? A coisa toda tem um sabor de magia. Não é de admirar que alguns de nós atribuam a magia a alguma força exterior que decidiu tirar-nos da miséria.

Outros, curiosamente, insistem que aquele acontecimento naquele exato microssegundo é pura coincidência. De qualquer modo, nós nos empenhamos muito para tornar a "coincidência" racional.

Na época pré-científica, víamos o universo todo como algo que fazia parte dos assuntos atinentes aos seres humanos. Os céus profetizavam o nascimento e a morte dos grandes personagens; um cometa anunciava o nascimento de um novo governante. Guerras, inundações e outros fenômenos naturais devastadores comparavam-se a terríveis alterações de eventos na experiência humana.

No Ocidente, fomos educados para captar a realidade de um modo linear e seguro. Uma coisa acontece porque alguma outra coisa, antes, a pôs em movimento. Acrescente-se a isso a nossa idéia de que as pessoas, árvores, pássaros, animais — todas as coisas que vivem — são pequenas unidades de vida separadas, atuando independentemente umas das outras.

Bem, acontece que a vida assemelha-se mais a um círculo que a uma linha reta. O tempo urde a trama, o espaço se curva e todos estamos interligados no campo morfogenético. Vamos ter de abrir mão até mesmo do nosso mito favorito da "realidade objetiva" e ver que somos participantes da formação de qualquer realidade, não apenas observadores. Causa e efeito, ao que parece, são uma dança multidimensional que estamos executando através do passado, do presente e do futuro com tudo aquilo que vive.

A consciência é a ponte que está sendo construída entre os mundos da mente e da matéria. Cada um de nós é um ponto de consciência que focaliza a sua atenção no espaço e no tempo. Dirigimos energia para os padrões que acreditamos serem possíveis. Se não conseguimos conceber uma coisa, não podemos criá-la. Se percebemos uma coisa como boa ou ruim, imediatamente mandamos instruções aos nossos sistemas neuroquímicos a respeito de como reagir. A consciência percebe, deseja, repele e atrai tudo aquilo que acha que necessita ou não, que deseja ou não — dentro de um mar de infinitas possibilidades — e então atribui valores.

Você e eu existimos na totalidade, mas esquecemos que estamos ligados a muitas outras realidades. Se estamos conscientes de que estamos construindo num mundo tridimensional, não estamos tão conscientes de estarmos penetrando no espaço e no tempo em busca dos materiais de construção.

De vez em quando, o especialista que fica sentado diante dos controles do computador do cérebro esquerdo dá uma cochilada e a informação começa a flutuar, do subconsciente e do superconsciente, através do cérebro direito. Assim como os sonhos e as experiências mediúnicas transcendem os limites de tempo-espaço para nos ajudar a resolver o empurra-empurra da resistência, assim acontece com a coincidência. Ela nos faz sair da focalização comum e nos leva a uma ligação mais completa com nós próprios e com toda a vida. *Coincidência* é de fato uma palavra falsa; é uma substituta para a importante dinâmica da energia chamada sincronicidade.

Não conseguimos compreender a sincronicidade até reconhecermos que todos partilhamos de uma área comum. O biólogo da virada do século, Paul Kammerer, chamou-a de "o cordão umbilical que interliga o pensamento, os sentimentos, a ciência e a arte com o ventre do universo que os deu à luz".

O dr. Carl Jung trouxe para o Ocidente o reconhecimento dessa dinâmica interação entre a psique e o mundo material através do conceito da sincronicidade. Essa idéia já estava inserida na visão oriental da realidade. Os antigos chineses, por exemplo, não viam os acontecimentos de um modo linear, e sim, como diz o I Ching, "agrupando-se no tempo".

Os analistas junguianos vêem a natureza tomar um rumo inevitável num tipo de personalidade que eles denominam "O Jogador". Trata-se de pessoas que pintaram a si mesmas segundo o ângulo proverbial. Elas esgotaram todas as opções e recursos. Não há mais nada a fazer, a não ser esperar que o universo faça alguma coisa. E ele faz. Toda a atenção da pessoa se volta para determinado momento crítico, as energias se concentram e então ocorrem eventos sincronísticos imprevisíveis.

Tom Chetwynd, no *Dicionário de Símbolos,* define a *sincronicidade* como "coincidência significativa, padrões de mudança relacionados significativamente". A sincronicidade não é considerada acaso: ela é o movimento de uma energia carregada de propósito.

Em seu livro *Sincronicidade,* F. David Peat diz que as "sincronicidades são os 'trunfos' no baralho da natureza, pois elas se recusam a jogar conforme as regras e oferecem um palpite, segundo o qual, na nossa busca de certeza a respeito do Universo, podemos ter ignorado algumas pistas vitais".

As sincronicidades parecem ocorrer mais durante o ciclo do despertar do que em qualquer outro ciclo da mudança. Ou talvez estejamos simplesmente mais conscientes delas. Desconfio que as mais dramáticas estejam codificadas no plano de vida, já que aparecem freqüentemente como momentos de decisão significativos: nascimentos, mortes, primeiros encontros com pessoas e idéias importantes, soluções "instantâneas" para quebra-cabeças que existem há muito tempo. Quando o desejo é real e o tempo é adequado para o bem da alma, a necessidade é assinalada imediatamente em todos os lugares, e a ajuda apropriada é atraída para aquilo que se faz necessário.

Um amigo meu estava viajando a negócios para a Califórnia. Inesperadamente, decidiu fazer escala no Texas ao voltar para casa, que fica na Carolina do Norte. No aeroporto de Dallas, pegou o primeiro táxi que viu e logo pôs-se a conversar animadamente com o motorista, que lhe falou do irmão que tinha um problema de glaucoma, bem adiantado. Embora o irmão estivesse lutando com a doença há muito tempo, ele agora estava a ponto de desistir, mas o motorista ainda rezava por um milagre. Meu amigo contou-lhe sobre o trabalho de cura que eu fazia, e o motorista mostrou-se interessado. Os dois trocaram endereços. Meu amigo trouxe essa solicitação para a Carolina do Norte e o trabalho de cura começou.

Três semanas depois, meu amigo recebeu um bilhete de poucas palavras: "Meu irmão está curado. Os médicos estão estupefatos. Graças a Deus." Que força podia ter atraído alguém que conhecia uma pessoa capaz de curar para o táxi daquele homem precisamente na hora devida? A sincronicidade!

Conheço um ministro da igreja que parara no estágio de resistência devido à morte inesperada de sua querida filha de dezenove anos. Ele simplesmente não conseguia conciliar seus ensinamentos religiosos com a perda. Para o funeral da moça, foram impressas borboletas no cartão de lembranças, porque a jovem gostava muito delas.

A tristeza do pai já durava meses, quando sua secretária decidiu escrever para um ministro de culto muito famoso, pedindo ajuda. O ministro estava fora da cidade quando a carta chegou, mas a secretária dele respondeu por iniciativa própria porque tinha ficado muito comovida com o pedido. Ela comentou, em sua carta, que algo estranho acontecera quando se sentou para escrever: "Uma borboleta pousou no meu dedo."

Poucas semanas depois, o ministro e a esposa foram à praia em busca de tranqüilidade. Estacionaram o carro perto do mar e puseram-se a andar por uma hora aproximadamente. Quando voltaram para o carro, ele estava cercado por centenas de borboletas. O ministro me contou que ele não conseguia entender logicamente por que razão aquele fato resolveu o seu conflito, mas resolveu. Esse acontecimento ensinou-lhe mais a respeito da continuidade da vida do que todas as suas teologias e proporcionou-lhe o despertar frente à sua profunda resistência causada pela morte da filha.

Às vezes, nossos sonhos trabalham com eventos físicos para provocar o despertar. Tenho um amigo na Islândia que é um médico dedicado e um espiritualista devoto. Ele foi educado num lar liberal que ensinava princípios espiritualistas universais. Nesse contexto, Jesus era reconhecido como mestre, mas apenas um dentre vários outros. Quando meu amigo se expôs às opiniões de cristãos que não admitiam nenhuma outra possibilidade de divindade senão a de Jesus, entrou em conflito, que não conseguia resolver. Foi aí que teve o seguinte sonho:

Ele estava de pé no meio de uma grande catedral mórmon durante uma cerimônia religiosa. De repente, Jesus apareceu usando vestes brancas e sandálias, assim como costuma ser representado na arte clássica cristã. Meu amigo disse que teve um momento de aguda ansiedade. "E se eles estavam certos o tempo todo?", indagou-se ele. "E se realmente só houver um mestre e se esse mestre for Jesus?"

Porém, enquanto ele se punha a olhar para um ponto do infinito, o Jesus do seu sonho pairava entre os bancos da igreja e, ao passar pelo meu amigo, voltou-se para ele e deu-lhe um sinal piscando os olhos. O sentimento de amor que foi comunicado por Jesus era este: "Vou aparecer do modo que você ou qualquer outra pessoa precisar me ver. Se você precisa me ver como Jesus vestido de branco, é assim que eu vou me revelar." Meu amigo acordou com uma compreensão mais profunda do Cristo Universal, e seu conflito foi resolvido satisfatoriamente.

A sincronicidade veio resolver um conflito para mim quando meu trabalho de cura começou a se desenvolver. Isso ilustra bem como atraímos para nós experiências que se encaixam perfeitamente na nossa vida interior.

Eu tinha começado minha carreira como jornalista e partilhava do sistema de crenças da maior parte dos meus contemporâneos: você trabalha bastante e progride profissionalmente de maneira razoável, inclusive financeiramente. Eu tinha parado de trabalhar como jornalista quando o trabalho de cura começou e levei algum tempo para encontrar o meu novo direcionamento. Eu nunca havia sonhado que a cura e o aconselhamento surgiriam para mim como uma profissão de tempo integral. Tudo começou com o lado penoso da resistência. Como eu poderia ganhar a vida? As pessoas poderiam pensar que eu estava louca. Afinal de contas, o que é que Deus queria de mim? Quanto mais forte ficava a resistência, mais eu pensava em voltar a trabalhar como jornalista. Enquanto isso, eu orava para obter orientação. E o despertar veio, embora de um modo que eu não esperava.

Foi-me oferecido aquilo pelo qual eu vinha rezando — o melhor emprego. Quando me sentei para a entrevista, tentando encontrar satisfação com o entusiasmo demonstrado pelo entrevistador, senti-me muito mal. Lá estava exatamente aquilo que eu tinha dito que queria. E, no entanto, eu me sentia infeliz. Cada descarga atinente à minha resistência era formada com letras maiúsculas. Era como se o Espírito me dissesse: "Bem, aqui está uma escolha bem clara. O que é que você vai fazer?"

Eu mal consegui sair do escritório antes de me desfazer em lágrimas. Pulei para dentro do carro, pus a cabeça na direção e disse: "Okay, Deus, você venceu." Acabara-se a minha noção preconcebida de que meus grandes momentos com Deus seriam banhados em luz filtrada por vitrais coloridos, com anjos cantando ao fundo. Tudo o que ouvia eram carros buzinando. O espírito utiliza a energia em movimento da sincronicidade em qualquer lugar que estejamos.

Psi Q: o quociente mediúnico

Às vezes o despertar do ciclo chega de um modo inteiramente inexplicável, como uma "experiência mediúnica". A mãe desperta assustada de um sono profundo, às três da manhã, e depois fica sabendo que seu filho morrera num acidente exatamente naquele momento. Um executivo segue um "palpite", sem nenhuma base de apoio, e ganha milhões para a companhia. Um médico, guiado unicamente pelo instinto, manda fazer um exame que salva a vida de um paciente. Uma vizinha tem a "sensação" de que você colocou documentos importantes em lugar errado, e ela está certa.

Como William James comenta em *The Varieties of Religious Experience*,* "nossa consciência vigilante normal, a consciência racional, como a denominamos, é apenas um tipo especial de consciência, enquanto, ao seu redor, separadas dela pela mais fina das telas, encontram-se formas potenciais de consciência.

"Podemos passar pela vida sem suspeitar da existência delas mas, se aplicarmos o estímulo necessário, a um toque elas estarão lá em toda a sua completude. Nenhuma descrição do universo na sua totalidade pode ser definitiva se deixar de considerar essas outras formas de consciência."

Uma vez que passamos por uma dessas experiências perturbadoras, nunca mais podemos definir a realidade da mesma maneira cômoda, satisfatória. Isso porque, bem na margem da nossa visão periférica, pudemos olhar, por um instante,

* *As Variedades da Experiência Religiosa*, Editora Cultrix, São Paulo, 1991.

um mundo totalmente diferente. E isso momentaneamente põe de lado os nossos conceitos rígidos do que é real e do que é irreal.

Isso foi bem explicado pelo dr. Charles Richet, que ganhou o Prêmio Nobel em 1913 pela sua descoberta do choque anafilático. Ao enfrentar a crítica dos colegas sobre o seu estudo da clarividência, ele respondeu: "Eu não disse que era possível; apenas disse que era verdade."

Numa sociedade em que todos simplesmente idolatram o racional, somos, por vezes, levados ao encontro com o desconhecido. Ele não está mais "lá longe", como os mistérios do espaço que, conforme acreditamos, a ciência vai explicar um dia. Não, o mistério é íntimo, está dentro de nós. Como questionava Lily Tomlin, "Por que é que, quando falamos com Deus, chamamos a isso de oração, mas quando Deus fala conosco, chamam a isso de esquizofrenia?"

Quando sabemos que algo extraordinário realmente ocorreu, freqüentemente procuramos nossos líderes religiosos para nos dizer se isso é bom ou ruim. A religião, invariavelmente, dá o primeiro tiro no desconhecido. Quando não compreendíamos as tempestades, nós as atribuíamos à raiva dos deuses. Quando o mundo dos micróbios era desconhecido, as infecções eram vistas como castigo dos deuses. Contudo, os fenômenos que aceitamos amplamente sob o termo *mediúnicos* não são inerentemente nem bons nem ruins, do ponto de vista espiritual.

Assim como cada um de nós tem um QI, também cada um de nós tem um Psi Q, o nosso quociente de mediunidade. O Psi Q é o potencial que há dentro de todos os seres humanos para perceber e interagir com realidades não-físicas. Não há nada de sobrenatural a respeito das capacidades mediúnicas. Elas, talvez, sejam naturalmente super e supra — mas não sobrenaturais.

É improvável que possamos descobrir qualquer cultura no planeta Terra que não tenha tido pessoas com altos Psi Qs, aquelas que são capazes de utilizar, coerente e intencionalmente, as capacidades que tendem a ocorrer ocasionalmente na maioria das pessoas. O modo como as sociedades vêm tratando as pessoas dotadas de mediunidade varia desde a veneração e quase divinização até a ridicularização, a perseguição e a morte. Elas são vistas, ou como mensageiras de Deus, ou como inimigas de Deus. Mas pouco importa se aqueles que têm grande percepção mediúnica são integrados numa cultura ou se ficam ocultos em suas sombras, eles sempre existiram entre nós — como xamãs, profetas, videntes, curandeiros, visionários, clarividentes e até mesmo animadores de espetáculos.

O monarca inglês do século XI, o rei Canuto, demonstrava tanta sintonia com energias misteriosas que sua corte o considerava um mago. Ele tentou dizer aos seus súditos que não se tratava disso. Eles não quiseram ouvi-lo. Foi então que ele levou um grupo de seus cortesãos até o mar e colocou sua cadeira à beira das ondas quando a maré estava baixa. Quando ela voltou a subir, o rei estendeu as mãos e ordenou que o mar parasse, o que, naturalmente, não aconteceu. Mas, pelo menos, algumas pessoas de seu povo entenderam a lição: a pessoa sábia não se opõe à ação da natureza, mas entra em sintonia com ela e atua junto com ela.

O domínio das ondas

Dezenas de ondas de rádio e de televisão estão passando através de nós agora mesmo. A razão pela qual não ouvimos a música ou a notícia é que não temos o nosso equipamento receptor interno ajustado para converter essas ondas de energia em padrões reconhecíveis. Contudo, uma pessoa mediunicamente treinada tem um equipamento receptor sintonizado com a informação que passa pelo éter.

O éter é o meio de conexão de toda a vida. Os pensamentos, as palavras, os símbolos, a história pessoal, os ideais, os sentimentos — tudo aquilo que somos — move-se para fora de nós em direção ao éter em forma de ondas. Crenças, emoções fortes, e até mesmo lembranças formam padrões nas ondas. Quando esses padrões encontram as crenças e emoções de outras pessoas, podem ocorrer várias coisas. Eles podem, como padrões de onda, entrosar-se e construir uma emoção ou crença mais forte, que é o modo como se fazem os acordos ou compromissos, ou então, eles se anulam uns aos outros ou produzem padrões contrastantes e oponentes.

Na maioria das vezes, estamos concentrados em nossas realidades físicas e desconhecemos — ou negamos — a existência dessas ondas que nos bombardeiam o tempo todo. Contudo, todos nós as sentimos e reagimos a elas, mesmo sem saber por quê.

Às vezes, quando o nosso vigia interior se descontrai, escolhemos mediunicamente uma dessas transmissões. Um acidente, o nascimento de um filho, uma cirurgia, uma experiência que nos aproxima da morte ou uma ameaça ao ser amado pode, num segundo, explodir o senso habitual de realidade de uma pessoa. As pessoas com extraordinário Psi Q podem escolher essas transmissões quase no momento em que elas começam a agitar o éter. Elas conseguem ver, sentir ou às vezes "ler" os padrões de onda. Algumas pessoas conseguem predizer com uma acuidade fantástica — embora ninguém pareça ser capaz disso o tempo todo — a provável manifestação do padrão.

Conheço um rapaz que nunca tinha tido uma experiência mediúnica até se machucar num jogo de basquete e ver-se flutuando no alto do ginásio, olhando para o seu corpo lá embaixo; uma mulher que foi capaz de citar ao pé da letra conversas que ocorreram enquanto estava sendo operada; muitas pessoas que se sentiram "vivas e saudáveis", embora os médicos as tivessem declarado mortas por alguns minutos; e um grande número de pais "não-médiuns" que, de repente, tiveram a consciência acurada de que seus filhos estavam em perigo.

Quando a evolução nos pressiona para compreendermos mais a respeito de nosso potencial, temos a impressão de estar de pé à beira de nossos preconceitos e idéias enraizadas sobre o modo como o mundo funciona. Podemos aprender muito usando o conselho de T. H. Huxley: "Sente-se diante dos fatos como uma criancinha e esteja preparado para abandonar todo conceito preconcebido. Siga humildemente para qualquer lugar ou para quaisquer abismos aos quais a Natureza o conduzir ou então não aprenderá nada."

A busca do Psi Q está bem aí nesse limite. O iogue capaz de controlar as próprias batidas do coração; a criança capaz de entortar o metal com o pensamento; a mulher capaz de sair do corpo quando quer; a pessoa com o dom da cura, capaz de afetar as moléculas contidas numa câmara escura supostamente impenetrável; o homem que, com uma vara, consegue localizar água — essas pessoas e muitas outras estão nos levando a uma compreensão das possibilidades existentes dentro de nós que nem podiam ser imaginadas uma ou duas gerações antes da nossa. O próximo passo é descobrir como essas coisas acontecem e então aproveitar e ensinar as técnicas.

A última parte do século XX provavelmente será reconhecida, em retrospecto, tanto pela sua exploração do potencial humano como colocar bibliotecas inteiras dentro de um *microchip* ou colocar naves no espaço. Estamos nos expandindo, acelerando-nos e nos movendo através de disciplinas — da pesquisa sobre o cérebro e a mente até a física da consciência. Não está longe o dia em que teremos os instrumentos adequados para medir a aura humana e para ver os bloqueios de energia no corpo antes que se transformem em doença.

Nesse meio tempo, a visão de auras e todas as expressões do Psi Q apresentam um grande desafio nos laboratórios científicos. Os fenômenos mediúnicos, enganosos, do tipo uma hora funcionam outra hora não, são freqüentemente resistentes à previsibilidade ou à repetibilidade sob os métodos comuns empírico-científicos. Talvez não tenhamos sido capazes de obter as respostas corretas porque ainda não fizemos as perguntas corretas.

Einstein disse, certa vez: "A mera formulação de um problema é muito mais essencial do que a sua solução, que pode ser meramente um sinal de capacidade matemática ou experimental. Levantar novas questões, novas possibilidades, encarar os velhos problemas sob um novo ângulo é algo que requer imaginação criativa e faz verdadeiros avanços na ciência."

Um dos desafios na investigação do Psi Q é que ele funciona melhor quando é estimulado pela motivação. Eu me lembro como fiquei logo entediada quando participei de experiências relativas à percepção extra-sensorial na faculdade. Depois que o meu ego foi satisfeito e depois que a minha curiosidade foi atendida, eu realmente não me preocupei mais com o que viria depois. Nunca me cansei de aplicar isso às pessoas. Lembro-me de ter assistido à conferência de uma famosa médium que era capaz de entortar raios laser. Ela desistiu de fazer testes científicos, apesar dos resultados incríveis, porque, como ela disse, "Fiquei imaginando o que, afinal de contas, as pessoas poderiam fazer com um raio laser entortado".

Conheço um homem famoso no mundo todo pelo seu trabalho mediúnico bem-sucedido junto aos departamentos de polícia de muitos países. Mas ele falhou inteiramente em demonstrar capacidades mediúnicas num ambiente de laboratório. Sem o estímulo humano, seu Psi Q não operava.

Outra razão pela qual o Psi Q é um desafio no laboratório é que as pessoas têm a tendência de se esforçar demais ou de, emocionalmente, investir muito nos resultados. A exatidão mediúnica geralmente diminui quando cresce a expectativa emocional.

O físico dr. Russell Targ projetou e orientou experiências de "visão remota" — de ver a distância — e testes nacionais sobre percepção extra-sensorial como parte de um programa multimilionário de pesquisas financiado pelo governo.

No *Brain/Mind Bulletin* [Boletim Cérebro/Mente], ele aconselhou os participantes a não se empenharem demais, porque provavelmente obteriam melhores resultados se não o fizessem. Ele disse o seguinte: "Um estado de espírito brincalhão tem sido há muito tempo associado ao sucesso na mediunidade."

O dr. Targ dizia: "Na astronomia, você só consegue ver a estrela mais fraca com a vista desviada. Se você tentar olhar diretamente para ela, não poderá vê-la. A percepção extra-sensorial também parece funcionar assim."

As pessoas que utilizam regularmente as energias mediúnicas sabem quanto é verdadeira essa afirmação. As impressões mediúnicas podem muito bem ser como imagens oníricas que você tenta relembrar. Uma pode estar vividamente impressa, e você pode solicitá-la quando quiser. Mas muitas imagens desaparecem como fumaça quando você tenta alcançá-las.

As capacidades Psi Q têm tanto que ver com evolução espiritual quanto o QI. Elas não são morais nem imorais. Elas simplesmente são. Uma pessoa pode ter uma voz altamente treinada e utilizá-la para conferir beleza ao mundo — ou decidir cantar canções pornográficas. A energia nuclear pode iluminar o planeta ou explodi-lo. É sempre a consciência que utiliza o recurso que torna a aplicação construtiva ou destrutiva.

Eu me identifico como médium tanto quanto me identifico como uma inteligência, um corpo ou algum outro meio do qual posso fazer uso. Eu simplesmente uso a minha capacidade mediúnica como qualquer outra capacidade. Não importa que recursos tenhamos — inteligência, dinheiro, posição, talento — nós decidimos a que fim isso vai se destinar.

A ajuda necessária para abrir o Psi Q

Há muitas, muitas realidades — faixas de energia — e nem mesmo o melhor médium consegue abrir a mais elevada delas a menos que sua intenção seja muito pura. Para nos sintonizarmos com as freqüências mais altas — assim como o padrão de alma de outra pessoa — temos, primeiramente, de purificar o desejo de auto-engrandecimento. Isso não significa que não podemos ter um ego pessoal. Isto provavelmente nem é possível sem um completo autodomínio. Mas é possível colocar de lado o nosso ego. Isso exige a capacidade de viver incondicionalmente e sem julgar nada e com uma boa dose de humildade — não podemos aprender nada de novo se acharmos que já sabemos tudo.

Uma importante exigência para sermos capazes de "ler" qualquer freqüência é estabelecer uma ressonância solidária com ela. Outra é sermos suficientemente livres de nossas tendências para receber uma impressão clara, imparcial. Até mesmo os receptores mais esclarecidos têm de interpretar aquilo que vêem ou sentem. A interpretação depende de várias coisas: as informações, os símbolos e a experiência armazenada no cérebro do receptor; seu desejo de aprender com novas informações; sua capacidade de entrar em sintonia com a mente coletiva e de se aproximar de toda a experiência humana; e sua capacidade de se afastar e encarar a situação com tanto distanciamento compassivo quanto possível.

Assim como a abertura das capacidades mediúnicas pode ser parte do estágio do despertar do nosso crescimento, assim também essas capacidades devem passar por um despertar todo seu. O corpo — particularmente o sistema nervoso — a mente e as emoções têm de ser todos preparados para lidar com a interação com as freqüências mais elevadas. Não se pode encontrar essa preparação necessariamente aos pés de um mestre ou no treinamento esotérico. A vida pode ser a nossa mestra. A preparação consiste em viver responsavelmente, honestamente, conscientemente — de todas as maneiras, inclusive fisicamente — com os desafios e oportunidades que aparecem diante de nós todos os dias. Nossos maiores mestres podem ser as pessoas que mais nos magoam. Aprender a perdoar a cada um e a todos (particularmente a si mesmo) e a amar a todos (especialmente a si mesmo) sem levar em conta as aparências, pode ser a lição mais importante da nossa vida.

Se você quiser realmente entender como o seu corpo, a sua mente e as suas emoções trabalham juntos, o estudo de uma ciência espiritual — como a Teosofia, o Rosacrucianismo, a Yoga e muitas outras — pode poupar-lhe muitas tentativas e erros. Mais do que isso, pode ajudá-lo a evitar a cilada da superstição. Não estou recomendando nenhuma filosofia em particular, como também não proponho que você apenas estude psicologia. Porém, é importante encontrar boas fontes de informação a respeito de como a energia funciona no corpo físico em colaboração com a consciência: como e onde a energia penetra em seu corpo; onde estão os principais pontos coletores de energia (os chacras); e como eles estão interligados com sua neuroquímica. Se você não tem nenhuma formação em alguma ciência espiritual e está interessado, eu recomendaria que começasse por uma boa livraria especializada em metafísica e pedisse informações básicas a respeito de corpos sutis e chacras (centros de energia).

É verdade que, quando uma pessoa libera um aspecto limitado da realidade e abre a mente para outras possibilidades, o Psi Q da pessoa tende a aumentar. Há dentro da pessoa comum, saudável, portões de segurança que protegem o organismo para que ele não se sobrecarregue com experiências que ainda não está pronto para integrar. Esses portões podem ser escancarados por meio de um duro trauma ou de drogas, mas, geralmente, a realidade que a pessoa vivencia sob essas condições não pode ser integrada ou repetida de acordo com a vontade dela.

Um bom treinamento espiritual promove essa integração e esse equilíbrio. Na maioria dos sistemas, há advertências severas a respeito da preocupação com os fenômenos mediúnicos. E com muita razão. A preocupação com a moda dos fenômenos psíquicos pode desviar você do objetivo do autoconhecimento.

Muitas pessoas que conheço e que agora se dedicam seriamente aos estudos espiritualistas tiveram um importante rompimento nesse nível, uma experiência do tipo "Oh, uau!" que alimentou sua paixão para saber mais coisas. O truque é não criar o hábito do deslumbramento ou confundi-lo com a coisa real.

Lembro-me de uma história contada por Ram Dass, segundo a qual foi dada uma dose cavalar de LSD ao guru Maharaj-ji. Ram Dass ficou admirado pelo fato de o guru não ter tido nenhuma reação. Por fim, o mestre disse que estava tudo bem com o LSD, mas ele se perguntava por que alguém iria apenas visitar o Cristo quando era possível ir até Ele e ficar.

Não é uma boa idéia explorar "outros mundos" até que você tenha o controle daquele em que tem a consciência de estar vivendo. Desenvolver o Psi Q não é o meio de evitar os problemas pessoais e os desafios da existência. Com o passar dos anos, observei pessoas que se separaram de suas famílias, ignoraram as responsabilidades e evitaram problemas psicológicos evidentes criando uma cortina de fumaça feita de uma conversa ambígua sobre paranormalidade. Desde o início, o Espírito me aconselhou: "Dê um pequeno passo e procure inteirar-se. Dê outro passo e procure inteirar-se."

Esse foi um conselho indispensável, e eu o recomendo amplamente. Quando começamos a ter mais do que experiências mediúnicas casuais, precisamos fazer constantes análises da realidade. A sabedoria que ensina "Antes de ser iluminado, eu cortei lenha e carreguei água; e depois que me senti iluminado, cortei lenha e carreguei água" aplica-se também às novas visões interiores mediúnicas. Depois que as vivenciamos, ainda temos impostos para pagar, filhos para educar, tarefas a serem executadas.

Eu sempre digo às pessoas que, se elas querem desenvolver seu Psi Q está bem, mas que, primeiro, devem parar e perguntar a si mesmas honestamente: "Por quê? O que eu quero fazer com essas técnicas? Quero mesmo utilizá-las a serviço do meu próprio crescimento e em benefício dos outros? Estou disposto a continuar trabalhando minhas questões pessoais?" É prudente verificar quaisquer necessidades de atenção e de poder do ego em relação aos outros, antes de sair deliberadamente em busca do desenvolvimento da capacidade mediúnica. É necessário estar sempre bem fundamentado e equilibrado, pois as capacidades mediúnicas fazem servos maravilhosos mas mestres terríveis. O melhor conselho que eu conheço foi atribuído a Jesus Cristo, e vem ecoando nos treinamentos desde a Antigüidade até hoje: "Procure primeiro o reino dos céus" — o Nirvana-o Êxtase-o Paraíso-a Nova Conexão. As visões interiores mediúnicas podem simplesmente nos ajudar a reconhecer algumas das curvas do caminho.

A canalização

Nós mal começamos a compreender o potencial da mente humana. Nossa capacidade de perceber realidades não-físicas e de nos comunicar com a inteligência que existe em outras dimensões está apenas no início. A compreensão dessa capacidade torna-se ainda mais intrigante para nós na medida em que também vemos as patologias de certas doenças mentais. Tememos as pessoas que ficam incapacitadas e confusas pelas vozes que ouvem e as coisas que vêem. Porém, as pessoas comuns e equilibradas podem ter comunicação espontânea com seres não-físicos através de uma experiência que as aproxima da morte ou de um estado de consciência alterado induzido por doença, trauma, drogas, uma experiência de abandono do corpo, a prece intensa ou uma percepção espiritual exacerbada.

Nós existimos em muitas freqüências de energia não-física — emocionais, mentais e espirituais. Assim como alguém pode pegar o cursor de um computador e movimentá-lo como quiser, há aqueles que têm a capacidade de movimentar sua consciência à vontade para outros níveis de percepção. Essas pessoas conseguem focalizar sua consciência a seu bel-prazer em qualquer freqüência disponível. Pessoas de todas as áreas culturais, psicológicas e religiosas transmitem comunicações com outros seres nessas freqüências. Quando elas transmitem essas comunicações, dizem que elas estão canalizando. A linguagem da comunicação com outras dimensões que é encontrada na literatura espiritualista, esotérica e parapsicológica varia e há bem poucas definições exatas. Contudo, essa experiência de comunicação interdimensional é tão universal — e no entanto ainda tão misteriosa — que as definições do fenômeno devem ser criadas e contextualizadas.

Um "canalizador" ou médium pode colocar inteiramente de lado o senso de eu pessoal e dar a impressão de que outra inteligência está falando através dele. Sua voz e a linguagem do seu corpo se alteram. Essa pessoa pode ser conhecida como um médium de incorporação. Outro "canalizador" não abandona o senso pessoal do eu para entrar em contato com outra inteligência e mantém a própria voz, os maneirismos e a identidade pessoal. Esses indivíduos são freqüentemente conhecidos como médiuns — o que significa que eles servem de ponte entre mundos de percepção — mas permanecem repórteres de outras inteligências; não são criadores.

As pessoas vêm canalizando — recebendo orientação do Espírito — desde que existem no mundo. As Sagradas Escrituras no mundo todo estão repletas de sabedoria, visões e sonhos creditados a seres não-físicos. Desde a Bíblia Sagrada cristã até o Bhagavad Gita hindu, das profecias de um xamã até o moderno *Course in Miracles* [Curso sobre Milagres], Deus vem ensinando aos humanos os desígnios divinos através de anjos, guias, guardiães, mestres, parentes falecidos, médicos espirituais, santos, mestres supremos, irmãos e irmãs do espaço e seres de realidades alternativas.

A canalização tem estado entre nós desde tempos imemoriais e ainda hoje continua tão misteriosa como sempre foi. Embora pareça anacrônica numa sociedade materialista e tecnológica, o fato é que milhões de pessoas sãs e instruídas continuam acreditando na comunicação do Espírito. A própria palavra *canalização* é bastante vaga. Ela cobre tudo, desde a inspiração espiritual individual até as mensagens de outras dimensões. Para uma pessoa, significa que as palavras e idéias "ouvidas", sentidas ou percebidas são literalmente as de outra inteligência. Para outra, significa que as palavras e idéias vêm diretamente de Deus. Para outra, ainda, significa que as palavras e idéias emergem do potencial superior que há dentro do Eu.

No sentido mais genuíno, a canalização tem que ver com o fato de estarmos sintonizados com a própria orientação superior dentro de nós mesmos e permitir que essa orientação penetre na nossa mente consciente e na nossa vida física. Ela nos coloca em ritmo com a energia do universo e possibilita que essa energia flua através de nós. O plano material é demasiado denso e está repleto de preocupações. A Luz Pura é amor puro, e nós atuamos como canais todas as vezes que levamos esse amor aos lugares onde há medo.

A Luz Pura se reduz enormemente nesta dimensão. Se assim não fosse, provocaria um curto circuito no nosso sistema nervoso. Quando rezamos, canalizamos e mantemos pensamentos de cura, agimos como um transformador elétrico que converte a energia de uma freqüência para outra, de modo a não sobrecarregar os circuitos.

A canalização pode ser uma excelente ferramenta para ajudá-lo no estágio do despertar; porém, não há campo maior para uma imaginação superativa, uma decepção consigo mesmo, e a possível decepção — e até mesmo exploração — dos outros do que a canalização. Ela está repleta de perigos potenciais para as pessoas psicologicamente vulneráveis.

Entretanto, é tão supersticioso desprezarmos um fenômeno que não está ao nosso alcance como acreditar em tudo o que ouvimos. É impossível abrir um compartimento para isso na lógica mas, quer entendamos quer não, lá está ele. Assim, tudo o que realmente podemos fazer a essa altura é manter a mente aberta, ficar atentos à nossa orientação superior e ao nosso próprio bom senso e explorar esse recurso para nós mesmos.

A lei da atração

Quando temos interesse em trabalhar com essas realidades, temos de examinar nossos motivos e intenções com muito cuidado. A lei da atração está sempre em vigor. Nós recebemos na medida do nosso desejo. E temos de nos conhecer muito bem para saber o que é que realmente queremos. Se o desejo, mesmo que reprimido, é de evitar os desafios de nossa vida pessoal escapando para outro domínio, então o ímã do desejo é marcado pela evasão, não pelo serviço. Se o desejo é ter um poder imaginado, então isso é o próprio ímã, e não o serviço.

Nós recebemos aquilo que pedimos. É importante compreender que a informação e a comunicação que chegam até nós através de motivos espúrios podem levar-nos a becos sem saída perigosos para a nossa saúde mental e isso, por sua vez, pode interferir de todas as maneiras no nosso crescimento.

Minha experiência mostra que os seres superiores em Espírito são contatados quando o motivo é elevado. Mas eles estão comprometidos com o bem de todos. Nenhum ser altamente desenvolvido está interessado em nos ajudar a justificar as manobras do nosso ego. De fato, tais seres irão nos endireitar amorosa mas rapidamente nessa questão. Eles são todo-abrangentes no seu amor e no seu trabalho — sem nenhum exclusivismo.

De fato, esse é um dos melhores indícios que temos para saber se estamos ou não em contato com seres de energia muito elevada. Seja muito cauteloso quando ouvir uma conversa sobre exclusividade. Quando ouço alguém dizer que é o único canal na Terra — ou um dentre poucos — de um famoso santo ou mestre, desconfio imediatamente. Mas se diz que é *uma* pessoa — e não *a* pessoa — então eu ouço o que tem a dizer.

Em primeiro lugar, Jesus, Buda, São Germano, São Miguel, Maitreya, Kuan-yin e a Virgem Maria não são personalidades da maneira como você e eu encaramos uma personalidade individualizada. Eles quebraram esses grilhões limitadores e não estão mais restritos ao espaço-tempo como nós sabemos que estamos. Por definição, os mestres têm o completo controle da estrutura celular de todos os corpos inferiores (físico, emocional, mental). Podem materializar-se como e onde desejarem. São assim como o sol. Se você rezar para o sol, receberá um raio dele, que é de fato a luz do sol, mas não é o único raio que existe.

Em segundo lugar, podemos facilmente estabelecer contato com um arquétipo. Se rezarmos ao Arcanjo Rafael, por exemplo, podemos fazer contato com uma forma de pensamento que o inconsciente coletivo construiu em torno da imagem de Rafael. Se o mestre máximo para nós é Buda, então podemos sentir que estamos recebendo uma mensagem dele.

Cedo aprendi que podemos escolher o nível em que desejamos ser ensinados. Mas há algumas regras básicas. Se queremos aprender com os seres que irradiam amor incondicional, então temos de estar propensos a aprender a amar incondicionalmente. Se queremos co-criar com uma inteligência muito superior que se dedica à evolução da Terra, então nós também havemos de desejar servir à evolução.

A comunicação espiritual de nível muito baixo também existe. Há entidades enganosas, e até mesmo perniciosas, capazes de fazer e desfazer de maneira impressionante nos níveis inferiores de energia sutil que englobam os desejos e as emoções. Mas é aí que a capacidade deles se detém, a menos que você lhes confira poder no plano físico oferecendo-lhes um canal. Como espécie, nós andamos poluindo a nossa consciência coletiva com o medo. Isso forneceu a essas entidades inferiores muita matéria-prima com que trabalhar, brincando com o ego e criando dependências. As energias superiores não fazem nada disso e nunca sugeririam, encorajariam ou participariam do prejuízo a outro ser de maneira alguma.

O discernimento é uma parte importante do treinamento de quem quer conhecer a verdade. "Pelos frutos os conhecerás" é um critério sólido que devemos utilizar. Eu proponho que, quando você sentir que entrou em contato com algum tipo de entidade, faça como sugere a Sagrada Escritura: teste-a. Quanto mais elevado o ser, mais respeitará sua clareza de propósito. Afirme que está procurando a verdade, e apenas a verdade. Mantenha uma imagem da Luz na sua mente; pergunte se o espírito serve ao Cristo Universal e espere pela confirmação. Se não estiver seguro, ou se não houver resposta, então solicite, em nome do Cristo Universal, que ele deixe a sua presença. Isso deve ser feito com amor e segurança — e não com medo.

Só porque alguém não está mais no corpo físico, isso não significa automaticamente que sabe mais do que você. Como dizia o dr. Charles Tart, "Morrer não eleva necessariamente o seu QI." O seu sincero desejo de crescer e servir é o que atrai ensinamentos elevados. E não há meio de disfarçar isso. Nos domínios superiores, os motivos das pessoas podem ser lidos com a mesma facilidade que eu e você lemos um jornal. Egoísmo, ambição, ódio, rancores, arrogância e julgamento surgem como contrações negras no campo áurico. Por favor, não entenda isso como uma afirmação de que o Espírito está julgando você. Os mestres superiores sabem que este planeta Terra é uma escola. Se já tivéssemos aprendido as lições, não precisaríamos estar aqui. Os julgamentos que recebemos vêm deste plano, não dos domínios do Espírito. O amor lá é ilimitado e se rejubila com cada esforço que fazemos. Creio que é raro encontrar mestres do plano interior que nos digam o que fazer a respeito de nossos problemas pessoais. Eles estão mais inclinados a oferecer visões interiores e compartilhar sua sabedoria. Os verdadeiros guias e mestres da Terra ou de qualquer outra dimensão não tentarão transformá-lo num robô, resolvendo os seus desafios. Isso lhe roubaria os próprios meios através dos quais você cresce. Trabalhar com o Espírito é um ato de co-criação. Você continua a ser responsável pelo seu eu. Nenhuma entidade sábia deseja fazer de você um dependente.

Uma das marcas registradas de boa orientação espiritual de outros planos — e também deste, devo acrescentar — é que você se sente fortalecido pelo contato, não apenas impressionado. Oh, provavelmente você ficará impressionado antes. Mas sairá desses contatos encorajado, inspirado e otimista com relação à sua vida.

O crescimento e o serviço espiritual não exigem absolutamente que estejamos prevenidos contra guias espirituais e professores. Quando evocamos as energias do amor dentro de nós mesmos, automaticamente invocamos as energias do amor do universo. E o nosso amor é redobrado e transmitido através de nossos pensamentos e intenções para o mundo.

Um despertar que rompe o ciclo de resistência e nos lança para um estado de consciência pode não envolver a sincronicidade, o Psi Q ou um contato consciente com o Espírito. Ele pode chegar através da mais mundana das atividades. Mas não se engane: a mudança diz respeito à nossa vida espiritual. Tudo o que nos acontece serve, em última análise, para nos aproximar de uma compreensão maior.

O momento da ruptura agora está passando. Ele serviu ao propósito de nos levar de um ponto de compreensão a outro. Depois, vem a época do compromisso com a nova orientação.

Quero compartilhar com você uma oração que venho utilizando há anos no trabalho de cura e aconselhamento. Naturalmente, qualquer prece só é eficaz se estiver unida à sua verdadeira intenção e ao desejo do seu coração.

Eu o encorajaria a escrever a sua própria oração mas, por enquanto, muitos dos princípios de intenção e proteção estão contidos nesta.

Uma oração de cura

Querido Deus-Pai e Mãe,

Peço para ser banhado e iluminado com a Luz branca do Cristo, a Luz verde da cura e a Luz violeta da transmutação.

Pelo meu bem superior e dentro da verdade de Deus, peço que todas as vibrações dissonantes sejam removidas de mim, encerradas dentro da sua própria Luz e levadas à Fonte para serem purificadas, nunca mais retornando para mim nem para qualquer outra pessoa. Peço para ser utilizado como canal para (nome, situação). Estou procurando o bem superior dessa pessoa, de acordo com a vontade dela e com a vontade de Deus.

Peço que esta sala seja rodeada pela Luz, que esta (pessoa, situação) seja rodeada pela Luz. Peço a proteção do tríplice escudo da Luz branca do Cristo Universal.

Neste momento, aceito essas forças de cura que atuam em mim e através de mim, aceitando apenas aquilo que está a serviço do Cristo Universal.

Quero expressar minha gratidão por todas as bênçãos que recebo e, acima de tudo, pelo privilégio de servir aos outros.

EXERCÍCIO: REUNIÃO DO COMITÊ

Esta visualização é indicada para nos ajudar a descobrir que aspecto de nós mesmos está no controle de certas funções. Se você está disposto a confiar nas imagens que o seu inconsciente vai pôr para fora durante estes exercícios, poderá aprender muita coisa a seu próprio respeito. Se está consultando regularmente um terapeuta, sugiro que vocês dois façam este exercício conjuntamente. Também é útil fazê-lo com um amigo. Você pode querer registrar sua experiência numa fita de gravador, pois é fácil esquecer os detalhes.

Algumas coisas para lembrar:

- *Você não deve fazer este exercício, nem qualquer outro, caso não se sinta à vontade ao fazê-lo. Nem todo exercício é para todas as pessoas. Confie em si mesmo. Se você tem a tendência de se alterar com facilidade e não sabe como lidar com isso, sugiro que só o faça com um terapeuta, um ministro de culto ou um conselheiro.*
- *Não importa se você é homem ou mulher, você tem energias masculinas e femininas funcionando. Portanto, faça as duas visualizações.*
- *Não julgue nada. Trata-se apenas de informação. Não há certo ou errado, bom ou ruim. Se você resistir a uma imagem porque não gosta dela, pode negar a si mesmo uma valiosa visão interior.*
- *Preste atenção em cada detalhe. Como acontece com as imagens oníricas, todo pequeno item é uma pista.*

A. REUNIÃO COM O SEU COMITÊ FEMININO

1. Procure um lugar onde não haja a mínima distração. Comece assumindo uma posição bem cômoda e relaxe. Faça quinze ou vinte respirações profundas. A cada respiração, libere a tensão conscientemente. Contraia e relaxe todos os músculos tensos.

2. Reassegure o seu subconsciente fazendo uma prece que afirme que essa experiência é para o seu bem. Veja a si mesmo rodeado e repleto de Luz pura. Afirme que está procurando a verdade e apenas a verdade.

3. Agora, com o olho da mente, crie uma imagem de si mesmo andando perto de um lago, ao entardecer. Torne essa imagem tão vívida a ponto de poder ouvir a água batendo na margem e os sons da vida se acalmando na tarde. Sinta a leve umidade do orvalho sob os seus pés, a suavidade da brisa da noite na sua pele. Olhe o alto e observe que as estrelas estão surgindo. Vai haver lua cheia esta noite.

4. Logo você chega a uma ponte que leva a uma ilha no meio do lago. Com o que é que se parece essa ponte? Ao pisar nela, você começa a alimentar uma expectativa, mas não se apresse. Enquanto está cruzando o lago, observe como a luz está brilhando, como a água está reluzindo com a luz prateada. Há cisnes nadando calmamente perto da ponte.

5. Ao sair da ponte, você entra por uma trilha que leva ao coração de uma floresta. Trata-se de uma trilha bem batida e a floresta é um lugar seguro. Que espécie de árvores crescem ali? Há alguma vida selvagem? A lua ilumina a trilha e você vai andando diretamente até uma clareira.

6. No meio da clareira, há o crepitar de uma fogueira. Você está sendo esperado. Em torno da fogueira, em círculo, há lugares para as pessoas se sentarem, embora você seja o primeiro a chegar. Que espécie de assentos são esses? Pedras? Toras? A lua está bem no alto. Procure o lugar no círculo em que se sinta mais confortável e sente-se. Familiarize-se com o círculo. Há alguma coisa aí que chama a sua atenção?

7. Agora você vai convidar algumas das mulheres que há dentro de você para virem encontrá-lo nesse círculo. Cada uma delas lhe trará um presente. A primeira é a sua Mulher Poderosa. Solicite a sua presença e aceite-a sem se importar com a maneira como ela se apresenta. Ela vem vindo pela trilha? Está sozinha? Há algum animal ou pássaro com ela? Como está vestida? Qual é a idade dela? Qual a cor e o comprimento dos cabelos? Usa alguma jóia? Observe cada detalhe. Como é o seu andar? Ela lembra alguém que você conhece ou a respeito de quem andou lendo? Como é o jeito dela? Você gosta dela? Ela lhe agrada ou o amedronta? Ela lhe diz alguma coisa? Qual é o presente que lhe traz? Convide-a a sentar-se. Em que lugar do círculo ela vai se sentar?

8. Agora você vai convidar sua Mulher Sábia para se juntar a você. Também ela vai trazer um presente. Observe os mesmos detalhes que observou na Mulher Poderosa — roupa, idade, atitudes e assim por diante. Sua Mulher Poderosa e Sua Mulher Sábia já se conhecem. Elas gostam uma da outra? Qual é a atitude dela? Aceite o seu presente e as palavras que ela tem a oferecer. Depois convide-a a se sentar no círculo. Onde ela se sentará? À sua direita? À sua esquerda? Na sua frente? Onde ela se encontra em relação à Mulher Poderosa? Como você se sente sentada com as duas?

9. Agora você vai encontrar a Mulher Medo, aquela que você tem receio de encontrar. Convide-a para o círculo e não resista ao modo como ela vai se apresentar. Ela também lhe trará um presente. Observe as mesmas coisas que observou nas outras duas, prestando especial atenção àquilo de que gosta e àquilo de que não gosta — seu andar, suas atitudes, suas roupas. Observe tudo. Qual é o relacionamento dela com a Mulher Poderosa e a Mulher Sábia? Quem reage a ela e de que modo? Como ela se relaciona com as outras? Qual é o presente que ela traz? Convide-a a sentar-se no círculo. Como ela reage e onde vai se sentar? Ela tem algo a dizer? Como você se sente em relação a ela?

10. O próximo convite é feito à Mulher Desconhecida, a mulher que você não sabia que existia dentro de você. Ela chega com um presente, assim como as outras. Faça os mesmos tipos de observações que fez em relação às outras. Ela lembra alguém? Que pensamentos lhe vêm à mente quando você a vê? Preste atenção em cada detalhe, inclusive com quem ela se relaciona ou não. Ela realmente conhece as outras? Você está surpreso com ela? Tem medo dela? Qual é o presente que ela lhe traz? Peça-lhe para sentar-se em seu círculo e repare onde ela se sente confortável.

11. Há mais alguém que tem de se juntar a esse círculo, e é a sua Menininha. Peça-lhe para se juntar ao seu círculo. Ela vem espontaneamente ou você tem de ajudá-la? Que idade tem ela? Como está vestida? Qual é a sua atitude? Qual das mulheres do círculo faz com que se sinta mais segura? Tem medo de alguma delas? Está comovida por ter sido incluída? Desconfiada? Para que lugar ela se dirige quando você lhe pede para sentar-se no círculo? Agora, peça às mulheres que a abençoem, cada uma a seu modo. Elas fazem isso de boa vontade? Como a garotinha se sente?

12. Agora olhe atentamente em volta do círculo. Expresse a sua gratidão a cada um dos presentes. Diga-lhes que você planeja apresentar decisões difíceis ao círculo para ouvir o que cada uma tem a dizer. Pergunte ao grupo se há outras mulheres que você precisa encontrar e se as presentes fariam o favor de levá-las à próxima reunião.

13. Depois de agradecer a cada uma das mulheres, prepare-se para deixar o círculo. Quando começar a voltar pela floresta, dê uma última olhada no grupo em torno da fogueira e demonstre sua gratidão. Quanto mais reconhecido você for e quanto mais aceitar todas as facetas de si mesmo — a luz e a sombra — mais aspectos do seu eu interior virão à superfície. Este é o seu círculo e o seu comitê. Você pode voltar sempre que quiser. Mas agora precisa partir. Já é quase manhã.

14. Siga o seu caminho de volta pela ponte. O sol está começando a surgir quando você chega à terra firme. Faça respirações profundas, encha os pulmões e dirija a energia para dentro dos pés e das pernas, para dentro do tronco, para dentro da cabeça. Esteja consciente do ambiente que o circunda e ponha-se à vontade com ele. Agora abra os olhos. Declare que você está em equilíbrio, em harmonia e em sintonia.

Observação: Você provavelmente estará cansado demais para fazer uma assembléia na primeira vez em que encontrar o seu comitê, mas, no futuro, você pode recriar esse círculo e levar seus problemas até ele. Ao ouvir o que cada uma tem a dizer, pode descobrir onde estão suas ambivalências, fazer “acordos” com os membros do comitê e usar a sua imaginação para facilitar a cooperação com todas as partes de si mesmo.

B. REUNIÃO COM O SEU COMITÊ MASCULINO

Essa parte de sua visualização é feita de maneira semelhante ao encontro com o comitê feminino, mas dessa vez você amanhece escalando uma montanha até atingir uma clareira que existe no topo. É meio-dia quando você se senta no círculo e começa a convocar o Homem Poderoso, o Homem Sábio, o Homem que você Teme, o Homem que não conhece e o Garotinho. Em vez de presentes, imagine cada homem trazendo uma flâmula na qual há um símbolo significativo. Cada qual vai colocar a flâmula atrás do lugar onde se senta. Permaneça atento a cada detalhe do vestuário e das atitudes, e ao relacionamento entre eles. Se você não tem um conhecimento intuitivo imediato, eu recomendo que não tente compreender o que todos os símbolos significam. Você terá tempo suficiente para trabalhar com eles mais tarde. Agora, seja apenas observador e receba o que vier de sua própria mente criativa.

C. REUNIÃO COM O COMITÊ MISTO

Quando você se sentir bem com os membros dos seus comitês masculino e feminino, pode criar reuniões mistas. É muito esclarecedor descobrir quem mantém o poder, quem fala alto, quem não fala. Você pode aprender muito a respeito de onde estão as rupturas na sua natureza dual e sobre o modo de saná-las.

QUINTA ETAPA

O compromisso

Saber não basta. Arrisque unir o conhecimento à ação e então saberá se é genuíno, se é pretensão ou apenas informação.

Sri Gurudev Chitrabhanu

Quando exploramos os prazeres do despertar, parece que a nossa velha forma começa a perder o domínio sobre nós. Mas quando a poeira da comoção das novas indagações assenta, decisões devem ser tomadas. E isso nos leva à etapa seguinte da nossa odisséia — o compromisso — o pacto com a mudança.

Nesse ponto, começamos a prestar muita atenção nos hábitos e nas atitudes que estavam profundamente arraigados à nossa forma original. Há uma noção consciente de que temos de buscar um caminho para nós mesmos, em vez de simplesmente aceitar aquele que herdamos dos outros. "Conhece-te a ti mesmo" torna-se um valor importante. Pode haver mudanças na dieta, na rotina, no "onde, como e com quem" decidimos gastar a nossa energia. Durante a etapa do compromisso, as pessoas geralmente procuram um sistema ou disciplina que estruture a nova direção, às vezes assistindo a aulas ou seminários e dedicando-se a várias terapias que purificam o passado. Em termos da nossa evolução espiritual, o período de compromisso é quando nos expandimos para dentro, a fim de descobrir Deus.

O caminho das palavras

O despertar diz: "Eu estou vendo, estou entendendo!"

O compromisso diz: "Ótimo. Agora, o que você vai fazer a respeito?" Como diz René Daumal em *Mount Analogue*: "Você não pode ficar no topo para sempre; tem de descer outra vez. Então, por que se dar ao trabalho de subir ao topo? É o seguinte: o que está em cima sabe o que há embaixo, mas o que está embaixo não sabe o que há em cima. A gente sobe, a gente vê, a gente desce. A gente não vê mais, mas a gente já viu."

Uma vez que vivenciamos um despertar, nunca mais somos exatamente os mesmos. Não podemos viver como antes porque não podemos fingir que não vimos uma verdade mais nova e mais elevada. O truque é não criar raízes no ciclo do despertar — ele não é o fim da jornada.

Quando as pessoas são atraídas pela parte do despertar do ciclo, elas podem se tornar como viciados em drogas já crescidos, correndo de uma experiência para outra — a técnica mais nova e "mais quente", um mestre com algo de novo para dizer, a experiência que vai recriar aquele momento de pico outra vez e outra vez mais. Também é fácil começar a seguir aquilo que alguém chamou de "caminho da parafernália", comprando campainhas, cristais, pirâmides, terços, livros, fitas e mil outras coisas.

Cada um desses caminhos e técnicas tem um valor intrínseco, mas não podemos continuar substituindo o símbolo pela substância. A visão interior — o despertar — não é o mesmo que a integração. Qualquer verdade recém-descoberta torna-se apenas uma força poderosa quando podemos vê-la trabalhando.

Uma coisa é ver a divindade nos olhos de um seguidor da sua seita durante um retiro para meditação; outra bem diferente é vê-la no frentista do posto de gasolina, no instrutor do seu filho ou no fiscal do Imposto de Renda.

Assim que descemos dessa experiência na montanha, geralmente descobrimos que o nosso mundo material ainda está do mesmo jeito que o deixamos. Se quisermos tornar-nos aquilo em que acreditamos agora, temos de assumir um compromisso sério para voltar a treinar todas as partes de nós mesmos.

É necessário muito compromisso para reescrever nossos *scripts* porque a antiga forma está firmemente codificada no arquivo do subconsciente. Por outro lado, também estamos presos à mudança. Há dois trilhões de conexões entre as células nervosas do cérebro. O astrofísico Carl Sagan diz que isso significa que há mais estados mentais potenciais num simples cérebro humano do que átomos no universo conhecido. Não ficamos atolados em nossos padrões de antigas formas, a menos que decidamos assim.

Como diz Marilyn Ferguson em *The Aquarian Conspiracy* [A Conspiração de Aquário], "A diferença entre a transformação acidental e a transformação sistemática é como a diferença entre o raio e a lâmpada. Ambos fornecem iluminação, mas o primeiro é perigoso e incerto, enquanto a segunda é relativamente segura, direta, disponível".

O processo de nos tornarmos a realidade que agora percebemos realiza-se quando fazemos escolhas. Estamos sempre fazendo escolhas, embora nem sempre estejamos conscientes disso. Até mesmo não fazer nada é uma escolha. Odiar, amar, criticar, falar, calar a boca — tudo isso são escolhas. Dizer "eu não pude evitar" é a escolha que abre mão da escolha.

Um homem paralítico disse a um entrevistador que havia sido treinado para ser um atleta de renome mundial antes do acidente que o vitimou. O entrevistador perguntou-lhe se a sua deficiência física não tinha colorido a sua vida. "Sim", respondeu ele prontamente, "mas eu é que escolhi as cores."

Durante a fase do compromisso, estamos fazendo a escolha de trazer a nova idéia a nosso próprio respeito para a realidade. Porém, isso é quando precisamos lembrar que o mundo material que vemos na primeira vez que assumimos o compromisso é o resultado das escolhas que fizemos há muito tempo. No momento em que vemos a luz de uma estrela, ela está a milhares de anos-luz de distância de "sua casa". Anteriormente, no processo de mudança — geralmente durante a resistência — tínhamos a tendência de nos prendermos à aparência, à evidência da antiga forma. Durante o compromisso, fazemos a escolha serena e pacientemente para trazer a nova visão para o mundo material, apesar das aparências. Uma dessas escolhas, como diz o velho truísmo, é acender velas em vez de maldizer a escuridão. A luz não penetra na escuridão resistindo a ela, mas simplesmente sendo ela mesma.

Ao assumir o nosso poder de escolher conscientemente aquilo que queremos fazer com a nossa energia, nós burilamos nossas habilidades espirituais. Não podemos determinar aquilo que outra pessoa vai fazer, mas temos o controle total do modo como vamos reagir. A modelagem de nossas reações é acentuada pelo aprendizado da diferença entre observar e energizar.

Observamos que o mundo está exprimindo a sua confusão quanto à mudança. Podemos decidir energizar uma imagem de paz.

Observamos que uma pessoa tem uma doença. Podemos decidir energizar uma imagem de saúde.

Observamos que alguns de nossos velhos programas ainda estão prosseguindo a toda velocidade. Podemos decidir energizar nossa visão do despertar.

Nas fases iniciais do processo, os desafios à nossa antiga programação podem fazer com que nos sintamos ameaçados. Mas, durante o estágio de compromisso, aprendemos a observar as nossas reações. "Oh, já estou eu de novo reagindo a isso ou àquilo." As velhas reações automáticas tornam-se os detonadores para identificar velhos programas que ainda precisam da nossa atenção. Não é negando isso, mas identificando as velhas respostas que gradualmente redefinimos os programas.

Se você, por exemplo, está zangado, fique apenas zangado. É muito melhor ser assim do que ficar doente, engolindo tudo ou se iludindo através de uma falsa piedade que nega a raiva. Tente dizer: "Tudo bem, eu ainda estou zangado com isso. Então, o que a raiva está me dizendo a respeito da minha auto-imagem? O que eu pretendo fazer com essa raiva? É ela que conduz os homens ou sou eu que vou conduzi-la?"

A raiva, afinal das contas, é apenas energia. Ela é aquilo que estamos vivenciando; ela não é aquilo que somos. Uma vez encarada e controlada, a raiva pode ser aproveitada criativamente. Observe uma pessoa que está com raiva porque andou assistindo a um noticiário na televisão a respeito do tráfico de bebês. Essa pessoa pode decidir desligar o noticiário e dizer: "Não quero ver isso porque me faz muito mal." Porém, se ela fizer isso, há boas chances de que a escolha caia no subconsciente e alimente uma sensação de impotência que pode estar ligada a todo o resto de brutalidade existente no planeta, inclusive relativo à experiência pessoal. Talvez a raiva simbolize uma ambivalência inconsciente. Eu sei que a minha capacidade de agir com base na minha raiva contra o ato de maltratar animais revestiu-se de um caráter bem claro quando dei de presente um casaco de peles que simbolizava um princípio que eu não podia mais aceitar.

Outra pessoa, também sentindo raiva, pode encarar os fatos, ser objetiva com relação à raiva e perguntar: "O que é que vou decidir fazer com isso, se é que vou fazer alguma coisa? Onde é que a energia da minha raiva está sendo bem aplicada? Em combater os caçadores de focas? Em contribuir para a consciência dos direitos das focas? Em criar uma consciência que se volte para todos os aspectos da vida de um modo mais abrangente? Em escrever para o Congresso? Em fazer uma oração de gratidão pelo sacrifício das focas, de modo que nossa indiferença coletiva possa ter seu reflexo voltado para nós?"

As escolhas são intermináveis.

Consciente ou inconscientemente, fazemos escolhas o tempo todo a respeito do que fazer com a energia em qualquer situação que se apresente. Talvez não sejamos capazes de mudar uma atitude negativa de um colega de trabalho, mas podemos decidir se vamos ou não combatê-la com igual negatividade, o que manteria essa dança *ad infinitum*. Os dedos que apontam polarizam, e a resistência torna mais forte uma luta. Também podemos subtrair nossa energia reativa e escolher o modo como vamos agir.

Eu tive a oportunidade de ver uma perfeita demonstração disso por parte da mestra e conferencista Patricia Sun. Durante uma apresentação bonita e convincente, ela mencionou esse mesmo princípio. Poucos minutos depois, quando indagou se havia perguntas, um homem da platéia levantou-se e contou uma piada "suja", de mau gosto. Sun não reagiu — nem com palavras, nem com linguagem corporal, nem com expressão facial, com nada. Devido à sua ausência de resposta a essa tentativa sarcástica, a piada explodiu como uma bomba e toda a platéia a ignorou. Não houve nenhum sussurro indignado, nenhuma cabeça a virar-se para trás a fim de ver quem havia cometido aquele ultraje. Foi como se nunca tivesse acontecido. Se Sun tivesse reagido com indignação, raiva, insulto ou mágoa, a platéia também teria reagido e a piada ter-se-ia revestido com a força do momento. Do modo como aconteceu, ela morreu de morte natural devido à falta de energia.

Quando decidimos o que fazer com nossas energias, nós reivindicamos o nosso verdadeiro poder. Começamos a agir e não apenas a reagir.

Nó reivindicamos o nosso direito inato de criar, escolhendo as palavras, imagens, desejos e ações que estabelecem novos padrões num nível causal. Não desperdiçamos mais energia arrastando por aí os efeitos de criações anteriores.

Muitos de nós estamos descobrindo, por exemplo, que, se combinarmos as energias com a consciência da guerra, não estaremos fazendo nenhum progresso. Isso só reforça aquilo mesmo que estamos querendo superar. Em vez disso, um número cada vez maior de pessoas está descobrindo que é melhor não investir energias posicionando-se contra alguma coisa: é muito mais eficaz ser a favor de alguma coisa. Isso nos permite redirigir a energia para a criação de uma nova consciência planetária suficientemente grande para abarcar e celebrar todas as nossas diferenças assim como os nossos pontos em comum como cidadãos do planeta Terra.

É preciso muita disciplina e tenacidade para assumir as visões interiores que já tivemos e fazer com que elas se manifestem. Sempre há muitas suposições antigas em torno de nós para nos desencorajar. "É melhor cada um cuidar de si." "Sempre haverá guerras." "As mulheres, por natureza, são... (preencha o espaço em branco)." "Os homens, por natureza, são... (preencha o espaço em branco)." E depois há o arremate: "Assim é a natureza humana!"

O compromisso com uma nova visão oferece-nos a oportunidade de parar e de rever essas suposições. Serão mesmo verdadeiras? É assim que eu realmente sou? Como é que nós somos? Ou será que isso é uma suposição tribal passada de geração a geração com tanta autoridade que é aceita como verdade?

Quando ouço histórias de novas soluções criativas, penso na palavra *Jeová*, um dos nomes que demos a Deus. Ele significa "Eu sou imaginação e manifestação". Cada um de nós carrega a força do *Eu Sou* dentro de si. O universo não é responsável por aquilo que escolhemos fazer com o poder do *Eu Sou* — nós é que somos. É uma boa política prestar atenção no modo como utilizamos esse poder. Quando dizemos eu "sou...", o nosso subconsciente imediatamente aciona um programa para realizar esse pronunciamento. Toda vez que dizemos "tenho medo", nós reforçamos o medo. E toda vez que dizemos "confio em que haja uma solução", fornecemos ao subconsciente um estímulo para atrair essa solução.

Uma vez eu trabalhei com uma mulher que corria de médico em médico e de curandeiro em curandeiro. Ela nunca recebia ajuda. Havia muitas razões para isso e uma delas era que ela não assumia a responsabilidade por suas próprias afirmações. Começava suas frases com "eu receio que" vinte e duas vezes durante uma conversa. Ao afirmar continuamente o seu medo, ela fechava a possibilidade de receber a ajuda que dizia querer. A ambivalência é uma energia assim como qualquer outra. Crie uma energia ambivalente e a envie para o universo, sendo que é exatamente isso o que você receberá de volta — mensagens duplas.

Não há limite para o que podemos fazer quando afirmamos *Eu Sou*, quando abandonamos as limitações passadas, sonhamos novamente e então nos comprometemos a trazer a nova visão para a Terra. Equilibrados entre a nossa Divindade e a nossa humanidade, nós nos tornamos como dizia um erudito talmúdico, o rabino Adin Steinsaltz, a seu próprio respeito, um "eterno viajante entre o céu e a Terra".

A voz da dúvida

Nossas ofensivas tornam-se realidade na medida em que nos comprometemos com a nossa nova visão. Como uma planta nova que busca o sol, precisamos de solo fértil e de nutrientes para atingir o nosso completo potencial.

A primeira coisa que precisamos alimentar é a nossa fé na nossa orientação superior interna. O filósofo dinamarquês Sören Kierkegaard dizia: "Cada qual vem para a Terra com as ordens seladas." Ter fé no nosso caminho ajuda-nos a interpretar essas ordens.

Talvez você não se sinta pronto para o compromisso. Poucos de nós se sentem. A Sagrada Escritura nos faz lembrar dessa dinâmica da mudança em várias alegorias. Dizem que Moisés, no início, resistia à sua missão, dizendo a Deus que não era o homem certo para o trabalho de conduzir o povo para fora do Egito. Ele chegou mesmo a argumentar que, por ser gago, não seria um orador suficientemente bom. No poema épico hindu, o Mahabharata, vigora essa mesma dinâmica quando o jovem guerreiro, Arjuna, discute com o deus Krishna, insistindo no fato de que ainda não está pronto para ser um líder.

Freqüentemente, descobrimos que, à medida que construímos uma nova fé na nossa verdade, a nossa antiga versão da realidade se levanta para nos ameaçar com sentimentos de que não vale a pena. "Quem sou eu para achar que posso viver dessa maneira? Como posso ser um instrumento de uma nova visão?"

A nossa tendência é presumir que os outros não têm esses mesmos sentimentos de dúvida quando enfrentam um novo nível de compromisso. Acho que quase todos enfrentam. Eu passei por isso nos primeiros dias do meu trabalho de cura. Por mais que eu estivesse aprendendo na minha jornada, ou com o próprio trabalho de cura e de aconselhamento, eu ainda precisava cercar minhas descobertas com afirmações das autoridades reconhecidas. Levou muito tempo antes que eu pudesse simplesmente dizer: "Foi essa a minha experiência em Espírito. Veja o que significa para você."

Nos meus primeiros meses de trabalho, eu costumava dizer com freqüência: "Eu realmente não me considero digna deste trabalho", achando que estava sendo humilde. Eu me recusava a dar palestras, insistindo no fato de que não estava pronta. Então, uma amiga demonstrou amor suficiente para comigo e disse: "Isso é apenas o ego falando." Ela estava certa. Desde então, aprendi que a verdadeira humildade segue a orientação interior, mesmo quando o eu exterior está inseguro. "Minha orientação é para ficar em casa com essas duas crianças? Muito bem, vou fazer isso." "Minha orientação interior é para subir no palco e falar? Vou fazer isso." "Pintar o quadro... escolher a roupa... abandonar a negatividade... qualquer que seja a orientação, vou fazer isso." Isso é humildade.

Um mestre iniciante que eu conheço manifestou, para um colega mais experiente, o medo de não estar pronto ou de não ser digno. O conselho foi o seguinte: "Nenhum de nós sente que está pronto ou que é digno, mas a verdade está sempre pronta e é digna de ser dita."

Uma vez me foi dito em Espírito: "Submeta-se humildemente ao poder." Levei algum tempo para entender isso. A maior parte de nós tem uma noção distorcida de poder, aprendendo-o em termos humanos como influência política, social ou econômica. O poder de Deus geralmente é visto como uma força fora de nós que nos atinge insistentemente ou nos abençoa, e não como a força que se move e se exprime através de nós. Quando o ego pessoal usurpa essa força para servir aos seus próprios fins, ele faz isso na ignorância. Eu posso alegremente dar um golpe no mundo com uma demonstração passageira de poder, mas tudo o que isso cria — de bom, de ruim, de indiferente — volta para ele. O princípio do retorno — "tudo o que vai, volta" — é uma lei muito impessoal, mas uma lei de amor.

Quando nos comprometemos com um outro aspecto da nossa verdade, nós entramos em sintonia com o verdadeiro poder. Não importa quão pequeno o movimento pareça ser para nós, estamos em treinamento para nos sintonizar com o fluxo universal.

O poder criador da fé

Cada um de nós é uma célula num corpo comum. Quando decidimos criar, ativamos a Divindade que há dentro de nós, nossos movimentos afetam e influenciam o todo. Mas até sabermos realmente isso num nível celular, o nosso compromisso com o próprio despertar permanece um ato de fé.

A fé é uma das forças mais poderosas que está sob o nosso comando. Tudo aquilo em que temos fé é também aquilo em que acreditamos — e a crença é a base da nossa realidade. Quaisquer que sejam as nossa ordens seladas, a nossa fé revela-as para nós. Ter fé significa que estamos assumindo a responsabilidade pelas nossas escolhas e que estamos atentos à nossa orientação interior.

Uma das pessoas mais bem dotadas do poder de cura e um dos melhores mestres que eu conheço mora no campo, no limite do subúrbio de uma pequena cidade do Mississippi. O lugar é realmente afastado. Ele foi orientado para ir até lá, vindo de um Estado muito distante, e agora pessoas de todo o país vão procurá-lo. Uma vez, estivemos conversando durante horas e eu deixei escapar, num momento de entusiasmo: "Você deveria estar fazendo cursos e palestras em toda parte." Ele sorriu para mim delicadamente e disse: "Oh, não, querida; a minha tarefa é esta." A fé nos conduz passo a passo até a nossa tarefa. A sua tarefa neste mundo é unicamente sua. Os outros podem encorajá-lo, inspirá-lo ou espelhá-lo, mas ninguém — nem o médium mais brilhante, nem o melhor mestre espiritual — pode lhe dizer o que é bom para você.

Eu me lembrei disso anos atrás quando ouvi um especialista falar sobre *stress*, o dr. Hans Selye. Ele disse que, se uma tartaruga for obrigada a correr como um cavalo de corridas, isso é estressante; mas que, se um cavalo de corridas for obrigado a diminuir a marcha até o passo da tartaruga, isso é igualmente estressante. Eu tive vontade de correr até o palco e abraçá-lo. Em toda a minha vida, fui aconselhada pelo outros a diminuir o ritmo, mas a minha orientação interior sabia que o controle do meu barco não estava programado para acompanhar o passo de uma tartaruga. Acho que foi a primeira vez em que realmente aceitei o meu ritmo.

Assim que começamos a prestar atenção naquilo que está acontecendo no nosso ambiente, começamos a ver que o universo está nos dando todos os tipos de pistas a respeito do caminho a seguir. Se acreditamos no amor e estamos firmando um compromisso de sermos amor, há uma grande chance de que o universo nos envie trinta pessoas que não amamos, uma atrás da outra. Nosso compromisso: amar essas trinta pessoas. Muitas vezes, pedimos a Deus para nos ensinar, mas quando a lição chega, dizemos que tínhamos em mente algo que exigisse de nós um pouquinho menos. Ou então ela passa acima de nossas cabeças porque não estamos atentos.

Depois de fazer um curso intensivo de dois anos sobre espiritualidade nas montanhas, voltei à cidade repleta de visões interiores e esperando mais. Porém, todas as vezes em que me descuidava, meu tempo e energia eram dominados pelas preocupações materiais. Eu estava tão ocupada organizando cursos e dando consultas que freqüentemente sentia que havia pouco tempo para as minhas práticas espirituais. Finalmente, prestei atenção a algumas pistas e elas estavam presentes em todo lugar. O número da minha nova conta bancária, o número da minha casa nova, a chapa do meu carro e o meu novo número de telefone acabavam todos resultando no número 4. Quatro é o número da manifestação física. Claramente, aquela não era uma época para novas inspirações — era um período para ancorar as visões interiores no mundo físico.

É bom lembrar aqui a história do homem que ficou preso numa enchente e não se preocupou porque achava que tinha fé. Então, assim que as águas começaram a subir e um motociclista apareceu oferecendo-lhe uma carona até um certo lugar seguro, ele recusou, alegando que tinha fé que Deus o salvaria. As águas subiram e logo chegou um homem com um barco a remo. Ele também o deixou ir embora. Deus o salvaria; ele tinha fé. Finalmente, foi forçado a ficar de pé no telhado de sua casa. Logo, um helicóptero passou voando e o piloto gritou para ele que ia jogar uma corda para levá-lo até um lugar seguro. Novamente, ele declinou da oferta, declarando sua fé na proteção de Deus.

Bem, ele morreu. E estava furioso. Quando chegou ao céu, pediu para ver a Deus e começou a reclamar dessa afronta à sua fé.

Então Deus retrucou: "Eu realmente não entendo o que saiu errado. Mandei um motociclista, um bote a remo e um helicóptero pegar você."

Quando nos comprometemos com a fé, invertemos o nosso fluxo de vida do controle do ego para o controle do divino, e coisas "impossíveis" começam a acontecer. Acontecem todos os tipos de coisas que parecem improváveis. As portas se abrem como por mágica. As pessoas certas aparecem sincronicamente na nossa vida. Aprendemos até mesmo a nos preocupar menos. Uma de minhas amigas reage às preocupações sobre as dificuldades que podem vir a surgir dizendo: "Isso é problema de Deus. Eu apenas atuo aqui."

Com a fé, as sincronicidades tornam-se um modo de vida. Como diz o livro *A Course in Miracles* [Um Curso sobre Milagres], "Não há grau de dificuldade nos milagres. Um não é mais difícil nem maior do que outro. Eles são todos iguais".

A fé não pode ser falsificada. Ela não é a mesma coisa que o risco calculado. Não é uma idéia que podemos simplesmente experimentar para ver se serve e depois descartar. É um processo diário de reeducação de cada célula duvidosa do nosso corpo até que todo o nosso ser esteja vivendo na fé. As dúvidas realmente surgem. Mas, em vez de negá-las, aprendemos a utilizá-las para descobrir a que é que ainda estamos nos apegando. Freqüentemente, nossa fé é esticada até ficar demasiado fina porque estamos nos agarrando a idéias antiquadas sobre o que é bom e o que é ruim.

Quando alguém se compromete com a fé, não é incomum ver essa fé testada até o limite máximo. A fé é opcional quando tudo está correndo dentro dos planos. Mas a fé é sempre forjada no cadinho da confusão e da dúvida. Durante esses momentos, a psique pode mergulhar em lugares escuros e temíveis onde nenhuma fé existe.

Anos atrás, eu me lembro de ter acordado no meio da noite com um frio terrível no plexo solar e a mente questionando repentinamente se tudo aquilo em que eu acreditava não estava errado. Tentei rezar. Nada. Tentei meditar. O que quer que eu fizesse, não conseguia ter visões interiores, nem conforto, nem alívio, e não recebia nenhuma resposta do Espírito. Fiquei zangada com Deus, tentei negociar — a história de sempre. Nada.

Finalmente, eu simplesmente me entreguei e deixei que a escuridão fosse o que era. Deixei de lutar contra ela. E da escuridão emergiram todos os tipos de coisas que eu estava escondendo, questões que eu pensei que pudesse deixar de lado.

Mais uma vez, o universo estava me fazendo lembrar que não podemos ter só um pouquinho de fé, assim como também não podemos estar só um pouquinho grávidas.

Quanto mais eu me permitia encarar a escuridão e aceitá-la, mais a Luz penetrava nela. Eu aprendi a assegurar que o Espírito estava se movimentando naquela escuridão, mesmo que eu não pudesse vê-lo no momento.

Não é sempre fácil fazer nascer a fé. Porém, assim que o fazemos, ficamos imaginando como é que atuávamos antes. A fé libera nossas capacidades e relacionamentos da tirania da manipulação. O salto é aceitar que a vida de uma pessoa tem um plano e que qualquer coisa ou qualquer pessoa que atraímos para dentro dessa vida, em determinado momento, tem um propósito nesse plano, mesmo que não sejamos capazes de ver nenhum encanto ou nenhuma razão para isso no momento.

Uma vez, fui levada a abrir mão de uma parte substancial da minha renda para dar o próximo passo na minha jornada. Meu ego não gostou nada disso porque não conseguia ver como eu poderia sobreviver. Naturalmente, eu tentei primeiro manipular os acontecimentos do modo como achava que estaria salva e protegida. Nessa altura o meu medo, e não a minha orientação interior, estava ditando as regras.

Durante uma meditação, eu vi uma imagem de mim mesma balançando num trapézio enquanto outro trapézio vinha na minha direção. Ficou claro que eu deveria largar um trapézio para pegar o outro.

Também estava claro que haveria um momento de queda livre em que eu não estaria segurando nenhum dos dois trapézios. Eu sentia meu plexo solar afundar enquanto perguntava: "E se eu cair?" E a resposta veio: "Se você confiar na lei humana e cair, então vai se machucar; se confiar na lei de Deus e cair, sempre será apanhada por uma rede dourada."

Desde então, eu tive de largar muitos trapézios de segurança e descobri que isso é sempre verdade. As soluções, o apoio, o dinheiro, as pessoas, as oportunidades — tudo sempre chega em algum lugar durante a queda livre. Nada chegou quando o meu ego pensava que algo deveria chegar. E o que chegou raramente assumiu a forma que minhas idéias preconcebidas inventavam. Mas eu sempre vi em retrospecto que as coisas chegam perfeitamente cronometradas e embaladas para presente.

Eu gostaria de contar uma experiência que enfatizou isso para mim. No fim de 1987, recebi um cheque que eu pretendia utilizar para pagar minhas despesas enquanto escrevia este livro. Em vez disso, entrei em longo processo de dor física que me tornou incapacitada por cinco meses. Sem poder trabalhar e com o meu corpo apresentando sintomas misteriosos que ninguém conseguia diagnosticar, eu realmente tive de abandonar tudo, menos a minha fé. Todos os dias, e até mesmo a toda hora, eu afirmava que só existia Deus. Eu sentia que, se reconhecesse que havia qualquer outro poder, perderia a minha fé.

O dinheiro que eu tinha recebido durou todo esse período. Porém, mais importante que isso, as pessoas entraram na minha vida da maneira mais espantosa. Não só minha mãe estava disponível, mas também duas amigas estavam num período de mudança de emprego (o que, por si só, já é uma grande "coincidência") e literalmente assumiram as intermináveis tarefas que a vida diária exige e a doença acentua. Elas cozinharam, limparam, foram ao banco, às compras, ao médico. Tornaram-se minhas enfermeiras, secretárias, massagistas, apoio em todas as situações. Outra amiga, que é um anjo, e que eu só conhecia superficialmente até então, apareceu. Ela estava fazendo pós-graduação numa universidade local e abriu mão do seu tempo livre para assumir numerosas tarefas que persistiram por mais de um ano enquanto eu recuperava lentamente a saúde.

Durante todo esse período, todas as vezes em que havia uma necessidade, ela era atendida. O dono da editora estava preocupado comigo, não com o prazo da entrega. O editor nunca me pressionou. Quando os compromissos com a casa nova me aprontaram uma surpresa financeira, um amigo estava lá para ajudar. Quando a dor era muito forte, havia sempre por perto alguém capaz de curar. Durante a ocorrência dos meus estranhos sintomas, o médico foi cuidadoso, intuitivo e gentil. Quando eu estava quase me desencorajando, chegava uma carta de consolo. Muitas vezes, nesse período, recebi cartas de pessoas de diferentes lugares do país, e até mesmo de outros países, que não tinham idéia de que algo estava errado, mas que estavam preocupadas e sentiam a necessidade de escrever. Várias haviam sonhado comigo.

Minha intenção não é enfatizar tudo o que aprendi durante essa fase. Essa foi uma aula importante e rica, cheia de lições a respeito de receber e de se entregar, a respeito de gratidão e compaixão. Mas, acima de tudo, ela me deu um banho com afirmações de fé. As lições que eu estava escalada para viver não poderiam ser evitadas, mas eu recebi tudo o que era necessário para me apoiar durante esse processo.

Clareza de intenções

A sabedoria espiritual nos aconselha a sermos muito claros e tolerantes em relação aos nossos compromissos, lembrando-nos: "Não se pode ter tudo ao mesmo tempo."

Há muitas maneiras comuns de verificar as nossas próprias mensagens duplas para o universo. Dizemos que realmente queremos trabalhar pela paz do mundo. Então, contra quem estamos lutando no nosso mundo? Dizemos que estamos comprometidos com a limpeza do mundo. Mas será que o nosso lar não é uma bagunça? Dizemos que estamos comprometidos em trazer beleza para o mundo.

Será que não preenchemos o nosso ambiente com objetos que desagradam a nós mesmos?

A assinatura de todas as coisas em que acreditamos e, portanto, com as quais estamos realmente comprometidos, está em tudo o que fazemos. Nosso ambiente é um programa de constante realimentação. E, às vezes, uma limpeza na garagem é a coisa mais consciente que podemos fazer!

A intenção dirigida é uma lei de energia — não uma noção sentimental. Ela pode ser utilizada, e geralmente o é, para servir a propósitos egoístas e cruéis. Os que parecem ter sucesso por modos aparentemente negativos, geralmente o conseguem porque não são objetivos. Essas pessoas desenvolveram o poder de seu próprio ponto de vista, não importa o que os outros pensem a respeito de como o aplicam. Nem sequer lhes ocorre que podem falhar. Elas atraem a energia bruta para alimentar seus desejos com a mesma facilidade que um ímã atrai a limalha de ferro.

Era uma vez um homem que levou seu filho para um campo iluminado pelo sol e ficou segurando uma lente de aumento sobre um determinado ponto até que este pegasse fogo, ensinando-lhe como o poder da atenção concentrada pode acumular energia.

O contrário geralmente ocorre com pessoas bem-intencionadas que realmente querem fazer o bem mas são ambivalentes. Quanto mais queremos entender as coisas, mais acabamos nos deparando, frente a frente, com o mais antigo de nossos conflitos repartidos. E o poder está próximo do topo da lista. Assim também o dinheiro.

Dinheiro e poder

Parece que andamos confundindo o alerta contra adorar o dinheiro com a capacidade de utilizar o dinheiro como um recurso. Quase todo devoto que eu conheço que tem a aspiração de crescer espiritualmente — incluindo a mim mesma — teve de lutar com questões relacionadas com o dinheiro. Nossas histórias espirituais estão repletas de diretrizes para renunciarmos ao dinheiro em favor de Deus.

Um dos pontos de renúncia é destruir os vícios e ilusões. Não há dúvida de que o dinheiro pode viciar muito e também pode ser uma armadilha virtual para a identidade.

Porém, a denúncia contra o dinheiro pode ser uma armadilha tão grande quanto o próprio fascínio pelo dinheiro. Ela põe o dinheiro de lado e diz: "Isso não é coisa de Deus." Desconfio que todo recurso que excluímos da totalidade é menos coisa de Deus e mais da polarização que cresce a partir dos nossos medos. Historicamente, atribuímos ao dinheiro uma ou outra polaridade moral. Ou pensamos que ter dinheiro era um sinal da bênção de Deus ou que ele reinava supremo como arquiinimigo da espiritualidade. Em vez de sermos neutros, encarando o dinheiro como uma criação humana, um dos símbolos convencionais de valor, instituímos o dinheiro como um campo de batalha entre o espírito e a matéria. Se o seu compromisso exige dinheiro, este será magnetizado para você se você for inflexível na sua crença sobre aquilo de que necessita. Você também pode bloquear o dinheiro se subconscientemente pensa que não o merece.

A essa altura, você tem de fazer a si mesmo algumas perguntas cruciais:

Consigo manipular o dinheiro com responsabilidade mas com indiferença?

Vejo realmente o dinheiro apenas como mais um recurso — assim como os meus talentos, o meu tempo ou a minha energia?

Tento deixar Deus longe de minhas finanças pessoais para enfrentar isso sozinho?

Eu realmente acredito que aquilo que sou não tem relação com a quantidade de dinheiro que tenho?

Minha identidade como ser espiritual é suficientemente clara para que eu possa ter dinheiro?

Desconfio secretamente que alguém lá fora está me abençoando ou me negando dinheiro?

Minhas atitudes em relação ao dinheiro são realmente minhas, ou eu meramente interiorizei a opinião dos outros?

Ao se comprometer com seus propósitos superiores, uma grande força pode começar a se movimentar através de você. Não se trata de sua força pessoal, mas da força universal — a força de Deus, se você preferir. Mas ela vem através de você pessoalmente. Conheço um mestre que diz que as pessoas estão muito mais desejosas de ser o amor de Deus na Terra do que o poder de Deus. Pergunte a si mesmo:

Está tudo bem se a força espiritual agir através de mim?

Alguma parte de mim acha que isso não é bom?

Eu tenho medo disso?

Tenho medo de não usá-la corretamente?

Eu não sou digno dela?

Se o meu compromisso me conduz a uma posição-chave, que afeta outras pessoas e promove mudanças, será que o meu ego consegue permanecer neutro diante disso?

Como aprendizes sérios da espiritualidade, temos de resolver nossa ambivalência pessoal em relação ao dinheiro, ao poder e a muitas outras questões. E isso pode surgir durante um ciclo de compromisso. Para fixar completamente o compromisso que estamos sendo levados a assumir, precisamos desenvolver um ponto de convergência — uma visão centralizada única.

Uma boa técnica para reforçar um compromisso é fazer aquilo que uma amiga denomina "sentir-se à vontade com ele".

Minha amiga é cantora e foi para Nova York com a fama na cabeça. Logo encontrou um homem e se tornaram bons amigos. Quando ela lhe contou que sabia exatamente qual era a gravadora com a qual queria trabalhar, ele a aconselhou a "ficar à vontade" com essa gravadora. Então, todos os dias ela imaginava que estava cantando com o apoio da tal gravadora. Começou a pensar em si mesma como uma de suas artistas. Ela vivia aquilo, respirava aquilo. E dentro de um ano já tinha um contrato com essa gravadora.

No entanto, há um desfecho para a sua história que vale a pena conhecer. A gravadora não conseguira encontrar um repertório que combinasse com a voz da cantora. Ela estava legalmente comprometida com eles mas não estava cantando. Ela levou mais um ano para cancelar o contrato e dar novos rumos à sua carreira.

Essa história é um bom exemplo de focalização da visão única. Eu só gostaria de acrescentar uma palavra de precaução: seja muito claro e muito cuidadoso com aquilo que pede nas orações, porque é provável que o consiga. Aquilo com que você se compromete é a sua oração.

Oração, paciência e equilíbrio

Os entendidos em espiritualidade rezam. Nossas orações não são algo repetido mecanicamente, por rotina. Nós damos forma às nossas orações com nossas imagens mentais, com os desejos de nosso coração, com as intenções em nossas vontades e com as palavras de nossa boca. Quando estamos preocupados, estamos efetivamente orando por aquilo que não queremos que aconteça.

Partilhei com muitas pessoas uma imagem de oração que me foi mostrada em Espírito há muito tempo. A imagem era um balão. Aquilo pelo qual decidimos orar é o desenho do próprio balão, é a sua forma, cor e dimensões. O ar no balão que sobe é a nossa paixão. Sem um sentimento genuíno envolvido, o balão não se encherá. Amarradas ao balão, há cordas feitas de preocupação, medo e ansiedade. Se você se agarrar a elas, vai manter o balão no chão. Você tem de soltar as cordas para que o balão da prece voe.

Pouco tempo depois que eu recebi a imagem do balão da oração, ouvi a história de uma garotinha que vivia na Flórida e que realmente queria participar da Olimpíada. Ela estava andando na praia quando desceu um balão com a inscrição: "Bem-vindo à 23ª Olimpíada."

A visualização daquilo que queremos

Manter com persistência uma imagem desejada — visualização — é uma das técnicas mais poderosas que podemos desenvolver. A visualização não é um conceito filosófico. É uma questão de aplicar a energia. Ela pode ser utilizada para coisas boas e para coisas não tão boas. De qualquer modo, aquilo que criamos volta para nós.

Quando efetivamente empregamos imagens de oração para apoiar a cura, temos de aprender a escolher cuidadosamente essas imagens. Eu me lembro de uma chamada telefônica frenética que recebi no meio da noite. Um jovem estava ardendo em febre superior a 40°C e todos os seus sinais vitais estavam irregulares. A primeira tarefa foi sintonizar-me com o Espírito e procurar uma imagem que pudesse ajudar a estabilizá-lo. Eu estava tendo dificuldade com a imagem que deveria usar naquele caso, porque sei como as imagens podem ser poderosas. Com certeza, seu corpo estava com febre por alguma razão. Eu decidi focalizar a minha imagem olhando, por sobre o ombro de um médico, para o rapaz dormindo calmamente. O médico estava escrevendo as palavras: "Todos os sistemas se estabilizando."

Quando eu me sintonizei com ele e utilizei essa imagem, percebi que seus pais o estavam rodeando com energia de medo. Sugeri que se lembrassem da potência de sua própria energia e do poder ilimitado dentro do rapaz e que voltassem para o lado da cama enviando amor puro e confiança. Dentro de meia hora, a febre do rapaz tinha baixado para 38 graus e dentro de uma hora seus sinais vitais tinham começado a se estabilizar.

As pessoas que usam a visualização como apoio para o tratamento do câncer e de outras doenças fatais têm descoberto a importância da seleção cuidadosa de imagens.

Depois do diagnóstico do câncer de Carl, por exemplo, ele começou a visualizar as células cancerígenas sendo mortas por soldados. Só depois de trabalhar com o seu terapeuta é que ele percebeu que aquilo não podia ser eficaz para ele, já que ele era um pacifista militante há muito tempo. Seu subconsciente não recebia facilmente uma imagem de guerra. Ele mudou para uma imagem das células cancerígenas sendo resgatadas do seu caminho de destruição por anjos e levadas para um lugar de reeducação onde podiam tornar-se células "boas". Isso funcionou, e ele está convencido de que a sua crença no princípio e a sua persistência em praticá-lo positivamente sustentaram o seu tratamento médico e a cura.

Conheço um homem que queria um carro novo e fixou a figura de um Chevrolet azul no seu quadro de avisos. Ele realmente queria um Toyota vermelho, mas não conseguia encontrar a figura de um; então presumiu que a de qualquer carro serviria. E começou a afirmar que o carro novo estava chegando. Ele não tinha dúvida de que chegaria, nem tinha medo de não merecê-lo. Sua prece foi atendida quando ele bateu o recorde de vendas da companhia e foi premiado com um carro novo — um Chevrolet azul.

Eu tenho de tomar muito cuidado ao repetir histórias como essa porque elas simplificam demais uma dinâmica complexa. Obviamente, encontramo-nos numa realidade consensual criada conjuntamente por todos nós que vivemos nela, e nem todos estão mantendo a mesma imagem. Temos de estar profundamente comprometidos e não ser ambivalentes para não alimentar com persistência uma imagem que é diferente da do nosso sócio, da nossa família ou da nossa cultura.

Contudo, se não conseguimos ver a imagem em nossas mentes, não conseguiremos criá-la. Um mundo de paz, por exemplo, tem de ser visualizado por muitos de nós durante tempo suficiente para substituir a nossa crença enraizada de que a guerra é inevitável. Isso implica um compromisso real.

A visualização não é tão facilmente dominada como pode parecer. O cérebro armazena lembranças em cachos. Retire uma lembrança do cacho e todo o resto é desencadeado. Para visualizar bem, a pessoa tem de deter esse processo e manter a mente concentrada na única imagem que quer. Se não for vigiada, a mente, que costuma ser comparada a um macaco cheio de energia, vai ficar maluca com o seu novo esquema de trabalho.

Domar o macaco

Como exercício para treinar o macaco, escolha um objeto simples que gostaria de visualizar, algo como o mostrador de um relógio. Antes de começar, decida exatamente, da maneira mais detalhada que puder, qual a aparência que o relógio vai ter. Uma vez decidido isso, não altere nada. Então relaxe, respire lentamente e imagine o seu relógio.

Ao primeiro indício de que o "macaco" está para entrar em cena e mudar o mostrador do relógio, abandone a imagem. Não ataque o "macaco" nem cerre os dentes e nem tente a nenhum preço agarrar-se à imagem do relógio. Apenas retire delicadamente qualquer atenção mental da distração — pense no nada cinzento por um segundo — e então, com a mesma delicadeza, torne a visualizar o relógio.

É preciso ter paciência para ver uma nova idéia no subconsciente, e a paciência é uma virtude que se adquire. Ela é construída pela fé. Durante um período de tempo, depois de estabelecermos o nosso compromisso, é provável que vejamos menos resultados de nossa nova escolha do que evidências dos velhos padrões. Mas não fique seduzido com o passado ou com as aparências. As leis da energia vão funcionar. Simplesmente, temos de acreditar nelas e alimentar pacientemente o nosso novo compromisso com imagens, desejos e palavras positivas.

Nunca subestime o poder das palavras. Elas constituem uma das principais maneiras de construirmos uma nova realidade. As palavras instruem o nosso subconsciente. Quando dizemos que queremos uma coisa e reforçamos o seu oposto com palavras descuidadas, confundimos inteiramente o subconsciente. Todas as escrituras sagradas enfatizam a importância da palavra. Isso parece ser resumido no seguinte versículo: "Determina uma coisa e ela te será demonstrada" (Jó 22:28).

Afirmar algo significa "tornar firme". Podemos afirmar o nosso bem ou afirmar as nossas negativas. Quando afirmamos aquilo que queremos e paramos de falar a respeito do que não queremos, estamos tornando firme no éter e no bem o que desejamos.

Mesmo os objetos inanimados reagem mais à nossa bênção que à nossa maldição. Eu me lembro de uma vez em que meu *freezer* foi consertado por um profissional. Quando perguntei a ele o que tinha feito, ele disse que falou ao *freezer*: "Você não passa de um punhado de moléculas."

Estamos criando um novo protótipo para nós próprios com o nosso novo compromisso. E, como todos os protótipos, ele vai parecer estranho, até mesmo complicado no início e, provavelmente, terá muitas panes que terão de ser trabalhadas. A essa altura, é mais fácil dizer: "É assim mesmo que eu sou" do que dizer: "É assim que eu decidi ser."

A imagem da paz na Terra

Muitas pessoas no mundo estão agora atuando como protótipo para a humanidade. Como agentes de mudança, elas estão desafiando até mesmo os mitos mais estimados a respeito do que são os seres humanos. Cada vez que um de nós estabelece um compromisso com uma nova possibilidade, este fato é imediatamente comunicado a todos nós. Contudo, leva tempo para que as novas idéias sejam eqüitativamente reconhecidas.

A partir das descobertas da neurociência, sabemos que o cérebro funciona como um computador que utiliza "*microchips* de neurônios". Cada uma dessas células funciona numa rede complexa de interdependência. É a rede de nêutrons trabalhando juntos e não cada célula isoladamente, o que é decisivo para o funcionamento perfeito.

As implicações são de espantar quando compreendemos que cada um de nós é um neurônio no cérebro do planeta. A criança de Bangladesh é uma célula no nosso cérebro; o mesmo acontece com o corretor da bolsa de Wall Street e o prisioneiro da consciência na América Central. Você também. Seus pensamentos são equivalentes a uma informação sobre a realidade fornecida por um neurônio ao cérebro global. A direção de nossa evolução depende do modo como agimos juntos para formar novos padrões, novos mitos de realidade, novos programas que possam reconhecer a vida de novas maneiras. Mais uma vez encontramos os campos de ressonância mórfica do dr. Rupert Sheldrake. Como ele diz: "Quando algo se forma, um cristal por exemplo, ou qualquer animal aprende um novo comportamento, isso influencia o aprendizado subseqüente ou a formação de todos os outros cristais ou animais da mesma espécie."

O ponto em que a unicidade é reconhecida como o campo unificador de toda a vida é visto pelo físico David Bohm como o campo da "ordem dobrada". Em oposição, tudo aquilo que vemos e reconhecemos como objetos e identidades individuais constitui a "ordem desdobrada".

Todo aquele que deseja trazer harmonia, paz e amor para a Terra precisa aprender a levar a percepção pessoal até esse lugar da "ordem dobrada". Fazer isso é movimentar-se para além da aparência de separação. O tempo e o espaço não têm sentido, porque não há aqui e ali, nem ontem ou amanhã. Há apenas o aqui e agora. Nós nos misturamos com o ser de quem vive no Japão ou na Austrália nesse nível, com a mesma facilidade que podemos nos misturar com o nosso melhor amigo ou com o vizinho ao lado.

Meditação: o lugar da conexão interior

Para todo aquele que busca sintonia com o ser espiritual, a meditação de algum tipo é essencial. A meditação é, freqüentemente, caracterizada como ouvir a Deus, enquanto rezar é falar com Deus. Durante a meditação, a percepção se desloca da preocupação com as ondas de superfície agitadas de nossas vidas para o ritmo e as correntezas mais profundas que se movimentam dentro de nós, conduzindo-nos gradualmente àquele lugar de conexão com toda a vida.

A meditação não está relacionada com o ver imagens e ouvir vozes; raramente é um espetáculo de luz e poder. A meditação sintoniza o nosso eu exterior com o nosso eu interior de maneira que possamos perceber conscientemente o modo como Deus fala conosco em todas as coisas.

Como disse certa vez Paramahansa Yogananda: "O homem sábio compreende que, embora a vida mortal seja um sonho, ela contém as dores do sonho. Ele adota métodos científicos para despertar do sonho." A meditação é um método científico.

Há dezenas de técnicas que se desenvolveram a partir das dezenas de abordagens da ciência espiritual. Se você ainda não medita, sugiro que procure o método que mais se adapta a você. Lembre-se de que a lei de atração vigora sempre. Se quiser sinceramente encontrar os métodos certos para você, modele esse desejo no seu coração, na sua mente e na sua intenção. Se você tiver clareza a respeito do seu pedido, vai receber notícias de algum grupo, ou o livro certo cairá nas suas mãos.

Uma vez encontradas as técnicas que funcionam para você, agarre-se a elas. Seu subconsciente vai começar a cooperar e a apoiá-lo, se você for persistente. Lembre-se: você não está procurando alguma coisa fora de você. Como observou certa vez o místico Thomas Merton: "Nós temos aquilo que procuramos. O que procuramos está disponível o tempo todo e, se lhe dermos tempo, ele se revelará para nós."

Através da meditação, você acaba compreendendo que, de fato, está "no mundo mas não pertence a ele". Sua encarnação vai passar, mas você — o verdadeiro você, o você que é feito à imagem de Deus, o você que está em união com toda a vida — você não vai passar. Quando você sabe que não é os papéis que desempenha, ocorre um fenômeno interessante: você começa a representá-los com mais amor e habilidade. Seu espírito, com certeza, é "celestial", mas a sua tarefa é o planeta Terra. E nós precisamos de você.

Não damos menos valor ao mundo porque vemos sua natureza transitória. Ao contrário, acabamos dando mais valor a ele, mas de um modo diferente — como expressão sagrada da vida. Uma floresta tropical destruída não é apenas mais uma estatística ecológica terrível — é uma catedral sendo profanada. Lobos e tigres, garças e baleias não são apenas espécies inferiores, cujo valor pode ser debatido com arrogância, mas participantes valiosos da vida na Terra. E a diversidade extravagante da criatividade humana não deve ser temida; ela deve ser celebrada, protegida, honrada.

A questão então não é como salvar o mundo, mas como se pôr a seu serviço. Tenho uma amiga que diz que estava preocupada em salvar o mundo e entrou em meditação. Em suas palavras: "Deus disse para mim: apenas ensine as pessoas que eu vou mandar para você; eu vou salvar o mundo."

No início de nossa jornada espiritual, pensamos que queremos apenas terminar o que temos de fazer e ir embora. Mas, quando terminamos, estamos tão repletos de amor que não pensamos em partir enquanto pudermos ser úteis àqueles que ainda estão na escuridão. É uma espécie de *catch-22* cósmico. Naturalmente — vinte e dois é um número de comando.

Conta a história que Abraham Lincoln deu ordem ao condutor da sua charrete para parar, a fim de que ele pudesse remover um espinho do pé de um porco que viu mancando na estrada. O condutor ficou muito impressionado, mas Lincoln lhe disse: "O espinho estava no meu coração."

Durante este período intenso de purificação na Terra, temos de aprender a pôr em uso com muito cuidado o nosso compromisso. Nenhuma tradição espiritual sugere que sejamos ingênuos. Meu amigo indiano me diz: "Caminhe nos seus próprios mocassins." Os habitantes do Oriente Médio sugerem: "Confie em Deus mas amarre o seu camelo." E a Bíblia nos adverte para sermos "cuidadosos como a serpente e inofensivos como a pomba".

Alguns dos devotos de Yogananda costumavam resistir ao seu conselho de trancar os carros quando assistiam aos serviços religiosos no Centro de Autoconscientização de Los Angeles. Uma noite, todos os carros do estacionamento foram roubados e todos se queixaram a Yogananda. Eles protestavam: "Como pôde acontecer isso?" E a resposta dele: "Nem toda pessoa sabe que é Deus."

Um mestre ensinava a todos os animais da selva a não serem violentos. A cobra, corajosamente, tentava ser consciente e levar o conselho a sério. Quando os outros animais perceberam que a cobra não era violenta, começaram a maltratá-la. A pobrezinha voltou ao Mestre toda machucada e dolorida. "Eu não compreendo, Mestre. Realmente, deixei de lado a violência como o senhor disse e veja só o que aconteceu comigo." A isso, o Mestre respondeu: "Eu lhe disse para parar de morder; não para parar de silvar."

É preciso muito equilíbrio para criar um meio ambiente com novas possibilidades. É preciso ter paciência para redirecionar as forças que reavivaram os antigos caminhos do nosso cérebro com relação à guerra e à competição e quanto a encarar "o outro" como inimigo.

É preciso equilíbrio para permanecer, como alguém disse um dia, "tão firme como uma gaivota na tempestade" durante a confusão da mudança no planeta.

EXERCÍCIO: SOLICITAÇÃO DO SEU PODER DE CRIAR

Eu normalmente chamo este exercício de "Sinta-se à vontade". Para conseguir alguma coisa, você tem de ser muito claro a respeito do que deseja criar e muito persistente com as imagens e sentimentos com que está alimentando o seu subconsciente. Ser claro não significa devanear de maneira vaga e ansiosa. Ao contrário, é algo muito específico e envolve todos os seus sentidos — enxergar sua visão, degustá-la, abraçá-la de todas as maneiras e, por último, mas o mais importante com certeza, ter fé na sua capacidade de criá-la.

Quando tomar a decisão quanto ao que você deseja criar exatamente, faça a si mesmo algumas perguntas básicas. Seja muito honesto nas respostas.

- *Estou disposto a abrir mão das vantagens, mesmo que negativas (assim como permanecer no papel de vítima)?*
- *Essa escolha que estou fazendo é prejudicial a alguém? (A questão não é saber se os outros vão gostar dela ou não, mas se vai causar algum dano.)*
- *Estou disposto a me empenhar nisso com os meus pensamentos, meus sentimentos e minhas escolhas físicas?*
- *Já examinei e aceitei as conseqüências previsíveis daquilo que estou para criar?*

Quando você já estiver satisfeito de ter respondido a essas questões da melhor maneira possível, então ponha-se à vontade com sua visão, escrevendo a experiência como se ela já existisse. Use o tempo presente. Como é a aparência que ela tem, o tato, o cheiro, o gosto, pelo que lhe é dado perceber? Torne-a tão viva e tão vital quanto possível.

Suponha, por exemplo, que você quer perder peso. Você não vai apenas ter uma imagem de si mesma — talvez num vestidinho justo ou participando de esportes que não podia fazer antes — mas também vai sentir-se magra. Você realmente quer viver as emoções e atitudes de ter o tamanho que quer ter. Você pode começar escrevendo: "Hoje, estou pulando da cama e me sentindo muito bem. Dou uma olhada no espelho e penso: Garota, você está com uma ótima aparência! Estou fazendo ginástica com a maior facilidade. É tão bom sentir os músculos reagindo. Faço cinco flexões a mais sem problema. O café da manhã é delicioso — agora eu realmente prefiro comida saudável. Posso sentir a gratidão do meu corpo, e minha energia permanece realmente alta o dia todo. Eu escorreguei para dentro do vestido novo (você vai querer descrever com detalhes) durante cuja compra me diverti muito, pois havia tanta coisa para escolher porque tanta coisa serve! Vou trabalhar. Recebo um sorriso de todos os homens que me paqueram agora, mas, para falar a verdade, não preciso disso. Apenas gosto do fato de manter o controle de minha própria vida. Efetivamente, estou criando aquilo que quero, e não apenas reagindo."

Uma pequena advertência: Tome cuidado com a maneira como usa o seu poder de criar, porque há uma grande chance de você conseguir aquilo que pede. Quando você pratica o modo de manifestar o que quer, é importante repassar cuidadosamente cada detalhe e cada possibilidade. Por exemplo, quando você começa a perder peso, tem de lidar, em primeiro lugar, com todas as questões emocionais e de auto-imagem que criaram o excesso de peso. Se o peso está ligado ao mito familiar ou à autoproteção ou à fuga da própria sexualidade — qualquer que seja a razão — isso vai ter de ser abordado. Senão, você pode se surpreender enviando mensagens ambíguas ao subconsciente. Então as mensagens vão cancelar-se umas às outras e frustrá-lo. Se você vai mudar alguma coisa, essa mudança tem de abranger as motivações que estão por trás das escolhas originais. Criar a mudança consciente afeta a percepção do indivíduo em todos os níveis.

EXERCÍCIO: O DESENVOLVIMENTO DO DESAPEGO AFETIVO

Recomendo que você se comprometa com seis semanas de prática diária deste exercício, pois ele leva um certo tempo para implantar um novo programa no subconsciente. No total, essas práticas exigem de você apenas alguns minutos todos os dias, mas sua eficácia é cumulativa.

1. O primeiro passo começa assim que você acorda. Enquanto ainda está na cama, ou assim que conseguir entrar em atividade, feche os olhos, faça algumas respirações profundas de Luz e afirme o seguinte:

Eu sou um Ser de Luz, filho(a) de Deus-Pai e Mãe.
Hoje, apenas acontecerá comigo aquilo que for para o meu bem superior.
Sairá de mim apenas o que é Luz.
Obrigado(a), Deus-Pai e Mãe.

Isso pode parecer muito simples, mas consolida ainda mais muitos princípios básicos e fortes. Afirmar que você é um Ser de Luz é reivindicar a sua própria identidade. No estado de espírito mais puro, você não é homem nem mulher, mas um ser que engloba as duas polaridades. Porém, nesta vida, você está ou num corpo feminino ou num corpo masculino, e é importante ter orgulho desta encarnação, como também é importante afirmar que é filho ou filha de Deus.

Quando declarar que com você ocorrerá apenas aquilo que for para o seu bem superior, não estará anunciando que nada de "mal" acontecerá. Ao contrário, estará reconhecendo que — quer você saiba disso, quer não — tudo aquilo que acontece é atraído por você pelos melhores motivos, oferecendo-lhe uma oportunidade para aprender. Afirmar isso ajuda a eliminar toda a consciência de vítima que ainda resta ou a sensação desesperadora de que nada tem objetivo ou significado. Tudo tem.

Em seguida, você afirma que apenas a Luz partirá de você. Isso significa que está assumindo a responsabilidade pelo seu poder de escolha. A costumeira síndrome de estímulo-resposta automática torna-se então estímulo-atenção — e escolha consciente da resposta.

A última linha — o reconhecimento da gratidão — é extremamente importante. A gratidão é uma energia que destrava o poder de mudança consciente. A gratidão realmente energiza as suas orações e intenções.

2. O segundo passo consiste em liberar as pessoas, uma de cada vez, à medida que você se encontra com elas durante o dia. Depois de um intercâmbio com uma pessoa, visualize mentalmente essa pessoa no seu bulbo de Luz e você no dela, enquanto afirma para si próprio: "Eu libero toda a energia relacionada com (diga o nome da pessoa)." Se a energia permanece, ou seja, se você está se incomodando com os problemas dela ou se ela está tentando agarrar-se a você, vá lavar as mãos, e, mentalmente, faça a afirmação outra vez. Isso não é um ato de desamor. Ao contrário, ele libera você para ver com mais clareza a atitude correta a tomar em cada situação.

3. No fim do dia tome um banho. Enquanto estiver lavando o corpo, imagine todo o seu campo áurico sendo libertado de todos os resíduos do dia. Veja tudo isso indo embora pelo ralo.

4. Finalmente, quando for para a cama, leve em consideração todas as pessoas, acontecimentos e preocupações do dia e coloque-os, um de cada vez, no Altar de Luz. Nessa liberação, você está abrindo mão dessas realidades todas para que a parte mais elevada do seu eu lide com elas. Levá-las para a cama com você é atraí-las e amarrá-las a você. Os relacionamentos, o dinheiro e os problemas de trabalho não se resolvem quando os empurramos, aborrecidos, para a consciência. Lembre-se: preocupar-se é rezar por aquilo que você não quer.

Se quiser fazer uso dessa combinação de procedimentos por algumas semanas, você vai descobrir que está ficando mais leve, mais claro e mais desapegado diante de todos os desafios e, portanto, mais eficiente.

SEXTA ETAPA

A purificação

Eu preciso decidir se quero morrer autenticamente para o meu passado ou morrer sem autenticidade, preso a uma forma passada que me fará ficar estagnado.

Ira Progoff

Durante a purificação, tudo o que aconteceu antes parece uma preparação. Nessa fase, tudo o que é velho é transformado. É preciso deixar que as coisas aconteçam. A purificação é diferente da resistência porque tem menos que ver com o ser e mais que ver com o confronto dos fragmentos da nossa psique que ainda não se adaptaram ao novo programa. As questões da forma antiga não vão mais ser debatidas durante a purificação; na verdade, elas são literalmente dissolvidas.

Durante esta etapa, que pode ser a parte mais dolorosa e solitária do processo, as velhas questões e os velhos medos voltam à tona muitas e muitas vezes para serem eliminados. Nós nos vemos frente a frente com questões que pareciam resolvidas. E descobrimos que, se conseguimos examinar parte das questões que estávamos preparados para tratar durante as etapas anteriores do processo, agora a psique está bastante fortalecida para transformá-las. Freqüentemente somos forçados a não apresentar resistência aos desafios que trouxemos para enfrentar nesta vida.

A purificação exige a transmutação e a confrontação total. É o momento de morrer para o velho, de testar a nossa fé na nossa nova orientação. Quando o fogo da purificação está nos testando, é bom lembrar que é um fogo sagrado que vai queimar nossas limitações passadas.

Abra mão de tudo, consiga tudo

Numa entrevista, perguntaram a certo escritor se ele gostava de escrever. Ele hesitou um instante e depois respondeu: "Eu gosto de ter escrito."

A maior parte de nós sente-se assim a respeito desse ciclo de mudança consciente. Gostamos de ter sido purificados. O processo em si não é nada engraçado. O importante a ser lembrado é que a purificação é uma parte natural, previsível, saudável e necessária do processo. E, novamente, trata-se de um processo, e não daquilo que você é. Você é o ser que está passando pelo processo.

Numa visão, eu me vi olhando para o corte transversal de uma montanha. Correndo como um raio através do grande morro negro, havia o rico brilho do ouro. Mas ele estava visivelmente envolto de sujeira, enquanto, ao redor, encontrava-se o ouro dos tolos em descuidada abundância. Essa imagem se dissipou e outra surgiu. Eu vi o ouro, depois de extraído e livre da sujeira, sendo jogado num fogo fortíssimo. Então vi uma terceira imagem, uma massa de ouro, agora puro mas informe, sendo colocada num altar. Lá, golpe após golpe, martelos e cinzéis atacavam a massa informe e transformavam-na numa barra que brilhava como o sol.

Enquanto as imagens dançavam diante do meu olho interior, uma voz suave dizia: "Fique sossegada que eu lhe direi o que isso significa.

"Você andou por uma montanha toda, lamentando-se por sua prosperidade. Enquanto isso, a terra sob os seus pés esperou que você deixasse o mundo exterior e procurasse o reino interior. A riqueza está sempre dentro de nós. Lá, você encontra a sua essência correndo através da sujeira escura do seu próprio materialismo, como um brilhante filão da verdade. A primeira tarefa é minerar esse veio e tomar cuidado com o ouro dos tolos que pode tentá-la com uma fácil simulação.

"Através da alquimia perfeita de Deus, o fogo da purificação queima as mentiras. Seja paciente. O fogo de Deus é misericórdia. Assim também é a disciplina que vai afeiçoar e moldar você numa artéria pura para conter o espírito. Dentro de você existe o Graal, cujo mistério é este: à medida que você o esvazia dentro do mundo, ele vai se enchendo, cada vez mais.

"Lembre-se — advertiu gentilmente o espírito — você é o ouro, não o processo. A sua busca, o seu fogo, a sua disciplina são apenas os meios através dos quais você se torna aquilo que sempre foi. Este é um caminho antigo, sagrado. Não se desencoraje quando o fogo derreter suas máscaras ou quando o seu espírito interior o submeter muitas e muitas vezes à disciplina. Regozige-se. Isso significa que você se submeteu e que a transmutação gloriosa está funcionando. Seja gentil consigo mesmo; seja gentil para com os outros. O Graal que você cria não pode ser destruído, e o seu vinho doce vai mitigar a sua sede para sempre."

Eu já vi muitas pessoas comprometidas ficarem extremamente desencorajadas durante o ciclo de purificação porque não conseguiram separar o que estavam vivenciando daquilo que elas realmente eram. Elas gritavam: "O que eu estou fazendo de errado?"

Nada! Chegar ao estágio da purificação significa que você está fazendo a coisa certa. Significa que crescemos o suficiente, e que o nosso ego está bastante seguro para lidar com outra parte da inconsciência.

No momento em que nos decidimos a desafiar a autoridade de uma crença, colocamos em movimento a energia que conduzirá à sua morte. Assim que nos comprometemos com uma verdade superior, o mesmo princípio de magnetismo que reforçava a antiga crença agora vai começar a levar até você a nova experiência e a nova informação, e também vai demonstrar onde e como as antigas ilusões ainda estão presentes na nossa vida.

Num primeiro instante, o ciclo de purificação assemelha-se à resistência, mas na verdade trata-se de uma dinâmica muito diferente. Durante o estágio de resistência, conseguimos ver tudo o que estava se interpondo no caminho para fazermos a mudança. Estávamos sendo ajudados a reconhecer nossos conflitos. Isso nos transformou num perfeito caso de ambivalência até vivenciarmos o despertar que nos ajudou a fazer as escolhas críticas que resultaram num compromisso.

Neste ponto, a purificação queima inteiramente o passado. Ela nos liberta de qualquer perigo a que os nossos velhos modelos possam nos prender outra vez, e nos prepara para a rendição total que vem a seguir.

O universo dissipativo

Podemos nos encorajar com um princípio da física descoberto por Ilya Prigogine, vencedor do Prêmio Nobel em Química. Ele o denomina de *teoria das estruturas dissipativas*. O dr. Prigogine vê a natureza como um sistema aberto no qual todas as partes estão passando por uma contínua troca de energia com o meio ambiente. Ao descrever essa teoria, Marilyn Ferguson escreve, em *Aquarian Conspiracy* [A Conspiração Aquariana], que um sistema aberto é mantido por uma dissipação contínua — ou consumo — de energia, "assim como a água se movimenta através de um redemoinho e cria a energia ao mesmo tempo... Uma estrutura dissipativa pode muito bem ser descrita como uma totalidade que flui... altamente organizada, mas sempre em processo".

Quanto mais complexo é um sistema tanto mais energia ele precisa para manter todos os seus inúmeros pontos de conexão. Isso, por sua vez, faz com que ele seja, ao mesmo tempo, sujeito a contínuas mudanças e ameaçado pela mudança. Porém isso também significa que o sistema tem algo de novo embutido nele.

À medida que a energia se movimenta através de uma estrutura dissipativa, ela cria perturbações. Se não são importantes, o sistema joga-as fora. Se não são tão insignificantes, então aumenta o número de ajustes que têm de ser feitos dentro do sistema. Um grande número de ajustes pode sacudir todo o sistema. Se isso acontece, então todas as partes têm de renegociar seus acordos umas com as outras e se juntar num novo padrão. Mas a parte realmente interessante é que, quando se reagrupam, elas o fazem numa ordem superior do ser. Depois, quanto mais complexo se torna o sistema, tanto é mais provável que se transforme novamente. Os seres humanos são, por sua própria natureza, sistemas complexos. Durante o ciclo de purificação da mudança, nós somos completamente sacudidos. *Mas, visto que nos reagrupamos após a purificação, todo o nosso sistema funciona num nível superior.*

Mas primeiro vem a destruição — o primeiro passo da criatividade. Se eu quero construir uma nova casa no lugar onde existe outra casa, a primeira coisa que tem de acabar é a casa velha. Se uma pessoa não sabe o que está acontecendo, isso parece uma destruição violenta. Mas essa é a mesma força explosiva que cria planetas a partir dos resíduos de uma supernova, a mesma força que cria uma nova terra a partir da lava expelida por um vulcão em erupção.

Preocupações com o passado e com o futuro

Aos trancos e barrancos, pedaço por pedaço, agonizando aos poucos, abrimos mão do conhecido domínio que o ego tem sobre a nossa personalidade, em função do nosso eu maior. Pouco a pouco, aprendemos a morrer para tudo o que antes pensávamos ser com a finalidade de reivindicar tudo o que somos. Nas palavras de Reshad Field, em *Footprints in the Sand* [Pegadas na Areia]: "Você não morre até viver, e não vive até morrer. Uma vez morto para si mesmo, há apenas o momento presente e você nasce para a Eternidade."

No encalço de uma revelação importante, a vida tem um modo de nos mandar de volta ao ser todos os dias. Durante um desses períodos "diários" de minha vida, comecei a participar de um retiro espiritual num simpático convento católico. Cheguei lá com todos os tipos de idéias preconcebidas: agora eu não estaria tão ocupada; agora minha mente iria se desanuviar; agora o Espírito poderia dizer as coisas para mim. Eu tinha marcado um encontro!

Com grande expectativa, fui para a sala de meditação e me sentei. E comecei a chorar. E a chorar. Durante dois dias, eu chorei. Eram lágrimas estranhas, pois eu não tinha nenhuma infelicidade específica para lamentar. Eu não tinha nenhuma sensação da Presença, nenhum ofuscamento, nada. Apenas lágrimas.

Finalmente, na segunda noite, o meu choro cessou. Pálida e com os olhos inchados, eu me limitava a ficar sentada na sala de meditação. Então, gradualmente, senti um calor crescente em torno de mim. A paz caiu sobre mim e eu ouvi, do Espírito, as palavras de amor: "Aquele a quem vou preencher, devo primeiro esvaziar."

Uma grande parte do processo de recordar nossa totalidade e depois vivê-la é exatamente isso: esvaziar, deixar sair, morrer.

"Eu quero a verdade", gritamos para Deus.

"Ótimo", responde Deus, "mas primeiro você tem de morrer."

"Bem, na verdade, eu tinha algo um pouco menos doloroso em mente", retrucamos.

Como o jovem Santo Agostinho, nossa tendência é rezar: "Senhor, torna-me casto — mas não ainda."

Durante todos os nossos ritos de passagem, estamos celebrando tanto funerais como nascimentos — ou, como diz um amigo islandês, "futurais". Uma criança que vai à escola pela primeira vez está morrendo para um modo de vida anterior a fim de nascer para outro. Os jovens pais morrem para a sua própria infância. Uma mudança para outra cidade, uma promoção no trabalho, uma aposentadoria — em cada caso, algo é cedido para que se ganhe.

Onde há morte há tristeza. Não importa quanto estejamos comprometidos com um novo direcionamento, uma parte de nós vai lamentar aquilo que tem de ser deixado para trás. Uma das mágoas mais intensas que já suportei foi quando o mestre que tinha estado comigo em Espírito durante os sete primeiros anos do meu trabalho resolveu me "promover" e eu não tive mais a sua presença comigo de maneira consciente. Eu só consegui perceber que tinha perdido alguma coisa inestimável quando um amigo me fez esta observação: "Ele não foi a parte alguma. Para onde iria? Há apenas um Universo."

Não está muito na moda falar sobre a parte agonizante da mudança, mesmo nos círculos da Nova Era. No Ocidente, crescemos acreditando na nossa capacidade de consertar as coisas instantaneamente: "Estou vendo, já entendi — e depois?" No Oriente, os principiantes aprendem a respeitar e a aceitar o estágio de purificação para a transformação.

Teoricamente, é claro, a transformação instantânea é possível. Mas a maioria de nós não vê uma verdade nem se torna essa verdade numa única jogada. A maioria de nós tem a tendência de se agarrar à auto-imagem e aos vícios com muita tenacidade.

Enquanto nos apegamos a alguma necessidade de alimentar um antigo vício, o Universo nos deixa fazer isso. Ele apenas continua a fluir e a preencher os moldes que desejamos concretizados, não importando se estão muito longe do objetivo. Porém, essa realização incessante de nossas criações, boas ou ruins, é um presente de amor — não uma recusa da graça. Parte da graça está recebendo o privilégio incondicional de tornar-se consciente.

O vinho novo não é guardado dentro de odres velhos. Os odres velhos têm de acabar — sejam eles hábitos, desvios da mente ou padrões emocionais. E eles não costumam acabar gratuitamente. No entanto, perda após perda e morte após morte, aprendemos a nos desfazer das amarras que andamos acumulando em torno de nós.

Tudo isso pareceu tão fácil quando estabelecemos o compromisso. "Just do it", diria a propaganda do velho Nike. Mas geralmente temos de passar por muitas coisas complicadas para chegar à simplicidade. E as coisas freqüentemente pioram antes de melhorar.

O processo de esvaziamento pode ser esfalfante, monótono e doloroso. Ele pode se arrastar por muitos anos e se revelar de mil maneiras inesperadas. Casamentos difíceis, doenças longas, falência — tudo isso é a matéria-prima em potencial da iniciação. A dra. Dianne Connelly diz que a nossa dor é como o sino de um mosteiro que nos convoca muitas e muitas vezes, "até ouvirmos aquilo que é velho e conhecido com um novo encanto. Nossa desorientação exige que encontremos o caminho de casa".

Jean Houston, fundadora de uma Escola Ocultista, escreve que essas "feridas sagradas" são um convite para o seu renascimento. Ao mencionar o tormento de São Paulo, as chagas de Jó, a perna aleijada de Esculápio, o semideus grego da cura, ela chama tais ferimentos de "criação da alma".

A purificação não acontece instantaneamente só porque cantamos uma dúzia de mantras ou recitamos três Ave-Marias. Ela pode tornar-se aquilo que C. G. Jung chamou de "uma paixão do ego". Prestamos um sério desserviço uns aos outros quando não reconhecemos que a purificação é real e inevitável durante a mudança. Nós nos condenamos uns aos outros a passagens solitárias e confusas quando atacamos uns aos outros com clichês do tipo "Nunca tenha um pensamento negativo"; "Você criou essa realidade"; "Isso é apenas o seu carma que está se cumprindo". Por mais verdadeiras que elas possam ser, não são apenas respostas insensíveis para alguém que está passando por uma catarse; elas provavelmente revelam o medo profundo que a pessoa tem da parte agonizante do processo de transformação. Parte do medo é de que talvez não saibamos quem somos se nos entregarmos. No entanto, freqüentemente, temos de renunciar num nível para descobrir do que é que realmente precisamos abrir mão.

Geralmente, quando abrimos mão de alguma coisa, descobrimos algo escondido que *realmente* precisava desaparecer. Conheço uma mulher muito culta e exigente cuja vida espiritual estava paralisada até que ela percebeu, para sua grande surpresa, que estava se agarrando a uma imagem severa e patriarcal de Deus. Seu próprio pai fora ministro de culto, e o seu medo inconsciente era o de que, se abrisse mão dessa imagem constritiva de Deus, estaria abandonando o próprio pai.

Uma antiga máxima Zen aconselha: "Apegue-se de leve; libere-se com firmeza."

Uma razão pela qual o ciclo de purificação é tão doloroso é porque já passamos pelo despertar que nos assegurou que a mudança estava certa e, durante o compromisso, trabalhamos muito para fazê-la acontecer. Porém, quando a purificação se inicia, pode parecer como se tivéssemos falhado. É fácil sermos presos pela frustração. "O que é que você quer de mim, Deus Pai? Largue o meu pé!"

As tradições místicas de todo o mundo estão repletas de histórias a respeito da "noite escura da alma", na qual o discípulo inteiramente comprometido sente-se abandonado na batalha com seus inimigos internos.

Uma vez que nos comprometemos a viver uma parte maior da nossa verdade, não podemos sair ilesos com as mesmas coisas que antes. Estamos literalmente, e não simbolicamente, mudando de uma oitava de energia para outra, e toda a substância que estava tranqüila na oitava inferior está fora de lugar na superior. Ela simplesmente não vibra ali. A purificação mata tudo aquilo que, na forma antiga, não consegue vibrar dentro de uma estrutura nova e mais complexa. A energia concernente à forma antiga tem de ser inteiramente transformada. Ela tem de ser re-formada.

A história de John

John é um médico que está perto dos quarenta anos. Ele assistiu a um curso no qual eu estava discutindo este modelo. E foi assim que aconteceu uma de suas mudanças:

Sua *forma* era a de que a razão de ser das mulheres era servir aos homens. Era isso que todas as mulheres de sua família faziam.

Seu *desafio* chegou quando ele começou a namorar e percebeu que todas as mulheres que o atraíam eram brilhantes e criativas, e não estavam nem um pouco interessadas em servir aos homens.

A *resistência* veio quando percebeu que, embora se sentisse atraído por mulheres que sentia serem intelectualmente iguais a ele, era intimidado por elas.

Depois de alguns encontros com uma mulher liberada, ele corria de volta à segurança de uma mulher que respondia "sim, senhor" a cada pedido seu.

Seu *despertar* veio quando ele encontrou Susan e se apaixonou. Ela estava estudando medicina e tinha a firme intenção de atingir esse objetivo.

Seu *compromisso* veio quando se casou com Susan.

Sua *purificação* veio através da vida diária no casamento. Embora fosse inteiramente dedicado a Susan, tinha de enfrentar o fato de que ainda nutria muitas suposições a respeito do que uma esposa deveria ou não ser. Ele me disse que a maior parte dessas suposições era inconsciente. Às vezes, surgiam quando decisões importantes tinham de ser tomadas, assim como mudança na carreira, escolha de investimentos e outras áreas que ele cresceu acreditando que eram escolhas masculinas. Outras vezes, as antigas atitudes eram mais sutis e insidiosas — ressentimentos quanto ao fato de Susan trabalhar até tarde, ter de partilhar as tarefas domésticas, não ter, como ele dizia, "a última palavra em tudo".

John levou muitos anos de terapia para saber lidar com a fase de purificação. Disse que muitas vezes quis abandonar tudo e que, se um deles estivesse menos comprometido com relação ao outro, eles nunca teriam passado pela purificação. Mas passaram e, quando ele contou isso, disse que já não conseguia mais imaginar a intimidade do casamento sem uma parceira igual. Todo o seu ser, a sua nova forma, está agora submetido à sua crença atual num relacionamento em pé de igualdade.

Depois da purificação, nós efetivamente nos tornamos a nova crença. Ela se torna a nossa respiração, um "dado" na nossa visão do mundo. Num estágio anterior, pudemos reconhecer nossos "inimigos" interiores — os hábitos que mantêm intactas nossas velhas formas —, mas eles provavelmente bateram em retirada quando transferimos a autoridade para outra crença. Durante a purificação, esses velhos hábitos têm de ser expulsos. Mais do que isso, para se transformar, eles têm de morrer.

Mas isso não pode ser um ato de violência. Um antigo paradigma vicioso não se transforma através da violência. Na verdade, isso apenas o energiza. Quando cerramos os dentes e juramos que nunca mais vamos ter algo que ver com o jogo, os preconceitos de nossa mãe, as pessoas que são ruins para nós, então tudo o que conseguimos pensar é no jogo, nos preconceitos de nossa mãe e nas pessoas que são ruins para nós. Quanto mais impetuosamente insistirmos em nunca mais fazer determinada coisa, tanto maior é a probabilidade de que isso ainda esteja lá dentro, à espera. Até que esses hábitos sejam transformados, de um modo ou de outro, eles acabam voltando à superfície. Às vezes, eles surgem com vigor em coisas de que gostamos ou de que não gostamos.

Uma das maneiras de se saber se um hábito ainda subsiste é quando você descobre que fica muito irritado ao ver seu "antigo" comportamento nos outros. Pode ser que você não o demonstre, mas ainda o tem. A energia que trancou esses vícios e os mantêm onde estão não se alterou absolutamente. Você pode preferir livrar-se dos sintomas mas, se não penetrar inteiramente nas causas, eles apenas vão ficar esperando para se manifestar de outras maneiras mais indiretas.

O corpo é um dado produzido pelas nossas crenças

Anos atrás, cheguei a admitir que, se eu ficasse frustrada quando as coisas não acontecessem para mim com rapidez suficiente, eu aceitaria tranqüilamente e de modo superficial os prazos. Mas o meu corpo dizia a verdade: eu mantinha a tensão nas coxas, nas nádegas e na barriga das pernas. Eu não compreendia por que o meu corpo se manifestava desse modo específico, mas não sabia que o corpo imprime nossos hábitos mentais e emocionais. Por um tempo — durante sessões com um fisioterapeuta e durante meditações pessoais — enviei ao meu subconsciente a mensagem de que eu realmente gostaria de compreender essa propensão.

Várias lembranças desordenadas se reuniram para formar o padrão. Lembrei-me de uma observação que meu pai tinha feito sobre a mulher que fora a minha babá nos meus primeiros dezoito meses de vida. Ele disse, casualmente, que ela era rígida demais. Então me lembrei de uma imagem com que havia sonhado. No sonho, eu me encontrava num tapete e me sentia frustrada porque, todas as vezes em que ia para a beirada, era puxada para trás. Quando contei isso à minha mãe, ela ficou muito surpresa. Disse que essa mulher que cuidava de mim tinha me treinado para não ultrapassar a borda do tapete. Quando confrontei essa informação com o conhecimento da minha energia de fogo sagitariana que gosta de exploração, o padrão tornou-se claro.

Comecei a trabalhar com esse dado, primeiro buscando compreender o padrão. Como um bebê, eu não tinha a compreensão dos limites e ficava muito frustrada com aqueles que me eram impostos. A tensão mantida nos músculos que serviam para engatinhar era o símbolo dessa frustração — eu tinha codificado aquela resposta emocional dentro do meu corpo físico. Porém, o hábito de manter a tensão nesses músculos não desaparecia apenas porque eu a reconhecia.

Portanto, o passo seguinte foi prestar muita atenção nos estímulos que desencadeavam a velha resposta. No momento em que eu me sentia frustrada, parava imediatamente o que estava fazendo e respirava fundo para dentro desses músculos. Então, eu reprogramava o estágio de engatinhar visualizando a cena, só que dessa vez eu me via engatinhando pela sala toda.

O passo mais importante foi perdoar a mulher que tinha cuidado de mim, pois eu sabia que, provavelmente, ela havia interiorizado minha frustração com ela também. Levei uns dois anos prestando atenção e me reprogramando para mudar esse padrão. Mas já não contraio mais os músculos como resposta à frustração.

É bom lembrar-nos de que o nosso espírito, a nossa mente, as nossas emoções e o nosso corpo sempre funcionam como um *continuum*. Há diferentes freqüências nesse *continuum* — dos altíssimos padrões do espírito aos modelos de onda mais baixos do corpo físico — mas todos eles sempre operam como um *continuum*. Tudo o que nos choca ou nos traumatiza em qualquer ponto ao longo da faixa de freqüência é sentido em cima e embaixo em todo o *continuum*. Isso é instantaneamente vivenciado sem considerar se o choque foi "real" ou não. O que importa é que você acredita que ele é real.

Quando ocorre um trauma — seja ele real ou imaginário — nossa tendência é trancá-lo dentro de um padrão de reação relacionado com a idade em que ele ocorreu. Essa parte de nós não consegue crescer. Está bloqueada. Quando, anos depois, acontece algo que nos faz lembrar a experiência original, reagimos da mesma maneira que quando o choque ocorreu originalmente. Então, aos trinta e cinco anos, podemos repentinamente descobrir que estamos reagindo a uma ameaça como uma criança de três anos de idade.

Penso em todas as "boas pessoas" que vi e que estão doentes devido às suas raivas e frustrações reprimidas: Marta, de setenta anos, cujos talentos artísticos não encontraram nenhuma válvula de escape no mundo, com a energia bloqueada se acumulando em cristais dolorosos nos ombros, pulmões e cotovelos; Alan, de quarenta e seis anos, que acreditava que "meninos não choram", e cujo corpo padece devido a dores de cabeça crônicas porque ainda sofre a perda da mãe, ocorrida na infância; Bárbara, de trinta anos, que come até ficar obesa, numa tentativa inútil de obter o cuidado que nunca teve.

Eileen solicitou o trabalho de cura para uma úlcera. Enquanto eu trabalhava com ela, vi um padrão de inveja que havia sido criado na infância. Ela tinha uma irmã mais velha que era muito bonita. Foi reprimida por ter sentimentos de inveja na infância e, em vez de lidar com eles, engoliu-os. O local de armazenamento dos seus sentimentos negados era o estômago. Ela cresceu projetando esses sentimentos em todas as mulheres bonitas. Como o mundo está cheio de mulheres bonitas, ela estava constantemente alimentando o seu medo. Resultado alcançado: uma úlcera.

Há um corolário interessante para essa história. Fiquei meses sem ter notícias dela. Foi então que ela voltou com a queixa: "Minha úlcera voltou!" Quando perguntei se ela tinha feito terapia; se tinha perdoado a si mesma, à sua irmã, à sua família; se estava empregando alguma das técnicas e afirmações sobre as quais tínhamos falado, ela ficou em silêncio e, depois admitiu que não tinha feito nada disso. É claro que a úlcera tinha voltado. Ela não tinha desejado limpar, purificar a antiga crença que havia provocado a úlcera.

Eu gostaria de deixar claro que, se a minha experiência me ensinou que todas as crenças acabam, com o tempo, por manifestar-se no corpo, não sabemos exatamente onde e como isso vai acontecer. Não creio que possamos generalizar além de certo ponto; as pessoas são complexas demais para isso. Como em todos os aspectos do crescimento, temos de conhecer a nós mesmos e às nossas predisposições.

Quando os antigos padrões estão sendo liberados, isso pode perturbar os ritmos e hábitos físicos familiares. Uma boa regra prática é assumir que, quando estamos nos liberando na nossa mente e nas nossas emoções, o nosso corpo vai se manifestar. Beber muita água, comer alimentos com alto teor de fibras, desintoxicar-se com sauna ou vapor, transpirar com exercícios físicos, tudo isso ajuda a manter os seus órgãos de eliminação em plena forma, facilitando o processo que pode nos ajudar a atravessar esse período difícil sem ficar doentes.

O amor dentro da escuridão

A trilha da mudança consciente engloba todas as nossas experiências, tanto boas como ruins. Quanto mais nos expandimos em direção à nossa totalidade, mais intensamente sentimos as partes de nós que estão com medo. Quando o sol brilha ao meio-dia, as sombras são mais fortes, mais claramente definidas.

Jung fez aumentar a percepção do lado sombrio de nossa natureza que muitas vezes negamos. Em *The Archetypes and the Collective Unconscious* [Os Arquétipos e o Inconsciente Coletivo], ele diz: "A sombra personifica tudo o que o sujeito se recusa a reconhecer a seu próprio respeito e, no entanto, está sempre se lançando sobre ele direta ou indiretamente como, por exemplo, nos traços de caráter inferiores e em outras tendências incompatíveis."

Mais tarde, ele comenta na sua autobiografia *Memories, Dreams, Reflections* [Memórias, Sonhos, Reflexões], que "o conflito entre os opostos pode extenuar nossa psique até o ponto de ruptura, se os levarmos a sério ou se eles nos levarem a sério... se tudo correr bem, a solução, aparentemente por vontade própria, acontece naturalmente. Então, e só então, ela é convincente. É vista como uma 'graça'".

Toda vez que aceitamos outra parte de nós mesmos, estamos nos abrindo para receber mais graça. A graça é uma fonte de luz sempre presente jorrando incondicionalmente. O problema é que, sedentos e carentes, geralmente nos sentamos com as nossas canecas de mendigos ao lado das águas sagradas e julgamos a nós próprios, e aos outros, indignos de usufruí-las.

A transformação não é possível com a negação. A negação é uma escolha no sentido de permanecermos inconscientes. Mas ela não altera o efeito magnetizador das antigas crenças. Não importa se as admitimos ou não, nossas crenças sobre a realidade estão modelando a realidade em que vivemos. Elas constroem nossas expectativas. Todos os programas dos Doze Passos para lidar com os vícios do álcool e das drogas apresentam, como primeiro passo, o reconhecimento de que o vício existe. Referir-se nominalmente ao "demônio" é o primeiro passo para nos livrarmos dele.

Ana era uma jovem mulher adorável que veio pedir aconselhamento sobre uma questão: sentia-se bloqueada em sua vida espiritual e não sabia a razão disso. Quando me sintonizei com ela, percebi que estava grávida há bem pouco tempo. Ela riu e confirmou que era verdade. Então, fui invadida pela mensagem de que ela estava firmemente agarrada à culpa por ter feito um aborto quando era jovem. Esse era o bloqueio do seu subconsciente. Embora estivesse contente com a segunda gravidez, ainda não se tinha livrado do aborto. Inconscientemente, ela sentia que tinha cometido uma grande ofensa contra o Espírito. Enquanto não encarasse e eliminasse a culpa, todos os exercícios espirituais que fizesse seriam como apertar o acelerador com o breque puxado.

No trabalho pioneiro da dra. Elisabeth Kübler-Ross sobre a morte e o momento de morrer, seu modelo de progressão dirige-se aos seres que morrem conscientes em estado de negação. Ela afirma que não se pode trabalhar com os outros estados — raiva, depressão, barganha e, finalmente, aceitação — enquanto a negação de que a pessoa está morrendo não for enfrentada e superada. Além disso, diz ela, não começamos realmente a viver enquanto não encararmos a nossa mortalidade. Enquanto não encararmos a morte, tudo o que estamos fazendo é gastar um monte de energia evitando-a.

É preciso muita energia para manter também nossas defesas contra a morte de uma sombra. Há uma diferença muito grande entre negar uma sombra e negar a autoridade que ela tem sobre nós. Quando estamos negando a sombra, podemos dizer: "Não tenho medo de ser abandonada." Mas o medo de ser abandonada ainda está agindo inconscientemente, talvez sabotando relacionamentos numa manobra do tipo "vou fazer isso com você antes que você faça comigo". Negar a autoridade da sombra é admitir a sua existência.

Quando a identidade se desloca do ego para o Espírito, as sombras tornam-se aspectos de nós que necessitam de amor, e não de julgamento. Quando fugimos de uma sombra, estamos dando a ela poder sobre nós. Quando a encaramos e abraçamos, estamos retirando esse poder; nós lhe negamos autoridade. Aprendemos, como dizia o romancista Nikos Kazantzakis, a "encarar, com olhos desanuviados, toda a escuridão".

Muitas vezes, as pessoas com quem convivemos assumem uma posição favorável para com a nossa sombra. Se não conseguimos aceitar nossos preconceitos, com certeza nós os veremos retratados pelas pessoas que nos rodeiam. Se você quer descobrir em que medida o ego é habilidoso para se justificar, tente fazer este *exercício com a maior honestidade para consigo mesmo.*

Faça uma lista de todas as pessoas das quais você não gosta; marque o que você não gosta nelas e, então, para fazer o exercício, faça de conta que essa é uma característica que existe dentro de você. Suponha que não são o egoísmo, a grosseria, a aspereza ou os preconceitos delas que você não consegue tolerar, mas os seus próprios, que você não aceitou (você pode querer utilizar o exercício "reunindo-se com o comitê" — ver p. 141 para descobrir quem foi designado como o vilão do seu drama).

No Budismo tibetano, ensina-se aos aprendizes que se pode lidar com a sombra empregando uma destas três maneiras: o aluno pode transmutar uma energia de vibração inferior (o problema) gerando energia superior intensa suficiente para forçar a mudança. Ou, então, o aprendiz pode encarecer o problema, tratando-o como necessário. O terceiro modo é dirigir-se para dentro do problema e deixar que a sombra siga o seu caminho. Isso faz com que o estudante desenvolva uma parte do eu que se limita a observar a coisa toda com uma consciência mais elevada e mais aberta.

Honestidade e paciência

O próprio ato de aceitar uma sombra é um desafio à sua força; ela não tem mais o peso de uma força desconhecida. O objetivo é integrar a nossa sombra, mas não só para fazê-la ir embora. Quando uma sombra volta para nós sob novas e diferentes formas, nós nos familiarizamos com ela e acabamos exaurindo tudo o que ela tem para nos ensinar.

Um ego humano razoavelmente saudável tem um sistema de defesa embutido. Se ele tentasse receber o impacto total de alguns de nossos medos mais profundos de uma só vez, ele se autodestruiria com o terror que iria sentir. Desse modo, o ego só recebe aquilo que ele consegue integrar em determinada época. Quando um antigo padrão reaparece, isso não significa necessariamente que o tenhamos evitado ou que estamos falhando; pode significar que estamos prontos para abocanhar outro pedaço dele. Esse é o momento de sermos muito pacientes com nós mesmos. A paciência é uma afirmação de amor-próprio. E o amor-próprio é uma luz que se deve levar para dentro da escuridão do medo — medos que são seus e meus. Eu sei que você não vai ser paciente com os meus pavores se não for paciente com os seus próprios. A paciência significa que optamos por liberar conscientemente os julgamentos sobre nós mesmos e sobre os outros. Ela faz mais do que admitir que a mudança não pode ser imposta de fora. A paciência libera, em primeiro lugar, a opinião de que se pode saber o que é certo para a outra pessoa. Ela dá origem à compaixão imparcial que diz: "Tenho empatia para com a sua dor e libero os meus julgamentos a respeito da razão pela qual você está passando por isso."

As coisas não são aquilo que parecem. O que é trágico na aparência pode constituir, na verdade, um importante rito de purificação ou um ato de sacrifício para o bem maior. Quem teria a presunção de julgar a amplidão do objetivo do sacrifício de um Martin Luther King, Jr. ou de um Mahatma Gandhi?

Gratidão e restrição

Mesmo a circunstância mais restritiva funciona como água para o moinho. As restrições que vivenciamos forçam-nos a prestar atenção nos aprimoramentos que precisam ocorrer antes de continuar o nosso crescimento. Trata-se do controle protetor do eu superior.

No simbolismo astrológico, o planeta Saturno representa a energia da restrição e da forma. A maioria das pessoas considera as passagens de Saturno, que acontecem a cada vinte e oito anos, como árduas e sombrias. Mas Saturno é reconhecido pelo aprendiz espiritualista como mestre e ao mesmo tempo como anjo. É através das limitações que somos forçados a vivenciar nossas realidades espirituais no plano terrestre. Elas mantêm os locais de aprendizagem até que a lição seja totalmente aprendida.

O sistema nervoso não consegue lidar com energias mais elevadas enquanto não for preparado para isso. É algo como tentar fazer passar uma energia de 220 volts através de uma fiação para 110. O equipamento tem de ser aprimorado, e isso acontece durante a purificação. As restrições com que nos deparamos forçam nossa atenção para os aprimoramentos que precisam ocorrer antes de progredirmos e de ampliarmos mais o nosso sistema. Elas fornecem os controles protetores do eu superior.

Atendi a dois homens que tinham tido um ataque cardíaco com poucos dias de diferença um do outro. Um aceitou o que lhe acontecera. É claro que ele não gostou disso, mas, ao se entregar — não numa atitude de futilidade mas de não-resistência — ele foi capaz de usar sua vontade para apoiar o processo de cura. Ele melhorou consideravelmente. O segundo homem não conseguiu deixar de lado o seu ressentimento pelo fato do que lhe havia acontecido. Positivamente ele fazia objeções quanto à realidade que a vida lhe impunha. Ele se mostrou indignado e enraivecido até morrer.

Uma das chaves que destrava o processo de purificação é a gratidão. Deveríamos realmente agradecer a todas as pessoas irritantes que há em nossas vidas. Nós precisamos delas. Elas nos mostram claramente onde está o trabalho a ser feito. Sem essas pessoas nós nos deixaríamos enganar facilmente. Certa vez, Gandhi disse que o aliado que você deve procurar sempre é a parte do seu inimigo que sabe o que é certo.

Mais do que isso, deveríamos agradecer a todos aqueles que sofrem por nós. Como diz a astróloga Liz Green, em *The Outer Planets & Their Cycles:** "No momento, todos os bodes expiatórios que conhecemos — os esquizofrênicos e os anoréxicos e os depressivos — exteriorizam toda a nossa dor coletiva, enquanto o restante de nós avança suavemente e sem conflito. Veja as pessoas que sofrem de AIDS, a criança que é estuprada, etc., e diga obrigado, obrigado por recebermos a oportunidade de ver onde estamos fora dos padrões, o que está em desequilíbrio, o que precisa de conserto."

Na aparência, ser grato por cada sombra, limitação e pessoa negativa parece ser uma prerrogativa dos santos. Mas não é. A gratidão é uma escolha que se torna um hábito. Ela é um importante ingrediente na alquimia da transformação e está intimamente relacionada com o amor. O mestre da macrobiótica George Ohsawa menciona sete níveis de felicidade: a consciência, o nível mais alto, é chamada de gratidão.

A gratidão cria uma combustão de energia que revigora as nossas células vitais. É por isso que todas as tradições espirituais ensinam a importância da gratidão. E isso, por certo, não é porque a divindade necessite de algum tipo de tranqüilizante. Ao contrário, é porque, quando estamos em estado de gratidão, estamos afirmando nossa fé no nosso bem maior e negando autoridade à energia paralisante e limitadora do medo.

Em seu diário de 1918, Herman Hesse conta-nos que ouviu duas vozes num sonho. A primeira, que ele percebeu ser dos pais e professores, encorajava-o a evitar o sofrimento. A segunda, que parecia vir de mais longe, assim como uma "causa primária", lembrava-o de que o sofrimento só machucava porque ele o temia. "Você sabe muito bem, lá dentro de você, que só existe uma mágica, um único poder, uma única salvação... e ele se chama amor. Bem, então, ame o seu sofrimento. Não se oponha a ele, não fuja dele. Entregue-se a ele. É apenas a sua aversão a ele que machuca, mais nada."

---

* *Os Planetas Exteriores e Seus Ciclos,* Editora Pensamento, São Paulo, 1988.

Sombras coletivas

Vamos reunir todas as nossas sombras e, então, povoaremos o inconsciente coletivo com todos os tipos de gnomos rejeitados — raiva, medo, ódio, preconceitos raciais e sexuais. Mas a sua verdade plenamente vivida é um sinal luminoso na sombra coletiva, como um farol que nos guia através de uma noite escura e tempestuosa. Porém, temos primeiro de obedecer ao antigo adágio: "Aquele que pretende ser portador da luz deve primeiro suportar a queimadura."

O tumulto por que estamos passando agora na Terra vem pondo em movimento as nossas sombras. Parece que estamos antecipando outro patamar na espiral da evolução, e muitas das antigas nesgas da nossa sombra simplesmente não estarão presentes no lugar para onde estamos indo. Não podemos exigir a unidade com exceções; não podemos respeitar a Terra e, ao mesmo tempo, permitir que ela seja poluída; não podemos falar sobre a Família Humana e desconsiderar os abusos aos direitos do homem.

Muitas profecias nos dizem que estamos caminhando para uma Idade de Ouro. E estamos mesmo. Porém, primeiro temos de passar pela purificação que vai preparar o caminho. Na década de 90, e até mesmo na segunda década do século XXI continuaremos a vivenciar a sobreposição de duas situações importantes na nossa jornada coletiva. Mesmo enquanto estivermos nos esforçando para atingir a visão dourada de Aquário, ainda seremos puxados para baixo, para as sombras mortais e não resolvidas de Peixes.

A astróloga Liz Green disse numa palestra: "Pode ser que Aquário nos traga a percepção de que realmente fazemos parte de uma entidade de vida ampla, interligada, tanto do ponto de vista biológico como do ponto de vista psicológico. Contudo, a percepção vai nos forçar a fazer um levantamento de tudo aquilo que há em nós que nos impede de viver a nossa visão."

Viver a visão e viver numa era agonizante parece ser perigoso, às vezes. Portanto, é agora que temos de continuar nos lembrando de que estamos juntos nessa passagem. E não se trata de quem somos, mas daquilo por que estamos passando.

Perdoe e seja livre

São bem poucas as regras que sustentam todo o treinamento espiritual. O perdão é uma delas. Não se trata de um luxo mas de uma necessidade.

Nós sabemos muito bem disso. Então, por que é tão difícil abrir mão de todos esses preconceitos? Perdoar a todas as pessoas? Quer dizer, afinal de contas, meu Deus, que eu vou perdoar essas dez, mas aquela lá — você sabe, eu estou com a razão. Você realmente quer que eu perdoe a mim mesmo inteiramente? Aceitar a graça simplesmente, sem achar que tenho de fazer algo para merecê-la? Apenas deixar correr o barco e aceitar as coisas como são?

Sim, sim e sim!

As pessoas que não foram perdoadas por nós estão vivendo conosco tão intimamente quanto a nossa respiração. Além disso, estamos compartilhando essa encarnação com elas e vamos carregá-las conosco para as encarnações futuras. Um mestre me disse certa vez em Espírito: "O fato de você não gostar de outra pessoa nada revela sobre ela. Isso apenas indica as fronteiras da sua compreensão."

Depois de anos de aconselhamento, compreendi como o perdão é imperioso e instruí o meu subconsciente para que toda e qualquer coisa que precisasse ser perdoada fosse revelada à minha mente exterior. Nessa época, eu já tinha passado pela terapia individual e tinha experiência em todos os tipos de processos de crescimento, tanto espirituais como psicológicos. Eu sabia que já tinha feito a minha lição de casa com os costumeiros "gurus".

Eu não conseguia acreditar naquilo que veio à tona nas semanas seguintes ao meu pedido para limpar a casa. Um dia, eu estava lavando a louça e, aparentemente sem razão alguma, lembrei-me da minha professora da terceira série. Eu imaginava que ela não gostava de mim, e de repente surgiu novamente esse antigo sentimento, tão forte como quando eu estava com oito anos de idade. Poucos dias depois, lembrei-me de um grupo de garotas da sexta série e de um incidente em que tive a certeza de que elas estavam fazendo fofocas a meu respeito. Essa sensação infeliz veio junto com a lembrança.

Isso continuou por semanas — incidentes fortuitos, completamente esquecidos que pareciam não ter nenhuma importância. Havia, porém, os pedacinhos não liberados do passado.

Fiz com que, um a um, passassem por um processo de perdão. Agora eu me mantenho em dia. Se tenho um momento difícil com o mecânico que cuida do meu carro, faço-o passar por um processo de perdão na mesma noite.

A lei de atração está sempre em vigor, e uma experiência que não foi perdoada é um jeito certo de atrair a mesma coisa outra vez. Precisamos de uma grande quantidade de energia para nos mantermos agarrados a uma atitude que não foi perdoada. Abandonar as situações não é o bastante. Oh, você pode escapar evitando-as, lançando sobre elas cortinas de fumaça e racionalizando-as por muito tempo. Mas a pessoa que não foi perdoada volta muitas e muitas vezes, usando um nome ou uma personalidade diferente e exigindo que você lide com as questões não resolvidas.

Embora David esteja com quarenta anos de idade, ele não perdoa a ausência do pai durante a sua infância. Ele continua a atrair autoridades masculinas que não lhe oferecem apoio e a discutir com elas em todos os empregos que arranjou até hoje. Sharon teve uma vida sexual saudável — até ser estuprada. Depois de freqüentar vários terapeutas e de ter muitas visões interiores, ela ainda se sente amargurada em relação à sua experiência de pesadelo e continua a abastecê-la com a sua raiva, encarando todos os homens como ameaças potenciais. A guerra do Vietnã está tão viva hoje para Mark como no dia em que embarcou de volta para casa, sem um braço. Quando o memorial foi construído em Washington, ele riu com desprezo e disse: "Eu jamais vou me esquecer e jamais vou perdoar." Foi assim que ele decretou a sua própria prisão.

As pessoas que são surpreendidas por circunstâncias destruidoras parecem ser vítimas, pura e simplesmente. E se estamos lendo apenas um capítulo do livro delas, não há o que discutir. Mas não conhecemos a história toda: não podemos julgar. Não sabemos qual é o tanto da loucura coletiva que elas assumiram por todos nós. Só podemos ter compaixão e apoiá-las nas curvas difíceis dos seus caminhos e fazer aquilo que estiver ao nosso alcance para mudar o ambiente para todos nós.

Porém, apoiar não é o mesmo que salvar. Uma mentalidade de salvação está emitindo um juízo quando diz: "Eu sei mais que a sua alma a respeito daquilo que você precisa." O apoio oferece ajuda compassiva. Ele encoraja os que passam por determinadas circunstâncias a encará-las, a controlar seus sentimentos e a ter paciência com o processo de cura até que o perdão seja possível.

Tudo o que não foi perdoado fica retido no corpo, nas emoções, na mente e até mesmo na alma. Por não ser liberado, isso se cristaliza, formando obstruções nos próprios caminhos pelos quais a energia deve fluir. Havendo tempo suficiente para cristalizar-se vai acabar resultando em doença. Eu conheço um homem dedicado à cura que é muito respeitado. Ele começa seus tratamentos com a seguinte pergunta: "A quem ou o que você não perdoou?"

Com o tempo, acabamos crescendo até chegar à compreensão do papel que a dor e a decepção representam na nossa vida. Mas a nossa capacidade de quebrar as correntes através do perdão não se limita apenas a esta existência. No domínio da consciência, tudo está presente.

Se o medo que vem de outra vida está sendo ferrenhamente mantido na consciência, é o mesmo que se tivesse ocorrido hoje de manhã. No tempo real, ocorreu mesmo. Não é preciso que a pessoa se lembre dos incidentes ou de pessoas específicas que acionam esse medo. As especificidades simplesmente foram consteladas em torno de um ímã central. Eliminando o ímã — o medo — não há nada para sustentar as lembranças, e elas se dispersam como as sombras da noite diante do sol nascente.

Pode ser difícil ver um propósito com a mente racional, especialmente nos acontecimentos que compartilhamos como parte do drama humano maior, assim como a guerra e a fome. O ego percebe as coisas dentro de uma perspectiva limitada e cria categorias: essa atitude pode ser perdoada; aquela, não. Os graus de culpa são colocados numa escala muito imprecisa — pecado número um, não tão ruim; pecado número dez, imperdoável. É claro que a escala se altera. O pecado de ontem pode muito bem ser tolerado hoje.

Sam é um homem de seus trinta e cinco anos e veio pedir aconselhamento porque estava bloqueando conscientemente o próprio sucesso. Pai de vários filhos, era uma pessoa muito trabalhadeira que verdadeiramente aspirava viver, de acordo com suas próprias palavras, "uma vida que valesse a pena".

Quando me sintonizei com ele, comecei a desconfiar que, ou ele tinha tido uma experiência homossexual ou realmente queria ter uma, e essa questão tinha de ser abordada em primeiro lugar. Quando mencionei isso, ele admitiu com muita relutância que tinha passado por esse tipo de experiência e começou a chorar. Ele sentia que havia pecado e que não merecia ser feliz.

À medida que eu ia rezando para receber orientação a fim de ajudá-lo, comecei a ver, cena por cena, horrores de devastação — guerras, torturas, campos de concentração, doenças, fome. Porém, em todos os lugares que eu pude ver em Espírito, havia amor oferecido em grandes ondas de Luz dourada — amor movendo-se através da guerra, através das doenças, através de tudo aquilo.

Então eu vi, cena por cena, a vida exprimindo a sua alegria — vida nova nascendo, amigos rindo, campos verdes no verão. Em todos os lugares em que vi a beleza, havia a mesma Luz dourada do amor.

Então eu vi Sam, ali, de pé com seu amante, e havia a mesma Luz dourada do amor. A mensagem era clara: não há nenhum lugar em que não exista amor.

O perdão não é distribuído como condecorações em recompensa pela obediência a uma interpretação humana do código moral de Deus. Em primeiro lugar, ele nunca foi retido. Peça ao universo para perdoá-lo, e a resposta provavelmente será o silêncio — você receberá a mesma Luz dourada do amor que sempre o circundou. Mas, uma vez que você é capaz de perdoar a si mesmo, então vai reconhecer essa Luz e finalmente aceitá-la.

Todos nós sentimos culpa e vergonha por opções que fizemos. Muito disso vem por termos interiorizado as vozes primitivas de outras pessoas. Quando estamos fora dos padrões (uma definição boa e simples para *pecado*), a voz calma e tranqüilizadora da nossa orientação nos conduz — não nos julga, apenas conduz. A vergonha pode ser adotada como um espelho para percebermos o que precisa ser purificado, e isso geralmente significa o que precisa ser perdoado.

Um antigo poeta egípcio disse muito bem, num poema intitulado *Nuk Pe Nuk* [Eu sou o que sou]: "E o próprio Inferno é apenas uma barragem que eu coloquei no meu córrego durante um pesadelo."

O primeiro passo para o perdão é conhecer exatamente aquilo ou aquele que precisa do perdão. Isso pode parecer óbvio, mas às vezes é muito sutil. Por exemplo, você pode ter lidado com a sua mágoa, mas não com a sua raiva porque seu pai ou sua mãe o abandonou na infância. O subconsciente pode estar conservando intactos esses sentimentos de abandono, junto com a energia da raiva. O perdão pode ser concedido com a mesma facilidade, tanto para alguém que morreu como para alguém que está vivo. Ou talvez você teve um "bom" pai ou uma "boa" mãe, e a criança que há dentro de você ainda se ressente por causa dele ou dela por não tê-lo protegido do pai ou da mãe "ruim".

O próximo passo do perdão é examinar as implicações da mágoa original — explore a experiência com todo o valor que ela contém. Como foi que ela afetou a sua vida, as suas atitudes, os seus relacionamentos, a sua auto-imagem? Se você achar que esse nó é difícil de desatar, ame a si mesmo o bastante para procurar um conselheiro ou terapeuta profissional para ajudá-lo. O que quer que faça, não seja muito severo consigo mesmo se ainda está remoendo acontecimentos sem importância. A gentileza para consigo mesmo faz parte da concessão do perdão.

Finalmente, tem de ser tomada a decisão de partir para a liberação. A conscientização é um primeiro passo, mas não é o perdão. Conheci muitas pessoas capazes de enumerar claramente as muitas razões pelas quais odiavam isto ou aquilo, mas ainda estavam odiando. A raiva e a mágoa emergem durante a parte analítica do processo e certamente têm de ser dominadas. O próximo passo é dissipar completamente, com o perdão, toda a energia que há em torno da dor.

EXERCÍCIO: VISUALIZAÇÃO — A ESCADA DA LUZ DOURADA

Se você está tendo dificuldades para mudar o seu ponto de vista pode tentar o seguinte exercício de construção de imagem:

Crie uma bela campina na sua mente e veja ali a si mesmo junto com alguém que você está tendo dificuldade para perdoar. Não negue os seus sentimentos. Apenas deixe que eles sejam aquilo que são. Enquanto olha para essa pessoa, você pode querer rever todas as circunstâncias infelizes do seu relacionamento.

Agora, volte-se. Veja a escada dourada atrás de você. Comece lentamente a subir o primeiro dos sete degraus. Seja decidido e consciente em relação a cada degrau. Sinta o calor que está envolvendo você. À medida que você sobe degrau por degrau, o calor aumenta.

Agora, olhe para cima. No topo da escada, veja o ser radiante cujas mãos estão estendidas para você. À medida que você se aproxima do topo, esse ser se adianta para ajudá-lo a subir a última parte. Quando você chega lá, com suas mãos nas dele, esse ser olha bem fundo nos seus olhos e o abraça. Você compreenderá que tudo o que já fez é conhecido e inteiramente aceito por ele. Você é amado incondicionalmente. Faça o possível para aceitar isso totalmente. Reconheça a cura que está ocorrendo.

Ao se desfazer do abraço, veja que também você está brilhando com essa Luz dourada. Agora, volte-se e olhe para baixo, para a pessoa que está sentada ao pé da escada. Como ela lhe parece de onde você está? Você consegue ver a humanidade, a vulnerabilidade dessa pessoa?

Você tem vontade de compartilhar a cura que acabou de receber? Então desça a escada, pegue a mão dessa pessoa, olhe dentro dos seus olhos e, vendo tudo, escolha o amor com estas simples palavras: "Eu perdôo você."

Esse exercício, feito com sinceridade, não é nenhuma fantasia. Você está realmente começando a alterar a energia entre você e a outra pessoa.

Acontecimento por acontecimento, pessoa por pessoa, decepção por decepção, nós colocamos em ação a alquimia da mudança consciente. No início, decidimos liberar as injustiças pessoais. Ao praticar nossas habilidades espirituais, com o tempo seremos capazes de liberar as sombras na mente coletiva até que um dia também nós possamos dizer, com total clareza: "Perdoa-lhes porque não sabem o que fazem."

Nesse meio-tempo, entregue-os ao céu. Com o tempo, a lei universal acabará por colocar todas as coisas em equilíbrio.

EXERCÍCIO: O ALTAR DO PERDÃO

1. Escolha um lugar e uma hora em que possa estar sozinho e sossegado.

2. Sente-se confortavelmente, de preferência com a coluna ereta, braços e pernas descruzados para ajudar a criar um fluxo livre de energia. Relaxe o pescoço e os ombros. Respire lenta e profundamente, deixando que o ar penetre no abdômen até sentir que está ficando bem relaxado. Simplesmente, elimine a tensão, expirando, e absorva a Luz dourada, inspirando.

3. Transfira sua atenção para o coração e comece a respirar através dele. Inspire o amor... e expire o amor. Então, dirija mentalmente as respirações seguintes a alguma parte do seu corpo que precise de equilíbrio. Depois, dirija respirações afetivas ao seu corpo emocional, sentindo-as como uma brisa fresca e suave. Em seguida, dirija-as ao eu mental, sentindo uma clareza adicional com cada nova respiração.

4. Cerque-se de Luz pura e diga a si mesmo que tudo o que se segue é abençoado pelo Cristo Universal e é para o seu bem superior.

5. Com os olhos da mente, crie um Altar feito de Luz. Imagine esse altar do modo que quiser, sabendo que ele é feito da substância mais pura e mais elevada do Universo. Sua mente subconsciente sabe que um altar significa sacrifício e liberação. O símbolo é rapidamente comunicado à sua mente interior.

6. Coloque a pessoa que escolheu para perdoar no Altar da Luz. Visualize a luz penetrando em cada célula de sua forma. Dirija a luz do seu coração para rodear essa pessoa, à medida que disser:

"Eu o(a) perdôo por todas as transgressões, reais ou imaginárias, lembradas ou não, desta existência ou de qualqüer outra."

Agora, dissolva essa imagem na luz.

7. Coloque-se no Altar da Luz e contemple a si mesmo sendo banhado na luz que você controla do centro do seu coração. E diga a si mesmo: "Eu me perdôo por qualquer energia negativa que tenha emitido contra... (nome da pessoa que está querendo perdoar), real ou imaginária, lembrada ou não, desta existência ou de qualquer outra."

Agora dissolva inteiramente a sua própria imagem na Luz.

8. O último passo é muito importante, pois é aqui que você exprime gratidão — a energia do fortalecimento. Diga a si mesmo ou em voz alta: "Obrigado, Deus-Pai e Mãe."

9. Está feito. Delicadamente, faça a sua atenção voltar-se para um estado de alerta.

SÉTIMA ETAPA

A entrega

Desde que minha casa pegou fogo, posso ver melhor a lua crescente.

Masahide

Quando morremos para o que é velho, criamos um lugar vazio para o novo. Nada pode ser acrescentado a um espaço que já está ocupado. No vazio reside o potencial de todas as coisas. À medida que a pessoa se dirige em profundidade para o último estágio das Sete Etapas da Mudança Consciente, inicia-se o processo de integração. Através da alquimia de síntese, o novo se torna uno com o nosso ser total. Deixamos de teorizar, de antecipar, de lutar e de contestar. Sabemos de fato que acabamos nos tornando aquilo pelo que aspirávamos. Dentro da entrega está a perfeição, e com a perfeição vem a paz. A antiga forma parece tão distante como uma outra existência. Há um crescente sentido de distanciamento.

Além do inimigo

Embaralhei as opiniões que me foram legadas pelos outros.
Reembaralhei os fantasmas de batalhas ganhas e perdidas.
Onde estão? Você sabe?
Um colar de palavras brilhantes, outro livro.
    A história de um peregrino recontada.
A promessa de outro, o caminho de outro.
Cada uma delas, uma bolha de sabão, clara, iridescente.
    — num instante, desaparece.
"Eu me rendo", gritei para o céu pálido e silente.
Se eu conhecesse a energia que o meu grito desencadeou
Teria feito dele o mantra do meu coração —
Eu me rendo. Eu me rendo. Eu me rendo.

A entrega é a passagem que nos ensina a confiar no Deus que há dentro de nós, a ter fé no fato de que estamos sendo guiados. A vontade inferior — a minha vontade — é oferecida à vontade superior — à Tua vontade. O Graal Interior está pronto para o vinho novo, e os propósitos mais profundos do nosso caminho de vida são revelados. O conhecimento transforma-se em sabedoria; a visão interior leva à iluminação. É a estação da borboleta alada, da fênix alçando vôo.

Há o lugar sagrado dentro de cada um de nós, onde os dois mundos se tocam — o mundo do espírito e o mundo da matéria — onde o interior e o exterior são reconhecidos como um só. É um lugar que está além do inimigo.

Quem e o que é o inimigo? O inimigo é a mentira que diz que você é menos do que o espírito criador. O inimigo é a ilusão que usa mil faces, algumas assustadoras, outras comoventes, todas elas seduzindo-nos para acreditar que somos o papel que estamos representando. Em vez de perceber que "eu estou *vivenciando* uma doença, a riqueza ou o confinamento", acreditamos, de fato, que "eu *estou* doente, *sou* rico ou *estou* confinado". O inimigo continua perfurando o nosso bilhete para entrar na roda cármica, e nós continuamos a comprá-lo.

Porém, não importa quão fascinados e identificados estejamos com as nossas criações, ou com que eficiência representamos nossos papéis, ou quantos mitos tenhamos construído para apoiá-los; todos eles acabam morrendo. Nós não.

A entrega nos aproxima cada vez mais da mudança que ocorre entre o *"eu faço"* e o *"eu sou"*. Quando nos concentramos em falsas identidades, a maior parte das nossas energias é despendida para apoio dessas ilusões. Mas, uma vez que a mudança interior se faz para o *"eu sou"*, então podemos "fazer" com mais imaginação, energia ilimitada e um toque de leveza. Equilibrados no lugar em que o nosso eu divino e o nosso eu humano se fundem, somos capazes de nos identificar com o espírito e começar a criar com uma percepção consciente no mundo físico. Aprendemos a estar no mundo, mas a não ser dele.

Uma vez que nos situamos além do inimigo das aparências ilusórias, sabemos que a nossa verdadeira identidade é espírito, essência; sabemos que não somos masculinos ou femininos, ricos ou pobres. Não importa o que aconteça no mundo exterior a partir desse instante, o eu interior não se perturba. Em cada entrega, passamos a contar mais com essa calma permanente.

Viver além do inimigo é aceitar a Graça. E daí a nos tornarmos uma expressão da Graça em todos os papéis que representamos no drama humano é um pequeno passo. Toda vez que uma falsa identidade se entrega, o vazio que ela deixa é preenchido pela Graça. Quando nos movemos conscientemente para dentro de uma linha harmoniosa, de sintonia com a Graça, nós adquirimos uma consciência sobre nós mesmos, somos iluminados e salvos, nas palavras do Senhor Krishna, "do interminável oceano da morte e do renascimento". Começamos a viver na Terra o amor incondicional. Não estamos mais preocupados com as aparências; respiramos o amor — e, portanto, a Luz — até mesmo lá onde há o acúmulo mais denso de confusão e de ódio. Estamos livres para escolher como e onde vamos aplicar a nossa energia.

Como o espírito permeia todo nível e freqüência de energia, estamos livres para aplicar as leis da criação que governam o nível mental ou para dirigir a energia nos níveis emocional ou físico. Como não estamos mais presos à identificação com qualquer um desses níveis, estamos livres para criar em todos eles. Enquanto estamos sendo torturados pelos desígnios caprichosos do inimigo, olhamos para o mundo ferido e pensamos: "É demais." Mas, uma vez que estamos livres das ilusões, podemos olhar para o mundo com os olhos do Cristo encarnado e dizer: "O fardo é leve."

Ele não parece tão leve enquanto ainda estamos sendo mantidos prisioneiros de nossas ilusões. Então vamos nos entregando um pouquinho por vez. E cada mudança que percorre o ciclo completo, porque assim o permitimos, ensina-nos um pouquinho mais a deixar que as coisas aconteçam. Toda purificação que suportamos prepara-nos para a libertação e possibilita que o novo recipiente, a nova forma que estamos criando, contenha um pouquinho mais da Graça.

A purificação exige que morramos para o passado. A entrega nos chama para viver no presente. Durante a purificação, somos encurralados até a beira do precipício. E quando nos entregamos, pulamos.

Há a história de um famoso rabino muito procurado pela sua sabedoria espiritual. Quando um jovem entrou na casa do rabino depois de uma árdua jornada, ficou muito espantado ao ver que era apenas uma sala simples repleta de livros. Os únicos móveis eram uma mesa e um banco.

— Onde estão os seus móveis? — perguntou o jovem.

— Onde estão os seus? — disse o rabino.

— Os meus? — disse o jovem. — Mas eu sou apenas um visitante aqui.

— Eu também — disse o rabino.

Temos a tendência de falar em "entregar-se" ou na "entrega" — como se finalmente estivéssemos fazendo a escolha de deixar que ela aconteça. Na verdade, é mais uma escolha no sentido de continuar a escolher. Geralmente, ao longo do caminho, dizemos: "Faça-se a Tua Vontade, Senhor", mas continuamos a sussurrar: "E um pouquinho da minha." Deixamos que um pouquinho seja liberado; depois reorganizamos e integramos o que restou em novas combinações. Então vivemos fora do novo ambiente até estarmos prontos para liberar mais um pouquinho e depois mais outro.

A entrega abre mão de algo mais que a compulsão; ela abre mão do desejo que abastece a compulsão. A sabedoria de Buda ensina que os nossos desejos é que nos mantêm prisioneiros. Antes que uma antiga forma seja purificada, ela deseja realizar-se. Enquanto ainda restar alguma coisa, ela continuará a dizer: "Eu preciso, eu quero." É o aprendizado da lenta liberação do desejo que freqüentemente nos mantém na dor da purificação. É realmente uma bênção não sermos liberados da purificação antes que o próprio desejo seja abandonado. De outro modo, o desejo se instalaria no subconsciente e continuaria a fazer parte do ímã criativo que impulsiona as pessoas e as situações para nós sem termos idéia do porquê.

O desejo é o último resto de ilusão a que o ego-eu está se entregando. Até o fim, ele continua insistindo: "Se eu ao menos realizar isto ou conseguir aquilo, serei feliz." Nós achamos que, quando conseguirmos o que desejamos, estaremos salvos. Como Helen Keller disse certa vez: "A segurança é, na maioria das vezes, uma superstição. A longo prazo, evitar o perigo não é mais seguro do que viver inteiramente a experiência. A vida é uma aventura ousada ou então não é nada."

A morada no mistério

A vida não pode ser controlada. Ela é um mistério que nos convida a participar, a arriscar, a confiar no destino, a aceitar a pedra rúnica branca, o desconhecido. A entrega nos ensina não tanto a compreender, mas a "habitar o mistério", como disse certa vez Ray Bradbury. Quando conseguimos aceitar o mistério maior da Vida, podemos criar conscientemente dentro dele.

O útero materno vazio contém todas as possibilidades. Uma vez, Lao-tzu disse: "É o nada que torna isso possível." O útero é um lugar de possibilidades criativas máximas. Nesse momento de nada, estamos livres das polarizações que ditam tantas escolhas. "Eu sou mãe; portanto, tenho que fazer as doze coisas seguintes" ou "Eu sou médico, e é isso que se exige." Esvaziados de nossos papéis, dançamos com o Espírito.

Os diários dos místicos de todas as tradições falam da necessidade de nos esvaziarmos para sermos preenchidos. Eles repetem o que disse o Irmão Lawrence, um místico do século XVII: "Eu sei que, para a prática correta, o coração tem de estar vazio de todo o resto, porque Deus quer possuir o coração só para si, e, como não pode possuí-lo só para si a não ser que ele esteja vazio de todo o mais, Deus não consegue introduzir nele aquilo que gostaria, a não ser que este seja deixado vazio para Ele."

Descobri, na minha caminhada, que todos os meus principais pontos de mudança envolviam um abandono de idéias preconcebidas a meu respeito e a respeito do mundo.

No início do meu trabalho, tive de abandonar o medo de me apresentar em público e aprendi isso apresentando-me mais em público. Quando temi pela minha segurança financeira, fui forçada a assumir cada vez mais riscos, até que afinal passei a viver com o estritamente necessário e confiei no universo. Tive de enfrentar regularmente o meu conhecimento limitado quanto ao modo como o universo funcionava até mesmo para poder ensinar. Quanto mais me dedicava, mais as ilusões vinham à superfície para serem enfrentadas e abandonadas.

Eu adoraria dizer que abandonei todas essas fixações, especialmente as que estavam repletas de medo, com incrível facilidade, ou num momento de êxtase. Mas não foi assim. Descobri que a vontade do ego luta a cada passo do caminho para preservar o *status quo*.

Uma de minhas rendições mais significativas aconteceu quando fui hospitalizada com dores terríveis e uma série de sintomas não diagnosticados que intrigavam os médicos. Todos os exames — de sangue, dos ossos, raios X e punções na coluna — davam resultados normais, mas a dor e os sintomas persistiam. Meu médico particular tinha decidido não me fazer passar pelo exame de MRI (Imagem de Ressonância Magnética) porque eu tinha um antecedente de claustrofobia. A máquina de MRI é muito parecida com um caixão — é um tubo de quase dois metros de comprimento com uma largura suficiente apenas para uma pessoa.

Porém, como os sintomas continuaram, ele decidiu consultar um especialista, que insistia em que o MRI fosse feito.

Na manhã da sexta-feira em que eu deveria fazer o exame eu estava nervosa, mas tinha preparado a minha mente tanto quanto possível. Além disso, o médico tinha receitado um calmante forte para me ajudar a superar a minha ansiedade (aliás, esse calmante não fez nenhum efeito). Embora eu tivesse um grande apoio dos médicos, do radiologista, das enfermeiras e dos meus amigos, assim que me vi fisicamente diante da máquina, meu coração disparou, meu corpo começou a tremer e eu simplesmente não consegui entrar nela. Eu queria fazê-lo, mas o meu corpo simplesmente não queria. Em toda a minha vida, eu nunca tinha alcançado os limites da minha própria vontade. Eu não conseguia me determinar a fazer aquilo; não conseguia me determinar a me libertar de um medo que não tinha lógica, mas que era totalmente penetrante.

Quando voltei para o meu quarto depois desse fracasso, o clínico geral veio falar comigo. Ele foi muito solidário, garantindo-me que a claustrofobia não podia ser controlada. Contudo, ele ainda precisava da informação que só poderia ser obtida a partir daquele exame, e eu deveria novamente tentar fazê-lo na segunda-feita seguinte.

Eu realmente cheguei ao fundo do poço nessa noite. Eu sabia que não havia nada em mim que me obrigasse a fazer aquilo. Então, quando todos foram embora, eu me dirigi a Deus e me entreguei. Se Deus queria que eu fizesse o exame, Deus teria de fazê-lo. A minha vontade não era capaz.

Quando finalmente consegui me relaxar numa meditação profunda, foi-me dito em Espírito que eu estava correta na minha conclusão anterior de que o meu parto havia codificado o medo de lugares confinados nas minhas células. O medo que eu tinha estava num nível anterior à minha mente; era uma lembrança celular. Foi-me dito que ele se originara numa existência na qual eu tinha sido enterrada viva, e que ele tinha sido reativado nesta vida pelo parto normal. Fui orientada para passar o fim de semana abençoando a máquina de MRI e reunindo energia a partir de todos os meus corpos sutis para formar um feto que deveria levar em meu coração, de modo que, ao entrar na máquina, eu estaria de fato entrando no "coração do lótus". Lá eu encontraria o Cristo.

E foi isso que aconteceu. Na sexta-feira, eu absolutamente não havia conseguido entrar naquela máquina. Na segunda, passei uma bem-aventurada hora e meia lá dentro, descansando em Cristo. A equipe médica estava atônita. Ninguém se cura de claustrofobia num fim de semana. Mas "eu" não tinha feito aquilo. Apenas tinha submetido minha vontade a uma vontade superior. Aquilo se tornou para mim uma câmara de iniciação, e a experiência mudou a minha vida interior.

É claro que os resultados do exame foram perfeitamente normais. A experiência não foi feita no sentido de encontrar um desequilíbrio qualquer. Foi a maneira como o universo usou o material que estava à mão para me conduzir a uma entrega mais profunda. Agora, quando olho para trás e vejo os muitos acontecimentos que precederam esse momento, sei que eu estava me preparando cuidadosamente para a entrega. Se eu não tivesse ficado tão exausta com aquelas semanas de dor e medo do desconhecido, talvez não tivesse sido capaz de submeter a minha vontade. Se eu tivesse me sentido forte na minha própria vontade, provavelmente teria me recusado a fazer o exame e teria adiado um importante ponto de entrega.

Quando voltei do hospital para casa, recebi um cartão com um lótus pintado por um amigo meu da Suíça. No cartão, ele escreveu: "Quando meditei a seu respeito, vi que, quando você terminar esse vigoroso processo de transformação, haverá flores crescendo do coração do lótus." Ele tinha enviado o cartão uma semana antes do exame. Era como se Deus estivesse sublinhando sincronisticamente esse ponto com tinta vermelha, de medo que o meu cérebro humano tentasse negar o que havia acontecido.

Ao nos entregarmos, descobrimos o poder do *eu não sei* e até mesmo do *não consigo*. É então que nos tornamos maleáveis aos ensinamentos. Desconfio que nos apegamos a idéias rígidas e definitivas sobre a natureza da realidade porque abrir mão delas é rasgar as coberturas protetoras e olhar com os olhos nus para dentro de uma expansão sem fim de possibilidades.

A entrega nos liberta para a aceitação de que podemos não ter a menor idéia daquilo que o universo tem em mente. Lembro-me de ter feito uma sessão a longa distância com uma mulher que mora num Estado distante do meu, a respeito de um problema com a sua audição. Quando eu estava vivenciando o trabalho que estava sendo feito por meu intermédio, ouvi em minha mente: "Vinte e um dias." Mais tarde, ela contou que sentiu muito calor e ficou ouvindo um zunido nos primeiros dias após a cura, mas que não conseguia ouvir com clareza. Porém, ao fim de vinte e um dias, recebeu um chamado de alguém que tinha ouvido falar no seu trabalho e queria marcar um encontro com ela. Esse alguém, aliás, era um cirurgião do ouvido. Para encurtar a história, o cirurgião fez o trabalho necessário para completar a cura no plano físico. A cura espiritual tinha eliminado as obstruções e preparado o terreno. Mas ainda há mais. Ela e o cirurgião se tornaram amigos e continuaram fazendo muitos projetos juntos. Como é que alguém poderia saber que isso tudo ia acontecer? Quando nos entregamos, apenas fazemos o trabalho que está diante de nós e abandonamos a tendência do ego para manipular os resultados de acordo com as suas expectativas.

Entrega ao conhecimento natural

Quando abrimos mão de nossas conclusões a respeito de como as coisas devem funcionar, e do que é ou não bem-sucedido, oferecemos a nós mesmos o presente da "mente do iniciante", do Zen Budismo, permitindo-nos ver a vida de maneiras novas e sadias. Sem nenhum viés, podemos ver o nosso mundo com os olhos daquele que Emmet Fox denomina "a criança maravilhosa", e C. G. Jung, chama de "a criança Divina". Talvez seja isso que o Cristo encarnado quis dizer quando sugeriu que a pessoa tinha de se tornar "uma criancinha" para entrar no estado de consciência denominado paraíso.

Talvez isso nos leve àquilo que o biólogo Lyall Watson chama conhecimento natural. Nós sabemos — apenas esquecemos que sabemos. A entrega nos leva à lembrança.

O conhecimento natural é conhecimento intuitivo. Não se trata de entender tudo a partir de uma informação disponível, o que apenas nos leva a dar voltas e mais voltas, reorganizando os fatos conhecidos numa embalagem preconcebida. Aquele que conhece naturalmente compreende as coisas recebendo o conhecimento da sua qualidade de ser à medida que este interage com todos os outros seres. De que outro modo podemos intuir a presença de Deus?

A intuição é uma forma da mente superior àquela que chamamos de pensamento. Ela engloba ao mesmo tempo as funções do cérebro esquerdo e as do direito. Ela inclui a sabedoria do coração assim como a lógica. Inclui o conhecimento do específico "masculino" e do coletivo "feminino". Ela não só indaga o que uma coisa é em si mesma mas também qual é o seu relacionamento com o todo. O conhecimento natural não tem de escolher entre os dois. A mente analítica diz: "Aqui está uma sala, aqui é o teto, o chão, a escrivaninha, a lâmpada." A mente intuitiva diz: "Estou vendo. Agora, como é que eles estão relacionados e o que é que isso significa?"

Uma vez, o Espírito me disse que uma intuição desenvolvida era a marca de uma inteligência integrada, na qual todos os aspectos da mente — o cérebro reptílico e límbico, o cérebro direito, imaginativo, e o cérebro esquerdo, analítico — interagem com o mundo num nível de entendimento impossível para uma só porção. A intuição é uma expressão superior do conhecimento mediúnico porque ela não tem de se separar do eu como um todo para compreender as coisas. No conhecimento natural, não temos de executar uma cirurgia de divisão do cérebro em nós mesmos e decidir qual o modo de pensar correto.

A mente intuitiva altera a nossa percepção. Através dela, somos mais suscetíveis de reconhecer o "eu" que está por trás de tudo aquilo por que passamos. À medida que vivenciamos a mudança consciente, começamos a ver que, não importa quão difícil seja um desafio, em algum lugar por trás disso tudo está o eu que observa, que não só criou a situação mas a está vivenciando e que vai continuar existindo depois que o desafio passar. Como me disse um amigo depois de ter passado por uma situação quase insuportável, "Eu aprendi, principalmente, que ainda estou aqui. Ainda sou eu".

O conhecimento natural é o reconhecimento orgânico daquilo que é certo. Quando ocorre uma entrega no nosso ciclo de mudança, sabemos disso. Sem nenhum esforço consciente, os componentes da nossa psique se reorganizam e, repentinamente, nós nos sentimos diferentes, vemos com novos olhos, compreendemos sem forçar nada.

Podemos nos surpreender olhando para trás e encarando uma experiência que ocorreu antes da entrega quase como se tivesse acontecido em outra existência. Perguntamos a nós mesmos: "Eu realmente pensava assim? Como é que eu não sabia o que sei agora?" Quando pensamos numa mágoa passada, é como ler um obituário. Ela não tem nada da energia repleta da emoção que recarrega a dor e a mantém viva. Sabemos que aconteceu, respeitamos confiantemente o papel que representou na nossa vida, mas agora nos sentimos cada vez mais desapegados dela.

Uma mulher que eu conheço passou por uma grande mudança quando o marido a deixou por outra mulher. Durante vários anos, ela realmente usou essa experiência para o crescimento pessoal, trabalhando através de vários ciclos de crescimento, inclusive de muita raiva e mágoa. Ela compreendeu que se tinha entregue verdadeiramente ao seu próprio processo quando, uma noite, levou os pais ao teatro e, inesperadamente, deu de encontro com a "outra mulher". Sem pensar em nada do que havia acontecido, ela percebeu que o seu único sentimento era de sincera compaixão pelo transtorno causado àquela mulher que ela havia odiado alguns meses antes. A compaixão veio espontaneamente e sem esforço.

Enquanto temos de cerrar os dentes para nos obrigar a fazer qualquer coisa, podemos estar certos de que a antiga energia ainda está em ação dentro de nós. A maioria de nós tem de pegar o touro à unha e continuar se comprometendo de determinada maneira durante a purificação; mas, na entrega, isso se torna uma reação instintiva e natural.

O repentino "conhecimento" na entrega é semelhante ao ciclo do despertar. A diferença é que, durante o despertar, nós o vemos; durante a entrega, nós nos transformamos nele.

O conhecimento não segue um processo ordenado e linear. Nós cercamos a nossa ambivalência enquanto a nova idéia nos provoca e parece zombar de nós. Então, é como ver a figura escondida num quebra-cabeça infantil — num dado momento, você não consegue ver os coelhos e as raposas e, no minuto seguinte, você não consegue deixar de vê-los. Antes que você aprendesse a ler, o alfabeto era composto de fragmentos desordenados. Depois da aprendizagem, tornou-se impossível não ler.

As tradições místicas em todo o mundo estão repletas de histórias de pessoas cujas vidas se transformaram num súbito lampejo ou percepção. Antes desse lampejo, temos a tendência de chegar paulatinamente à compreensão de alguma coisa. Às vezes, isso pode ser como ouvir música uma nota de cada vez. Durante um salto de percepção, você ouve a música toda de uma vez.

Uma vez, eu tive um sonho no qual era repentinamente devorada por um grande peixe cor-de-rosa. Eu estava em êxtase há algumas semanas, sentindo aquela energia que se tem quando se está apaixonada. Ainda que o simbolismo fosse claro para mim — o peixe, como o antigo símbolo do Cristianismo, e o rosa, a cor do amor universal — eu não vibrei com o processo intelectual. Era a experiência total de me entregar, naquele momento, ao puro amor, e deixar que ele me consumisse de uma só vez.

Minha experiência foi no sentido de que, quando estamos prontos para alterar a nossa percepção, até mesmo as coisas mais comuns, atraímos para nós o estímulo que fornece o *click* que traz guardada a compreensão mais ampla. Numa época em que eu estava examinando mais de perto o meu materialismo, fui ao Museu Guggenheim de Nova York. Um senhor de idade e eu estávamos admirando o mesmo quadro. No meu entusiasmo, eu disse a ele: "O senhor não adoraria ser o proprietário desse quadro?" Ele sorriu, apontou para a sua cabeça e disse: "Mas eu o possuo, querida, eu o possuo." De repente, compreendi uma coisa — não só a respeito daquele quadro, mas a respeito de "possuir" todas as coisas belas: uma vez que você as levou para dentro da sua mente, não há necessidade de pegá-las no nível físico. Essa simples observação foi para mim um presente que jamais esqueci.

Uma nova percepção é algo para se guardar — é uma importante mudança de paradigma. Na verdade, não temos em inglês uma palavra para descrever muito bem esse salto. A nossa língua tende a ser demasiado linear para apreender a totalidade de causa e efeito numa só palavra. Algumas outras línguas chegam mais perto. Por exemplo, os índios hopi dizem *reh-pi*, que significa ao mesmo tempo "luz" e "faiscar". Nós dizemos "a luz piscou, saiu uma faísca". *Reh-pi* está mais próximo daquilo que vivenciamos durante o salto de um átimo de segundo na percepção.

Nunca sabemos quando alguém que está junto de nós está no ponto de soltar uma faísca. Essa é uma das razões pelas quais é importante contarmos uns aos outros as nossas experiências espirituais. Em certo ponto, uma pessoa pode dar um salto apenas porque você está vivenciando e falando de uma verdade que ela está pronta para apreender.

Deixar de lado os controles, não as capacidades

A entrega significa abandonar os controles. Mas isso não quer dizer tornar-se passivamente irresponsável. Nós não abrimos mão de nossas capacidades. Aquilo que abandonamos é o uso delas no sentido de manipular o mundo. As capacidades devem ser cuidadosamente administradas; não devem ser encarregadas da nossa encarnação.

O marinheiro ou o praticante habilidoso de *windsurf* sabe que não se aprende a controlar o mar. Você aprende os princípios do esporte e depois assimila-os tão bem de modo a poder confiar nas suas reações à medida que se entrega ao vento e às ondas. Uma boa corrida é uma mistura sutil de controle e abandono.

Ninguém sabe nos dizer exatamente como é o sentimento de ter controle e não ter controle ao mesmo tempo. É como aprender a saltar de pára-quedas. Podemos aprender tudo o que é possível sobre equipamentos, segurança e técnica. Mas nunca nos tornaremos pára-quedistas apenas observando os outros ou lendo um manual, mesmo que nos tornemos especialistas teóricos em pára-quedismo. Em algum momento, teremos de pular do avião, confiando ao mesmo tempo no nosso preparo e no vento sobre o qual não temos nenhum controle.

É um tanto irônico mas, para atingir a fase da entrega, temos de retirar de outras pessoas o controle da nossa vida. Enquanto estamos sendo dirigidos pelas vozes interiorizadas e pelas ordens dos outros, não estamos em contato com a nossa própria vontade; não estamos no controle. É mais como copiar, talvez com a imaginação, mas mesmo assim trata-se mais de uma reação que de uma ação.

Porém, tão logo nos movemos para dentro da força criativa de nossa vontade, nós nos deparamos com o abandono dessa vontade ante uma diretriz superior — a vontade Una. Nesse nível de sintonia, nosso lugar no plano superior é-nos revelado.

Desistir do controle é algo que sucede pouco a pouco para a maioria de nós. "Vou abrir mão do meu talento, meu Deus, mas estou mantendo o controle dos meus relacionamentos." "Vou confiar em você até esse ponto, mas prefiro me preocupar eu mesmo com estas outras coisas." Parece tolice, mas isto é um testemunho tanto da força da nossa vontade individual como das crenças profundamente arraigadas que depositamos na separação.

Deixar o barco correr não é o mesmo que abrir mão das coisas. Abrir mão geralmente significa que não podemos encontrar um modo de pôr a funcionar a forma antiga, mas que o desejo ainda está vivo. Deixar que as coisas aconteçam é acabar até mesmo com o desejo da forma antiga. Às vezes, é difícil distinguir a diferença.

O rito de passagem de Amy girava em torno do seu intenso desejo de escrever. Ela foi uma criança brilhante e cresceu numa família de pessoas cultas que valorizavam a escolaridade acima de tudo. Ela desenvolveu o desejo de escrever enquanto era jovem, mas também desenvolveu uma *forma* secreta que era mais ou menos assim: "Ser uma escritora prova que eu sou uma pessoa digna."

Amy cresceu e se notabilizou em muitas áreas, como professora e ministra leiga do culto, e também como escritora. Mas nunca deu atenção à sua crença secreta até o momento em que disse a Deus que queria ser totalmente consciente. Foi nesse momento que ela se deparou com o *desafio*. Por mais que tentasse manipular o seu mundo de modo a poder escrever, as exigências de sua vida não lhe permitiam que sobrasse muito tempo ou energia para isso. O seu eu espiritual, que estava amadurecendo, sabia que seu trabalho era válido, mas ela não estava em paz consigo mesma. Por baixo de todo o seu sucesso havia a antiga crença de que qualquer outra coisa que não fosse escrever em período integral não era suficientemente boa. Ela se encontrava em profunda *resistência* — uma luta ambivalente entre a crescente evidência do mundo exterior e a suposição há muito tempo mantida no seu mundo interior.

Seu *despertar* aconteceu quando ela compreendeu que não podia mais dizer a Deus: "Seja feita a Tua vontade — contanto que ela signifique escrever." Quando Amy começou a desconfiar que estava impondo as condições de seu discipulado, partiu para o *compromisso* com a "Tua vontade" e realmente foi sincera. Logo, ela começou a ver seus alunos e suas oportunidades sob uma nova luz.

Porém, as condições de que necessitava não apareciam. Levou muito tempo até Amy perceber que estava passando pela *purificação*, porque estava secretamente apegada à antiga crença. Sua entrega só aconteceu quando ela aceitou, de boa vontade, o fato de que seu papel neste plano poderia não ser o de escritora, mas que ainda assim ela era uma pessoa, escritora ou não. Ela estava disposta a deixar o barco correr e a servir do modo como fosse indicado pela sua orientação interior e pelas circunstâncias externas. Foi uma entrega genuína, um abandono no amor e na aceitação, não uma concessão desesperada.

Dentro de algumas semanas, um livro que ela já havia escrito foi comprado por uma editora, e o pessoal da universidade em que lecionava ofereceu-se para reorganizar seu horário de modo a lhe dar tempo para escrever. Amy não foi "premiada" com um editor e uma equipe de ajuda — ela simplesmente saiu do seu próprio caminho. Enquanto manteve a "crença" não purificada no seu subconsciente, o Universo não pôde se movimentar. Aquilo era como o *plug* que mantinha o antigo padrão no mesmo lugar. Escrever em si nunca foi o verdadeiro problema. A verdadeira lição era a respeito do valor e da identidade pessoal. Escrever foi meramente o símbolo. Assim que ela eliminou as restrições de sua mente, sua vida se organizou para permitir que ela escrevesse, o que, em si, não era o problema.

O caminho na mais completa fé

Há vários modos de conseguir as coisas neste mundo. Podemos simplesmente dizer: "Eu mesmo farei isso." Trata-se de exercitar a vontade, e não há nada errado a esse respeito. Mas isso é limitado, porque não podemos sair fora da nossa própria compreensão atual ou da nossa esfera de poder.

O segundo modo de conseguir que as coisas sejam feitas é ouvir com atenção a nossa orientação interior e dizer: "Okay, meu Deus, eu já entendi. Daqui em diante vou cuidar de tudo. O Senhor pode voltar a governar o universo." Porém, apesar de estarmos nos movimentando numa harmonia maior com a nossa intuição mais profunda, *ainda* estamos vendo a nós mesmos como seres separados de Deus.

Mas há um terceiro modo, o melhor de todos: deixar que o universo aja através de nós em todos os momentos. Esta é uma maneira totalmente diferente de viver. Não paramos de tomar decisões e de agir, só que estamos fazendo isso de uma perspectiva diferente.

Nós não esperamos mais para viver a nossa vida. A atenção e a paixão são impelidas para o agora quando dizemos a nós mesmos: esta pessoa diante de mim é aquela a quem vou servir, aquela a quem vou amar. Este encontro é o meu compromisso divino. Não há maior oportunidade do que esta que está diante de mim agora.

Nós aprendemos a caminhar na mais completa fé. Se outros projetos são adiados, nós simplesmente estamos cumprindo com a nossa tarefa, reconhecendo que há forças desconhecidas agindo e confiando em que tudo está sendo perfeitamente cronometrado.

A fé é um compromisso de cada momento. Na etapa da entrega, estamos conectados com a vida como um todo e não apenas com uma parte dela. Toda entrega, não importa quão pequena seja, é um passo importante para aprendermos como tornar possível que o universo atue por nosso intermédio. No início, isso parece ser quase impossível. A vontade do nosso ego já investiu muito na nossa crença de que precisamos controlar as pessoas e os acontecimentos para sobreviver. Além de ser um grande alívio abrir mão desse controle, cada vez que fazemos isso o universo corre para nos apoiar, e isso é melhor do que qualquer coisa que poderíamos manipular para que acontecesse. O próprio ato da entrega libera forças poderosas dentro de nós.

O sábio taoísta Chuang-tzu diz o seguinte: "Não agir não significa ficar sem fazer nada e se manter em silêncio. Permita que todas as coisas façam aquilo que é natural para elas, de modo que a natureza delas fique satisfeita."

Quando nos entregamos à nossa essência, que está conectada com o universo todo, entramos em ressonância com o todo e atraímos para nós tudo o que é necessário.

Viver com alegria

Uma das descobertas deliciosas que fazemos quando nos rendemos à vontade superior é que, em vez de sermos designados a fazer coisas que não suportamos, somos chamados por Deus para viver a nossa alegria na sua plenitude. Temos a sensação de que tudo está certo quando estamos fazendo aquilo que se espera que façamos. Certa vez, Buckminster Fuller disse que isso é "um negócio meio místico. No momento em que você começa a fazer aquilo que tem vontade de fazer, é realmente um tipo diferente de vida". Cuide da sua alegria. Viva a sua alegria. "Vá atrás da sua bem-aventurança", disse Joseph Campbell. A palavra *entusiasmado* significa ser preenchido por Deus.

O biólogo James Lovelock diz que a evolução nos ensina que ser verdadeiro em relação ao que somos é algo essencialmente nobre e que, a longo prazo, é útil para todos nós. Em *Gaia: A New Look At Life on Earth* [Gaia: Uma Nova Perspectiva da Vida no Mundo], ele descreve um planeta hipotético com margaridas pretas e brancas. As margaridas pretas absorvem calor e fornecem quentura. As brancas refletem calor e fornecem frescor. Quando a temperatura do planeta precisa esfriar, há uma preponderância de margaridas brancas. Quando precisa se aquecer, as margaridas pretas predominam. Embora todo o planeta se beneficie com o equilíbrio da temperatura, as margaridas estão apenas sendo verdadeiras consigo mesmas.

O propósito de uma pessoa no esquema das coisas não é superior ou inferior ao de outra. Nenhum de nós pode fazer tudo o que tem de ser feito. E não se espera que nenhum de nós cumpra com a sua missão sozinho. As culturas nativas da América nos ensinam que toda ação deve ser avaliada com base nos seus efeitos durante pelo menos sete gerações. Hoje, um avanço na física pode ter acontecido porque um professor de primeiro grau redirecionou, trinta anos atrás, um problema de aprendizado para uma criança que se tornou cientista e, portanto, a energia desse professor faz parte da conquista atual. O fabricante de violinos está presente no concerto de cada virtuose.

Não devemos confundir a pequenez humana com a eficácia divina. Cada um de nós é potencialmente a diferença no mundo. Quem pode dizer qual é o golpe que quebra a pedra?

A entrega nos ensina a abrir mão da inveja, que é um subproduto da nossa falta de contato com o valor e o objetivo da nossa vida e do fato de encararmos a nós mesmos como criaturas imperfeitas. A entrega nos permite dizer: Você pintou aquele quadro. Isso significa que eu não tenho de fazer isso. Você descobriu aquela vacina. Incrível! É uma coisa a menos que o resto da humanidade tem de fazer. Você fez uma passeata em Washington, tomou conta daquele desabrigado, pôs em ordem a vizinhança. Ótimo. Nós lhe agradecemos. Agora, agradeça a mim porque estou fazendo a minha parte, e a minha parte é a nossa parte.

A tarefa que você faz pode parecer humilde de acordo com a sua avaliação — mas isso é mais uma questão de percepção que de realidade. Se você não consegue mudar a realidade, mude a sua perspectiva.

Três pessoas estavam talhando três pedras idênticas. Então chegou um estranho e perguntou o que estavam fazendo. O primeiro respondeu: "Estou talhando uma pedra." O segundo respondeu: "Estou ganhando a vida para sustentar minha família." O terceiro disse: "Estou construindo uma grande catedral."

Nas belas palavras de Akshara Noar: "Não há mais mapas, não há mais credos, não há mais filosofias. Daqui em diante, a direção vem diretamente do Universo. O currículo está sendo revelado a cada milissegundo — inevitavelmente, espontaneamente, amorosamente."

Na entrega, damos e recebemos ao mesmo tempo. Os relacionamentos assumem um significado diferente. Aprendemos a estar na vida das pessoas sem participar de sua dança. Um relacionamento torna-se importante, não porque satisfaz as necessidades da personalidade, mas porque é o caminho para a totalidade.

O negócio é abandonar os altos e baixos da roda-gigante que não leva a lugar nenhum. Os vícios carregam consigo grandes expectativas e compromissos devastadores. A entrega nos ensina a largar todas as idéias preconcebidas a respeito daquilo que achamos que temos de fazer para sermos felizes. A própria felicidade é redefinida.

Parte do processo de abrir mão do controle é abandonar as expectativas. Deus fala conosco de acordo com a nossa maturidade. Como o negativo de uma fotografia que surge dos produtos químicos do cosmos, a verdade torna-se cada vez mais clara — contanto que não retiremos a fotografia antes da hora.

Desapego, não indiferença

O ato de deixar as coisas correrem nos leva gradualmente ao desapego. Esse pode ser o conceito mais malcompreendido do desenvolvimento espiritual. *Desapego* soa como "indiferença para com os outros". Mas nada pode estar mais distante da verdade.

A indiferença é a mola da negação, do medo, do egoísmo e do julgamento — uma percepção do mundo do tipo "eles contra nós".

O verdadeiro desapego reconhece o problema, depois libera a necessidade de o ego interpretar os objetivos que estão por trás do sofrimento. O desapego é uma entrega diante do mistério do universo à medida que ele se move através de qualquer pessoa. O desapego permite que as pessoas se desenvolvam no seu próprio tempo. Trata-se de uma forma elevada de amor porque ele ama o ser que está por trás do problema e não se fixa no problema.

O desapego abre a possibilidade de atingirmos o objetivo daquela prece que está associada aos Alcoólatras Anônimos: "Meu Deus, dá-me serenidade para aceitar as coisas que não posso mudar, coragem para mudar as coisas que posso mudar e sabedoria para distinguir a diferença entre elas."

Num estado de espírito desapegado, a percepção é aumentada e o discernimento é mais agudo. É mais provável que nos tornemos um canal aberto através do qual o amor possa se derramar dentro de cada situação.

Como conselheira, já ouvi falar de muitos problemas. Aprendi que, quando estou afetivamente desapegada, sou capaz de perceber, tocar e, com confiança, fortalecer o espírito que há dentro da pessoa para enfrentar os problemas. Quando não estou desapegada — quando estou presa ao "não é horrível?" — geralmente é porque algo está ecoando em mim em virtude desse problema. Quando isso acontece, somos duas pessoas ligadas a uma limitação.

Ao treinar pessoas com dons de cura, descobri que, num determinado momento, elas acabariam sempre me procurando preocupadas por acharem que não estavam se importando mais com o seu trabalho normal. Porém, se eu as examinava detalhadamente, ficava claro que elas estavam procedendo de acordo com o perfeito Plano Divino. Quanto maior o número de pessoas com quem trabalhavam, mais elas percebiam que algumas aceitavam a cura e que outras, não. Elas estavam amadurecendo na compreensão dos propósitos mais sutis da doença. À medida que iam amando e servindo, seu ego ia se tornando cada vez menos envolvido com os resultados. Mas, em algum lugar ao longo do caminho, elas já tinham passado por muito choro e ranger de dentes por causa da dor e temiam que isso significasse que não estavam mais se importando.

A essa altura, eu lhes contava a história do macaco que tentou puxar um peixe para fora da água para impedir que ele se afogasse. O macaco "apegado" está sempre tentando salvar as pessoas. O salvamento presume que ele sabe o que é melhor para o outro. O apoio é voluntário, habilidoso e fortalecedor — ele respeita o caminho da outra pessoa e o seu direito de escolher.

O abandono da luta

Durante a entrega, acabamos abandonando a própria luta. Essa pode ser a liberação mais difícil de todas. Nós sabemos como lutar, como sobreviver, forçando-nos a competir e a abrir caminho através das dificuldades. O que não sabemos é como relaxar, como confiar, como permitir que o universo nos conduza.

A tentação é sermos como o prisioneiro que pede para sair da prisão e depois infringe imediatamente uma lei, assim que é libertado, para voltar às limitações odiadas mas conhecidas.

Eu me lembro de ter trabalhado com um homem dinâmico que ficou muito desorientado quando lhe disseram que, na verdade, ele não precisava mais se esforçar tanto. Ele dirige seminários de motivação e é um excelente professor. Para chegar aí, ele passou muitos anos de desafio trabalhando seus próprios problemas e aperfeiçoando suas técnicas para motivar os outros a reconhecer, por sua vez, aquilo de que eram capazes. Depois de me aconselhar com ele por vários anos, eu conhecia bem a sua sinceridade e como se sentia responsável em relação aos outros.

Quando iniciamos a consulta naquele dia em particular, eu vi uma imagem simbólica desse homem escalando gradualmente uma montanha muito íngreme. No início, ele carregava um fardo muito pesado que era todo o equipamento de que precisava para realizar a primeira subida. Periodicamente, ele ia montando acampamentos em pontos cada vez mais altos da montanha, avaliava o material de que necessitava, descartava o equipamento desnecessário e continuava em frente. Ele desenvolveu a capacidade de enfrentar as dificuldades, não se importando quantas surpresas a montanha lhe apresentasse.

Mas, quando eu o vi no topo da montanha, ele estava visivelmente confuso. Sabia como lutar para subir até o cume, mas não sabia o que fazer ao chegar lá. Tudo o que tinha a fazer era ficar lá. Mas ele via a si mesmo como aquele que escala montanhas. Agora, ele tinha de ter uma perspectiva totalmente nova daquilo que era.

Não estou sugerindo que ele não venha a escalar outras montanhas. Para dominar completamente uma volta da espiral da mudança consciente, é preciso posicionar-se ao pé de outra espiral. Porém, em algum ponto do nosso crescimento, conseguimos nos render diante de toda a luta e enfrentar nossos novos desafios com menos tensão e mais confiança no apoio do universo.

Afirmação

Lembra-se dos antigos filmes sobre pilotos de prova em que as barreiras do tempo e do som eram atingidas e a aeronave ficava vibrando exatamente a ponto de se estraçalhar? Mach I, Mach II — tensão se acelerando — e de repente, o silêncio. A entrega, às vezes, pode ser assim, uma luta e uma tensão insuportáveis dando lugar ao silêncio. A poetisa Emily Dickinson escreveu certa vez: "Depois de uma grande dor, vem um sentimento superficial."

Por mais bem-intencionados que estejamos, pode haver ocasiões durante uma mudança em que sentimos que podemos perder a paciência e ceder nas linhas de menor resistência, voltando aos caminhos antigos, gastos, porém familiares. A simples afirmação que segue parece bastante inocente, mas, feita com sinceridade, é muito poderosa.

Sente-se diante de um espelho, feche os olhos e respire fundo até o cérebro diminuir seus monólogos. Agora abra os olhos, olhe dentro dos seus próprios olhos e diga:

"Eu sou um Ser de Luz, filho (filha) de Deus-Pai e Mãe. Vejo que sou um ser inteiro e merecedor de abundância em todas as áreas da minha vida. Sei que agora estou atraindo para mim tudo aquilo de que necessito. Aceito inteiramente o apoio do Universo e sei que coisas boas vão fluir através de mim. Libero todas as ansiedades em torno desta passagem para dentro da Luz. Por essa lembrança, eu dou graças."

Integração: repadronizando a mandala

Durante a entrega, há um período de re-forma, uma época em que o novo tem de ser sintetizado e integrado. Essa é uma parte extremamente importante para a complementação das Sete Etapas da Mudança de Consciência. Numa psique razoavelmente saudável, há um dispositivo de segurança que faz soar antecipadamente um alarme quando estamos absorvendo mais do que somos capazes de integrar. É prudente ouvir esse alarme e proceder a uma verificação da realidade de vez em quando. "Explodir" simbolicamente "a sua mente" é uma coisa. Fazer isso literalmente pode ser perigoso. Lembre-se, dê um passo e integre.

Durante a integração, os componentes que formam o nosso subconsciente começam a se reagrupar em novas combinações. Como os fios de uma trama que andamos desfazendo, eles agora podem ser tecidos novamente de outra maneira, até mesmo com o acréscimo de novas cores.

Estamos criando uma nova mandala viva da qual somos o centro. Os símbolos, as cores e os padrões são compostos de tudo aquilo em que acreditamos e eles revelam aquilo que estamos mantendo na nossa memória individual ou racial, tudo aquilo que achamos que somos. Essa mandala está em constante movimento, fazendo ressoar sua mensagem pelo mundo. À medida que passamos por mudanças, a mandala começa a mudar, como os desenhos de um caleidoscópio. Em determinado estágio de entrega, a antiga mandala se dissolve e outro desenho começa a aparecer.

Em cada nível do nosso desenvolvimento, vivenciamos uma mistura da intencionalidade da vontade e do coração e decretamos: "É isto o que eu quero trazer para o plano físico." Quando essas palavras são proferidas, a nova mandala é trancada no cérebro.

Quando uma síntese assim poderosa ocorre, nem mesmo a histeria de um mundo em mudança pode nos arrancar do centro. Porém, temos de ser claros e persistentes a respeito daquilo que queremos na nossa nova mandala. Tudo o que não vibra mais em harmonia com o nosso objetivo superior deve desaparecer. O patamar em que permanecemos confusos, desejando o novo mas voltando-nos para o velho, é o patamar em que nos mantemos num purgatório espiritual.

Uma vez que a nossa mandala está totalmente focalizada, ela geralmente é simbolizada no plano físico pelo movimento — um novo emprego, um novo relacionamento ou uma redefinição de antigas atitudes. As pessoas comentam que parecemos diferentes. Elas podem não ser capazes de perceber como estamos diferentes, mas sentem isso. E é claro que estamos. Estamos transmitindo um novo padrão para o mundo.

Durante a fase da entrega em que há a integração, nós nos tornamos a personificação da nossa nova verdade. Ela está presente em tudo o que fazemos — ir ao trabalho, sair de férias com os amigos, educar os filhos. É aí que a mudança se torna manifesta — na vida comum, que se torna incomum.

Em nossa cultura, o espiritual e o material, o profano e o sagrado foram nitidamente divididos. Isso aumenta, para nós, o desafio de vermos a profunda importância de nossa vida diária. Jean Houston fala de uma tribo na África Ocidental que não tem guerras, nem neuroses tais como as definimos, e na qual as mulheres estão no comando. Ela diz que eles resolvem seus problemas conversando a respeito deles, depois praticam danças alusivas a eles, depois cantam a respeito deles e, finalmente, dialogam mais um pouco sobre eles.

Os antropólogos que pesquisam a longevidade incomum dos Hunza descobriram que, além de dietas saudáveis e de uma grande quantidade de exercícios físicos, uma das características de suas vidas é que, para eles, o trabalho e a brincadeira não estão separados. No meio do dia de trabalho, eles param no campo e fazem uma festa.

Só nos resta ficar espantados com o preço assustador que pagamos quando deixamos de dançar e de adorar com os nossos corpos e trancamos o espírito em teologias e prédios.

EXERCÍCIO: A LIBERAÇÃO EM VISTA DO EU SUPERIOR EM BUSCA DE RESPOSTAS

Temos todas as respostas dentro de nós — o segredo é ter acesso a elas. Temos a tendência de investir muito no nosso cérebro esquerdo, racional. Às vezes, mentalmente, deixamos morrer um desafio e acabamos voltando às nossas idéias muitas e muitas vezes, não chegando a lugar nenhum. Este exercício de visualização vai visitar o seu cérebro esquerdo para fornecer-lhe um novo estímulo.

1. Primeiro, seja claro a respeito do que está pedindo. Escreva todas as idéias e visões interiores que tem agora sobre essa questão — todos os prós e contras, confusões e opiniões. Quando descobrir que está começando a retraçar os velhos argumentos, então saberá que acabou de esgotar a avaliação racional.

2. Agora escreva a situação sob a forma de uma pergunta muito clara.

3. Respire fundo e, ao expirar, libere a pergunta. Imagine que há um grande balão no seu colo. Coloque a pergunta no balão, amarre-o e solte-o. Observe: o vento o faz subir cada vez mais alto, até ele desaparecer.

4. Agora, volte a atenção para a sua respiração, apenas vendo-se inspirar e expirar. Em poucos minutos, observe que o balão voltou para o seu colo. Abra-o e vai encontrar a nova informação. Ela pode vir como uma lembrança, um símbolo, uma história ou uma afirmação. Não lhe imponha limites — o cérebro direito é cheio de imaginação.

A mente lógica é apenas um modo de obter informações, mas geralmente não é o melhor modo. Sua mente intuitiva está ligada aos domínios da realidade que, em geral, nem sequer são reconhecidos pela mente lógica, que está sobrecarregada cuidando do processamento das informações que a educação, o meio ambiente e a experiência colocaram nela.

EXERCÍCIO: IMAGENS GUIADAS — A JORNADA PELO RIO

Esta é uma viagem para dentro da sua imaginação que o levará através das Sete Etapas da Consciência da Mudança. Você pode querer ouvir uma música suave de fundo. Depois de ler todo o exercício e sentir que conhece os marcos da jornada, pode fazer o exercício sozinho. Ou então pode preferir gravá-lo numa fita. É também muito eficaz se você o fizer com outra pessoa, uma das duas lendo enquanto a outra faz a viagem.

Comece por escolher um lugar calmo, onde não vai ser perturbado durante algum tempo. Sugiro que se sente com as costas eretas — confortavelmente, é claro — e certifique-se de estar com as pernas e os braços descruzados; isso facilita o fluxo da energia.

Delicadamente, comece a focalizar sua atenção na respiração. Respire lentamente, regularmente. Ao expirar, libere toda a tensão e tudo o que o está preocupando no drama da sua existência. Ao inspirar, inale a energia pura e revitalizante do universo.

Agora, envolva-se com a vida protetora do Cristo Universal e peça para que só lhe aconteça aquilo que for para o seu bem superior.

Com o olho da mente, imagine-se numa floresta na montanha, muito verde e viçosa. Este é o local sagrado, intocado pela civilização, repleto de vida natural. Sinta a boa terra sob os pés, as árvores altas que buscam o céu. Sinta o cheiro do ar puro, fragrante com o hálito das folhas e flores silvestres. Sinta a paz dessa floresta e saiba que você pertence a esse lugar. Você faz parte dessa criação, e é uma coisa só com tudo o que existe ali.

Escute atentamente e ouça a melodia de um riacho. O seu canto é um convite para você: "Venha, amigo, venha usufruir da minha água refrescante." Tire os sapatos e pise devagar nessa água, sentindo o frescor agitar-se em torno dos seus pés. Comece a caminhar dentro do riacho, seguindo a sua trilha, sentindo a água subir até os tornozelos. À medida que se alarga e se torna mais fundo, o riacho o convida a sentar-se na água e a banhar-se — a usufruir mais inteiramente do seu poder de revigorá-lo.

"Venha", canta o riacho, "venha me acompanhar na minha jornada." Facilmente, naturalmente, você deita na água e flutua, sentindo que ela o sustenta e o embala à medida que penetra na floresta. Agora você sente que forma uma unidade com a água que expande os limites da sua realidade física. Você está vivenciando o ato de se tornar a própria água. Sinta que está se expandindo até encontrar as margens dos dois lados. Sinta a força vital pulsando através de você, sabendo que se trata de uma corrente que vai dirigir o seu curso. Abandone todas as suas preocupações.

Relaxe dentro da água. Torne-se sensível às margens de cada lado estabelecendo os seus limites. Observe as árvores e as moitas passarem por você, a abóboda celeste acima da sua cabeça, os pássaros viajando nas correntes de ar.

Seu ritmo interior começa a se acelerar. Você percebe que há outros minúsculos riachos desaguando dentro de você. Você não é mais o mesmo — está crescendo. Lá no alto, surgem nuvens de chuva, e logo a sua água estará se derramando sobre você, agitando as suas águas. Mas a tempestade logo passa e você pode sentir que está se movimentando mais rapidamente agora, com mais segurança. Você sempre sente a corrente que há no seu interior, dirigindo a sua rota. Quando você a sente, também começa a confiar nela.

À frente, você vê que está se aproximando de rochas maciças e salientes. A força do seu movimento leva-o a chocar-se contra elas. Aceite esse impacto. Parte de você está procurando caminhos em torno das rochas; a outra parte chapinha na água de volta para dentro de você mesmo. Mas, em vez de fúria, você descobre que você ainda existe, que você é. O impacto força os pequenos calhaus e pedras a virem à tona partindo das profundezas contidas em você e arremessa-os para longe. Esses calhaus e pedrinhas vêm viajando com você o tempo todo, mas até agora passaram despercebidos.

Uma parte de você, amedrontada com a água agitada e com o torvelinho das ondas que parece não ter direção, corre para um beco sem saída na margem do rio, procurando abrigo da corrente principal. No início, é um alívio refrescante. Há tranqüilidade aqui. Você se sente protegido.

Porém, à medida que o tempo passa e não há movimento, você começa a sentir preguiça. Parece que não consegue reunir energia para sair dessa água parada que agora mais se assemelha a uma armadilha que a um paraíso seguro. Tudo parece estar morto. A própria luz do sol fica mais turva e você percebe que uma neblina tênue embaça a luz. Delicadamente, deixe-se ficar aqui por alguns instantes.

Finalmente, da profundeza de suas águas, surge uma necessidade de sair dessa armadilha— um chamado longínquo, uma busca da correnteza. E um pedacinho de você, apenas uma gotinha, começa a se movimentar mais uma vez.

Trata-se de um pequeno jato, no início, e é apenas a sua determinação que força o caminho através da vegetação densa. É preciso muito esforço para continuar em frente. Muitas vezes, você se sente inseguro. Mas esse pequeno jato tem uma destinação, e você sabe disso. Assim, você persiste, com uma parte minúscula do seu eu tratando de encontrar um caminho.

E, gradualmente, você começa a sentir que as margens estão recuando. Há mais espaço. Você pode respirar fundo outra vez, ver de novo o sol. Agora você está mais forte. A antiga força está de volta. Você sente que está ficando mais ágil, tornando-se mais decidido, movimentando-se num ritmo uniforme, passando por montanhas, vales e cidades. A pulsação interior está muito forte agora, e você sente dentro de você muita determinação.

A distância, você ouve um rugido que se torna mais alto a cada segundo. Você está se movendo com muita rapidez, e uma torrente de sentimentos se agita no seu interior. Há uma catarata adiante, e você não consegue evitar a queda dentro dela. Acaso isso significa a morte de tudo aquilo que você conheceu? Acaso toda essa força interior, para cujo desenvolvimento você tanto fez, estará perdida quando você se entregar ao mergulho? As margens se dissipam. Você é arrastado até o precipício. É excitante. É irresistível. É aterrorizante.

Você está caindo. Caindo. Toda a sua consciência se perde no rugido da água que despenca em cascata para baixo, para baixo. Por algum tempo, tudo fica muito confuso. Depois, vem o impacto.

Com o silêncio, chega uma nova percepção. Você ainda está lá, ainda está flutuando com essa corrente subterrânea da vontade que dirige o seu curso. Agora você realmente sabe do que se trata. Em torno, as águas que vão se juntando logo se unirão a você para se dirigir à Fonte.

Logo você descobre que é parte de um grande rio. Você está num fluxo que não pode ser detido. O seu curso é seguro e uniforme. À medida que as margens se afastam, há cada vez mais espaço para você se expressar. A luz do sol dança e atravessa você, uma luz pura. As tempestades vêm e vão. Muitas formas de vida encontram um lar dentro de você. E você continua se movimentando. A jornada agora é alegre, energizada.

E ali, bem à sua frente, acenando, há o mar admirável: "Venha para casa, venha depressa agora."

O movimento cresce dentro de você à medida que o mar afetuoso e maternal vem correndo para lhe dar as boas vindas. Nesse encontro admirável, você é absorvido. Você se torna um com o mar maternal, um com Tudo O Que Existe. E o grande segredo é seu: você não se perdeu. Você não desapareceu na vastidão das águas. O mar foi absorvido dentro de você.

Agora, descanse em sua própria vastidão. Descanse na sua liberdade.

Sua jornada se iniciou num lugar alto e sagrado. Não importa quantas limitações o retiveram, não importa quantas vezes a confusão arremessou-o longe; não importa quantas vezes você procurou escapar ou quão difícil foi a luta para encontrar o seu caminho outra vez, mesmo quando a ordem para se entregar parecia significar a morte; o tempo todo, o seu curso estava determinado a encontrar o lar.

Agora, com muita delicadeza, prepare-se para trazer a sua atenção de volta ao estado de vigília. Respire fundo. Leve o ar até os braços e as pernas, o tronco, a cabeça. Quando abrir os olhos, perceba que está equilibrado, sintonizado e harmonizado. Que assim seja.

PARTE III

Da forma à entrega: A convivência com a mudança consciente

A prática do modelo dos sete passos

Uma Agenda Oculta: O medo da morte

Sam era um médico. Tinha seus quarenta e cinco anos e estava voltado para o sucesso, quando encetou a mudança mais significativa de sua vida: descobriu que estava com câncer.

Na época em que diagnóstico foi feito, Sam estava inteiramente voltado para aquilo que entendia como ciência pura. Se não conseguisse ver as coisas ou medi-las, elas não existiam para ele. Essa era a sua *forma* exterior. Ele não tinha muita paciência com as emoções e não estava interessado no Espírito. O seu ego forte, controlador, era o mecanismo que mantinha oculta a verdadeira questão: ele estava apavorado com o desconhecido; tinha medo da morte. Essa era a forma oculta.

O *desafio* chegou com o diagnóstico de câncer e com o fato de este não reagir à quimioterapia. Isso tudo o colocou frente a frente com o seu medo da morte. Sua fé numa ciência mecanicista o estava desapontando. Foi então que ele procurou um grupo de apoio aos cancerosos no qual, pela primeira vez na vida, foi encorajado a examinar suas atitudes, seus sentimentos e seu estilo de vida.

Por muito tempo a *resistência* dominou-o, e ele vacilava. Uma parte dele acreditava e, portanto, energizava as novas técnicas de autopercepção que estava aprendendo — o uso da mente para formar a imagem da saúde e assumir a responsabilidade pelos seus sentimentos. Porém, a outra parte ainda estava presa à antiga crença programada de que, se a medicina não podia mudar seu estado, era porque ele não podia ser mudado. Ele estava realmente entre a cruz e a caldeirinha, mas tinha tanto medo de morrer que achava válido tentar qualquer coisa.

O *despertar* chegou quando ele começou a fazer verdadeiras descobertas a respeito das coisas que o tinham levado ao câncer. A essa altura, o câncer passou a regredir.

Então, convencido de que seus pensamentos e emoções eram importantes, Sam entrou na fase de *compromisso* do seu processo. Começou a freqüentar regularmente um terapeuta e participou integralmente do grupo de apoio. Começou a inquirir com seriedade o seu próprio espírito, algo que a sua forma original não permitia fazer. Embora estivesse se firmando na fase de compromisso da mudança, ainda se via perseguido pelo medo da morte. Mas ele persistia na busca da sua própria verdade.

O ciclo de *purificação* forçou-o muitas e muitas vezes a confrontar suas atitudes ambivalentes em relação àquilo que percebia como a divisão entre espírito e matéria. Ele teve de encarar os muitos modos pelos quais a sua forma original estava inserida na teia da sua vida — tanto nos seus relacionamentos como no seu trabalho e na sua auto-imagem. Mas ele se deteve nisso e iniciou vários processos espirituais.

Um desses processos levou-o até a cabana de tratamento de um índio americano, onde vivenciou uma *entrega* profunda. Quando a cerimônia começou, ele estava rezando conscientemente pela cura do câncer. Mas a cura que veio não foi o que ele esperava. Durante a cerimônia, o líder disse: "É um bom dia para morrer." Nesse momento, Sam estava pronto para ouvir o que ouviu. Cada pouquinho do trabalho que ele tinha feito fortalecera-o para assumir o medo real, o compromisso oculto que precisava desaparecer — o medo da morte. Essas palavras penetraram o seu medo de morrer como um farol na escuridão. Ele se entregou ao medo de morrer e deixou-o ir embora. Nessa entrega, Sam começou a viver mais plenamente a sua vida.

Da impotência pessoal ao poder pessoal

A *forma* de Sandra é que ela era impotente para fazer algo em relação à sua atração sexual por homens abusados. Ela tinha sido educada numa família desajustada, onde o pai era alcoólatra, e sexualmente violento, e a mãe tinha assumido um papel passivo e co-dependente. Sandra vivia constantemente em meio ao trauma e à tensão. Seus primeiros relacionamentos com os homens, como era de se prever, foram abusivos, como tinha sido seu relacionamento com o pai. Ela não sabia que tinha uma escolha a fazer.

Seu *desafio* chegou quando ela entrou na faculdade, onde encontrou e conviveu com homens que não a encaravam como uma vítima potencial. Inteligente, ela logo percebeu que havia outros modos de relacionamento entre as pessoas, diferentes daquele em que fora educada.

Uma das maneiras como sua *resistência* se manifestou foi que, embora começasse a sair com homens que não abusavam dela, Sandra não se sentia sexualmente atraída por eles. Ela gostava deles e queria um relacionamento sério e saudável. Mas, devido à sua antiga forma, só se sentia aceita quando se tornava vítima de um homem. Depois de vários relacionamentos infelizes, Sandra dispensou os homens que poderiam ter sido bons para ela e escolheu, para casar-se, um que não era.

O *despertar* veio quando, depois do divórcio, sua ambivalência levou-a a tornar-se quase frígida. Ela tinha passado por tantos conflitos que, literalmente, suas energias sexuais se congelaram. Com o tempo, teve um sério problema no sistema reprodutor que exigiu uma cirurgia. Foi nessa época que ela reconheceu quão profundamente havia somatizado sua impotência relativa a essa questão. E decidiu ir à raiz do problema.

Pela primeira vez, Sandra assumiu o controle da própria vida. Estabeleceu o *compromisso* consigo mesma. Ingressou no programa de Filhos Adultos de Alcoólatras e começou a caminhar para a recuperação. Também começou a fazer terapia individual e a praticar ioga. Com o passar dos meses, foi ficando mais forte e obtendo uma visão cada vez maior dos programas que havia assimilado da família e das profecias auto-realizadoras que ela própria havia criado.

Porém, Sandra não foi purificada do passado através do estudo. Durante a *purificação*, ela atraiu para a sua vida uma situação após outra que deixaram cada vez mais claros quais os temas que a estavam interessando. Geralmente, essas coisas se manifestavam sob a forma de homens que ela tentava salvar e que acabavam abusando dela, física ou emocionalmente. Mas, como estava inteiramente comprometida a assumir o controle de sua vida, aprendeu a reconhecer os sintomas e a aplicar o novo entendimento e as novas técnicas que havia aprendido. Levou muito tempo até que Sandra eliminasse os ativadores inconscientes; porém, um a um, eles foram morrendo.

Sua *entrega* veio mais como um processo do que como o resultado de um acontecimento qualquer. Cada vez que ela determinava suas escolhas e assumia a responsabilidade por elas, morria para a sua auto-imagem de impotência. Quando descobriu que estava reagindo sexualmente a homens delicados e gentis, soube que se havia submetido à verdade de que merecia ser bem tratada e de que sempre tinha uma escolha a fazer. Ela não era mais impotente.

Dos extremos opostos ao ponto do meio

Bob e Charlotte não se casaram apenas um com o outro, mas também com a visão de um novo mundo. Porém, eles chegaram a esse compromisso por caminhos diametralmente opostos.

A *forma* de Bob era de grande independência. Esta começou no berço, com uma mãe negligente que rotineiramente o deixava sozinho nos quartos de hotel de Nova York. Na época da adolescência, ele era um solitário convicto. Destacou-se na escola e alcançou uma reputação de ótimo desempenho acadêmico. Quando entrou na faculdade, estava tão acostumado a "ir levando tudo sozinho" que preferiu viver por sua própria conta num apartamento no campus. Seu sucesso acadêmico perdurou durante a faculdade e o programa de mestrado.

O *desafio* de Bob veio através do tipo de carreira que ele escolheu. Quando passou por uma entrevista numa empresa de consultoria, deixaram-lhe claro que, para sair-se bem no emprego, ele deveria buscar apoio nas opiniões e técnicas de outras pessoas. Bob conseguiu o emprego, mas os seus ímãs atraíram um supervisor difícil, e as coisas não foram muito bem.

A *resistência* veio quando Bob literalmente não conseguiu ver o problema. Sempre tinha tido sucesso, e o fato de não ser bem-sucedido naquela ocasião deveria ser culpa de outra pessoa. Ele estava a um passo de desistir. Ao longo do caminho também ele tinha se casado com uma mulher muito dependente, e o casamento acabara em divórcio.

Foi então que apareceu na sua vida profissional um homem que se tornou o seu conselheiro. A mensagem deste foi direta: não vá embora. O *despertar* chegou quando esse conselheiro colocou Bob embaixo de suas asas e começou a ensinar-lhe como cooperar com os outros e ao mesmo tempo permanecer fiel às próprias idéias.

A tarefa principal de Bob durante a *purificação* foi apenas "ficar por perto" enquanto as velhas fitas iam tocando até gastar. Ele tinha de aprender a não reagir exageradamente, a ouvir as outras pessoas e a respeitar suas idéias. Ele tinha de adquirir compreensão e experiência, e aceitar a rejeição de algumas de suas idéias concebidas independentemente.

Mas isso deu resultado. Sua *entrega* à cooperação e à interdependência em relação aos outros conduziram-no até o topo da carreira. Hoje ele dirige uma empresa de consultoria com várias centenas de empregados. Seu sucesso se deve não apenas ao seu singular brilhantismo, mas também à sua capacidade de trabalhar com as técnicas dos outros e fazê-las sobressair-se.

Em contraposição...

A segunda mulher de Bob, Charlotte, foi educada num ambiente altamente dependente, no qual não era encorajada a ser ela própria. A mensagem era apenas ser "uma boa menina" e obedecer à mãe e à Igreja Católica. Essa era a sua *forma*. As autoridades que orientavam sua vida estavam totalmente fora dela — exatamente o oposto do que acontecia com Bob.

Seu *desafio* ocorreu quando ela começou a perceber que a mãe não vivia aquilo que pregava. Quando Charlotte entrou na faculdade, também começou a duvidar do que a Igreja fazia. E, assim, ela deixou de freqüentar a Igreja.

Quando chegou a fase da *resistência*, ela se sentiu culpada em relação à mãe e à Igreja. Era bastante jovem e não tinha desenvolvido a capacidade de fazer escolhas por si mesma: de fato, ela não acreditava que tinha esse direito. Com medo de ficar sozinha, casou-se e transferiu a autoridade de sua vida para o marido, que se tornou inconveniente.

Mais uma vez, a educação foi o catalisador do crescimento de Charlotte. Oito anos depois, ela voltou à faculdade e passou pelo *despertar*. A partir de então, ela se sentiu forte para fazer a escolha de desfazer o casamento infeliz e buscar respostas para si mesma.

Seu *compromisso* foi tornar-se independente. Pela primeira vez na vida, foi morar sozinha. Começou a fazer terapia e a trabalhar com seus bloqueios em relação à auto-realização.

Durante a *purificação*, ela passou por um período de grande estafa. Em suas próprias palavras, teve de aprender a "reciclar o corpo". Fez várias terapias do corpo que pudessem ajudá-la, inclusive hatha ioga e Rolfing. Tornou-se uma principiante espiritual séria, começou a meditar e aprendeu técnicas para liberar a culpa e o ressentimento em relação à mãe. Aprendeu, principalmente, a amar-se a si mesma. E descobriu o seu caminho de volta para Deus, não o caminho de outra pessoa.

Quando abriu a consciência para expressar-se inteiramente através da atividade de cura, percebeu que tinha atingido o processo de *entrega*. Conseguiu não apenas perdoar a mãe, mas também ajudou-a a passar pela transição da morte.

Bob e Charlotte se encontraram depois que ambos já tinham chegado à fase da *entrega* — vindos de direções opostas.

Você não consegue mudar os outros

Mary cresceu num lar caótico, com a mãe sobrecarregada de trabalho e o pai que de tempos em tempos desaparecia e se mostrava tirânico. Cedo ela aprendeu que sobreviver emocionalmente em sua casa era algo que dependia de sua percepção correta da atmosfera e do seu ajustamento a ela. Mary se esforçava muito em tudo o que fazia e recebia muito reforço do ego através de suas realizações. Ela também tomou para si o encargo de "construir" as crises e as pessoas. Esses dois padrões eram o resultado do mito de toda a família. Na fase de crescimento de Mary, sua *forma* era de que seria recompensada se fosse boazinha e que poderia mudar as outras pessoas com o seu comportamento.

Depois de uma passagem muito bem-sucedida pela faculdade, Mary começou a subir rapidamente os degraus da carreira. Ela estava à vontade numa profissão em que a crise era o prato do dia. Mas, como sua forma ainda permanecia intacta, ela tinha toda a esperança de ser recompensada pelo patrão por todo o seu intenso trabalho.

Não foi isso o que aconteceu, e o *desafio* se apresentou. O patrão não só não a recompensou mas também mentiu para ela e até mesmo recebeu o crédito pelo trabalho dela. Ainda acreditando que podia mudar as pessoas, Mary tentou manipular as coisas — mas isso não funcionou. Porém, nessa época, ela estava se tornando mais consciente dos seus próprios padrões familiares e começou a compreender o seu papel no drama. Como resultado, começou a desfazer suas expectativas e as tentativas de querer mudar o patrão.

Mas os velhos hábitos custam a morrer, e Mary encontrava-se no meio do ciclo da *resistência*, às vezes distanciando-se, às vezes sendo fisgada novamente. Ela aceitava a situação e lutava contra essa situação. Embora tivesse ficado profundamente ressentida com o patrão, aos poucos ela começou a perceber lentamente que aquilo era falha da personalidade dele. Mary, porém, não conseguia deixar de tentar dirigi-lo para a eqüidade. Pelo fato de ela ter muita energia concentrada para combater a realidade, ainda não era capaz de ver maneiras criativas de trabalhar dentro da situação.

O *despertar* veio quando Mary assumiu inteira responsabilidade por suas atitudes e enfrentou o fato de que estava se atravessando em seu próprio caminho, perpetuando o drama ao alimentá-lo constantemente com novas energias. Graças ao seu trabalho com os Filhos Adultos de Alcoólatras, ela iniciou a recuperação da *forma* manipuladora da crise que assimilara quando criança.

Finalmente, compreendeu que não podia mudar os outros ou assumir responsabilidade por eles. Só podia mudar a si mesma.

Então, inteiramente consciente da dinâmica envolvida, Mary teve de reeducar a si mesma. Isso exigia *compromisso* e um novo acordo consigo mesma. Ela não podia agir enquanto visse o patrão como vilão. Aquilo simplesmente alimentava a sua forma original. Mary reforçou o que estava aprendendo com encontros de apoio semanais e material de leitura diária que a faziam lembrar-se de seus novos objetivos. Utilizava afirmações, orações e revisões todas as noites para identificar aqueles pontos em que ainda estava reforçando a autoridade da antiga forma.

Um dos presentes mais importantes que ofereceu a si mesma foi a paciência, e ela foi necessária durante a *purificação*. Como Mary estava procurando fazer dessa mudança uma mudança consciente, ela foi honesta e reconheceu que havia criado um local de aprendizagem para si mesma com esse patrão. Foi difícil, mas Mary percebeu que, se evitasse aprender com ele, ela simplesmente teria de aprender a lição de outro modo. O patrão continuou a ser uma pessoa muito difícil; por isso ela tinha de prestar muita atenção às próprias reações todos os dias e às vezes todas as horas. Em certos dias, ela descobria que, mesmo contra a vontade, ainda estava tentando manipular o patrão para ser o que não era e, depois, ela se sentia infeliz porque ele tinha agido de um modo que não fazia parte da natureza dele. Mas lentamente a energia se dissipou e, com o tempo, ela conseguiu vê-lo objetivamente sem reagir.

Com a *entrega*, Mary finalmente conseguiu deixar o patrão ser aquilo que era. Ela não papagueou mais as palavras: "Você só pode mudar a si mesma" — como um truísmo idealista. Isso tornou-se uma poderosa verdade para ela e não fez mais nenhuma chantagem emocional para obrigar o patrão a fazer o que quer que fosse. Como resultado, Mary começou a tomar decisões mais racionais a respeito de como proteger-se na sua profissão. À medida que ia integrando esse conhecimento durante a parte final do ciclo, Mary percebeu que não tinha apenas desistido de modificar o patrão; tinha desistido de mudar qualquer pessoa.

Mary ainda está trabalhando a questão do abandono de seus velhos padrões de criação e está se submetendo a provas nos momentos de crise. Ela conta que está no estágio da *purificação*. Apesar de esta ser uma questão mais complicada, a desistência de tentar mudar as pessoas ajudou-a a dar um passo gigantesco nessa direção.

Homens fortes não choram — ficam doentes

Como acontece com a maioria de nós, a *forma* mais forte de Darrell foi estabelecida na infância. Como ele dizia, "a mensagem era ser frio, macho e rigorosamente objetivo. Eu nunca me senti bem com isso, mas me sentia seguro". Toda manifestação carregada de emoção era questionada, negada ou ridicularizada. Ele também aprendeu a desconfiar das mulheres e até mesmo a temê-las porque elas estavam demasiado preocupadas com os sentimentos e as emoções.

Essa *forma* foi sobrecarregada com um senso de responsabilidade masculina adicional, já que Darrell tornou-se maior de idade durante o movimento pelos direitos civis e era o terceiro filho de uma família negra poderosa e realizadora. Ele também tinha sido uma criança muito sensível.

Sua forte determinação, que o conduziu diretamente a uma carreira científica, permaneceu intacta até que uma crise de saúde o levou ao *desafio*. "Uma úlcera profunda não é, definitivamente, nada engraçada", ele repetia. "Era um sinal claro de que eu não estava fazendo alguma coisa direito." Os médicos foram enfáticos: ele tinha de chegar a um acordo com os seus sentimentos interiores — senão...

A *resistência* foi muito intensa para Darrell. Seu eu analítico sabia que os médicos estavam certos, que morreria se não mudasse. Mas ele estava terrivelmente amedrontado. Darrell contou que estava aterrorizado com a possibilidade de perder o controle se penetrasse em seus sentimentos; por isso, ele procurou abrir caminho para a compreensão dos sentimentos através da leitura — os livros sobre auto-ajuda mantinham-no afastado da realidade pessoal.

Uma noite, durante esse período de cuidadosa investigação intelectual das emoções, Darrell assistiu a uma palestra. Lá, o seu *despertar* chegou como um súbito "Eureka!" Ele não conseguia se lembrar exatamente do que o orador tinha dito e que finalmente rompera a sua *resistência*, mas, quando foi embora, sabia que tinha de começar a trabalhar com suas próprias emoções e não ficar se escondendo atrás de teorias. Foi a boa vontade de Darrell em permanecer no ciclo da *resistência* que forneceu-lhe a vontade necessária para ouvir as palavras certas no momento certo.

Ele estabeleceu o *compromisso* de explorar os próprios sentimentos. Essa parte do ciclo foi especialmente difícil para Darrell, porque ele estava inteiramente despreparado para dar conta disso. Além do mais, não tinha apoio da família. Recorrendo à mesma determinação que o ajudara em suas pesquisas científicas, ele se voltou para o autoconhecimento. Começou a fazer terapia, primeiro com um homem — as mulheres ainda eram muito assustadoras. Aprendeu muito com esse terapeuta, mas depois começou a assumir riscos quando mudou de terapeuta — uma mulher. Ela era suficientemente brilhante e objetiva para que ele a aceitasse intelectualmente, mas também era meiga e gentil. Respeitava inteiramente a sua raiva e as suas lágrimas quando surgiam e ajudava-o a aceitá-las. Aos poucos, ele começou a confiar tanto nela como em suas próprias respostas emocionais.

A *purificação* veio quando Darrell se sentiu bastante forte para transferir suas visões interiores para o mundo. Na verdade, isso significava que ele tinha de assumir mais riscos, geralmente dolorosos.

Embora, por um lado, Darrell fosse um cientista bem-sucedido, por outro era inexperiente e despreparado na esfera dos relacionamentos. Mais tarde ele aprendeu a chorar e a rir de verdade. Por tentativa e erro, aprendeu a ser por vezes irracional e a aceitar isso. Quando lhe pedi para resumir o que aquele ciclo lhe parecia, ele disse: "Eu dava a mim mesmo o direito de ficar zangado e depois ficava acordado a noite toda me preocupando com isso."

Mas Darrell suportou as chamas da *purificação*. Depois, durante a *entrega*, descobriu que podia explorar com segurança toda a gama de emoções. Descobriu, por fim, que gosta das mulheres e que é capaz de ter um relacionamento saudável com elas. Ele não reprime mais os sentimentos — e não tem mais úlcera.

O espírito não sofre deficiências

Alan tornou-se deficiente físico devido a uma doença nos músculos aos sete anos de idade. Ele era o filho mais velho de uma família rica que tinha condições de pagar os melhores especialistas e terapeutas. Todos estavam de acordo com o fato de que Alan podia fazer, por si mesmo, mais do que fazia. Porém Alan tinha uma deficiência adicional — pais cujo amor mal-orientado o estragavam. Ele tinha crises de raiva que duravam horas e se recusava abertamente a fazer qualquer coisa por si mesmo. Seus pais se curvavam às suas exigências nada razoáveis e contratavam cada vez mais pessoas para servi-lo. O resultado foi que Alan não aprendeu a fazer nada sozinho. Ele só conseguia andar com a ajuda dos outros. Não tinha passatempos e não tinha interesse por nenhum tipo de estudo. Tornou-se cada vez mais dependente. Esta era a sua *forma*: "Eu sou indefeso."

O *desafio* chegou quando Alan estava com quatorze anos e seus pais, seguindo uma enfática recomendação do médico clínico, enviaram-no a um acampamento de verão para crianças deficientes. O pessoal do acampamento recebeu os relatórios médicos que diziam que não havia nenhuma razão para que Alan não andasse sozinho. Eles decidiram ajudá-lo a entender isso naquele verão.

A atitude dos funcionários do acampamento era totalmente nova para Alan. Eles o tratavam como uma pessoa, e não como um deficiente. Durante as sessões de fisioterapia, diziam-lhe constantemente que ele podia fazer todo tipo de coisas por si mesmo — inclusive andar sem a ajuda de ninguém. Mas ele não queria ouvir esse tipo de sugestão. Nas primeiras semanas, Alan não conseguiu fazer muitas coisas porque não se esforçava, e ninguém o ajudava. Entrementes, Alan observava outros jovens com deficiências semelhantes, ou até mesmo mais sérias, fazendo todo o tipo de coisas que ele não conseguia fazer. Então, começou a fazer esforços e tentativas para conseguir coisas novas. Mas, sempre que ficava frustrado, tinha um acesso de raiva e se recusava a tentar qualquer coisa durante muitos dias. Esporadicamente, ele tentava de novo. E cada vez que fazia um esforço, obtinha todo o apoio da equipe administrativa, mas sua raiva era ignorada ou severamente criticada. Era o "amor rigoroso" em ação. Sua *resistência* estava a todo vapor.

O *despertar* reluziu numa tarde em que os jovens estavam fora, brincando numa campina antes do jantar. Quando a campainha para o jantar soou, todos se puseram a caminho do refeitório. Alan olhou em volta em busca de um dos funcionários para se apoiar, mas ninguém estava por perto. Ele gritou pedindo ajuda, mas eles responderam que, se quisesse jantar, teria de ir sozinho.

No início, Alan ficou lívido. Depois ficou com medo. Em seguida, começou a dar seus primeiros passos por conta própria. Caiu. Levantou-se. Isso se repetiu muitas vezes. Os funcionários o chamavam e o encorajavam da entrada do salão. As crianças começaram a gritar: "A-lan... A-lan! Vá em frente! Vá em frente!" Ele levou meia hora para conseguir, mas conseguiu, e não havia ninguém com os olhos secos quando ele chegou ao local determinado.

Depois disso, ninguém mais o segurava. Alan havia descoberto uma nova força dentro de si e *comprometeu-se* com ela. Nas semanas seguintes, foi incansável em seus esforços para tentar fazer tudo sozinho. Às vezes, o pessoal tinha de fazê-lo parar. Mas era como se uma represa tivesse se rompido dentro dele, e ele agora tinha acesso a uma autodeterminação que antes não conhecia.

Os pais de Alan ficaram surpresos quando chegaram para levá-lo embora. Seu filho "indefeso" foi encontrá-los andando, no início um tanto desajeitado. Alan mostrou-lhes as esculturas que tinha feito, uma medalha de natação que tinha ganho e apresentou-os a muitos amigos novos. Eles ficaram emocionados e espantados. Mas não tinham visto o processo que Alan vivenciara. E, quando o levaram para casa, tentaram voltar ao antigo esquema. Foi quando começou a *purificação* de Alan.

Agora ele estava de volta ao ambiente que tinha servido de suporte ao desamparo. A precaução exagerada, a assistência prestimosa demais e o isolamento levaram Alan de volta às crises de raiva e, freqüentemente, à incapacidade. Mas ele tinha experimentado a libertação pessoal durante todo um verão, e isso foi bom. Foi então que ele lutou pelo que conquistara — e ganhou. Felizmente, ele contava com o apoio de todos os médicos e terapeutas. A família toda teve de passar por um aconselhamento para desembaraçar a dinâmica complicada que o tinha mantido prisioneiro da sua deficiência física. Mas, assim que os membros da família se libertaram de seus próprios problemas relativos aos desafios do corpo de Alan, ele se mostrou capaz de organizar com bastante rapidez os seus ajustes.

A *entrega* trouxe uma nova vida para Alan. Ele não se sentia mais como um inválido. Tinha a dignidade da sua própria identidade. Levando sua independência até o limite, ele se tornou hábil com as mãos, lia com voracidade e quis ingressar na faculdade, onde planejava estudar para tornar-se professor de história. Ele tinha muitos amigos que gostavam do seu aguçado senso de humor e que se inspiravam constantemente no seu exemplo para traçar seus próprios objetivos. Acostumaram-se a ouvi-lo dizer: "Se eu posso fazer isso — vocês também podem!"

Filha mulher: herdeira de Eva

A história da mudança de Margaret começou no dia em que nasceu — uma menina e, portanto, automaticamente, uma "filha de Eva". Foi necessário meio século de experiência, dois casamentos, muitos negócios e muito trabalho consigo mesma para ela descobrir o poder que essa *forma* tinha de modelar a sua vida.

Margaret nasceu numa família religiosa extremamente austera no meio-oeste dos Estados Unidos. O pai, uma figura importante na igreja local, era rígido e teimoso, e o "pecado" a respeito do qual era mais eloqüente era o sexo. Ele condenava as mulheres como sedutoras e corruptoras de homens. A mãe de Margaret, que tinha medo daquele homem como marido, assim como os filhos tinham medo dele como pai, lutava em silêncio contra os sermões e as surras.

Margaret tornou-se uma moça de extraordinária beleza, o que apenas alimentava a *forma*. Os homens sentiam muita atração por ela, não apenas pela sua beleza, mas também pela sua natureza protetora. Na verdade, ela era protetora, mas não de si própria. Tinha pouca auto-estima. Sempre precisava de um homem que assegurasse a sua identidade. Margaret cursou faculdade, formou-se professora e se casou. Porém, por trás da fachada da esposa obediente e cumpridora dos deveres, permanecia a imagem de si mesma como corruptora de homens. Com o tempo, ela passou a pôr em prática essa profecia. Tinha casos amorosos e mantinha-os numa rotina de sérias depressões. Estava sob o domínio de um nó duplo, inconsciente mas muito real. Seus dois casamentos foram com homens que eram ambivalentes a respeito das mulheres. As críticas que faziam reforçavam o medo secreto de Margaret no sentido de ela ser fundamentalmente má. Várias terapias levaram-na até onde ela conseguia ir e, com certeza, prepararam o terreno para o seu trabalho posterior. Mas ela ainda não tinha constituído um ego suficientemente forte para atacar de verdade aquela *forma* original.

Quando o *desafio* chegou, ela passou pelas seis etapas seguintes em apenas cinco anos. O golpe veio quando ela estava no segundo casamento, um casamento difícil e inseguro. Novamente, sua antiga auto-imagem veio à tona e ela externou sua ansiedade envolvendo-se com outro homem. Dessa vez foi descoberta. Mas, agora, estava pronta para ir até a origem do seu problema.

Assim que Margaret decidiu encarar honestamente o mito que tinha interiorizado desde a infância, muitas lembranças enterradas retornaram e os antigos padrões começaram a ocupar o lugar onde estavam antes. Seu casamento já estava abalado, e a descoberta do caso que estava tendo representou o golpe fatal. Foi uma época muito difícil para Margaret, pois separação e divórcio não são fáceis, mesmo quando desejados. Mas também foi uma época fecunda.

Então veio a *resistência*, e a luta recomeçou. À medida que se relacionava com outros homens, Margaret ainda ia encarando seus velhos padrões. Ela sabia como seduzir para cumprir a profecia do pai; só não sabia como relacionar-se de um modo que fosse positivo para ela. Mas estava aprendendo. Ela conta que, embora algumas vezes agisse de maneira inconsciente, logo despertava e percebia o que estava fazendo.

Nessa época, Margaret encontrou seu caminho espiritual e começou a ter visões interiores por meio de orações e meditações. A terapia também estava demonstrando sua eficácia — ela não mergulhava mais em depressão depois de ter um caso ou em frustração por um relacionamento fracassado. Mas alguma peça importante do quebra-cabeça ainda estava faltando.

O *despertar* de Margaret veio durante uma visualização orientada. Subitamente, ela se lembrou de ter sido sexualmente molestada pelo pai. Essa foi a última visão interior que quebrou o padrão, pois esse abuso é que havia trancado a *forma* no lugar onde estava.

Assim que se recuperou do choque, Margaret estabeleceu o *compromisso* de usar essa informação vinda do subconsciente para a autocompreensão. Isso significava que ela teria de aceitar todos os sentimentos que viessem junto. Ela teria de reviver a impotência, a raiva e a vergonha.

Parte do *compromisso* de Margaret consistia em investigar a energia que havia nela mesma, e não apenas nos seus relacionamentos. Margaret aprendeu a reconhecer, logo no início, os relacionamentos que não lhe fariam bem. Aprendeu a dizer não. Abandonou o emprego por uma nova carreira que sempre quisera ter. Estava realmente aprendendo a amar-se a si mesma.

Porém, sua forma era muito profunda, e não se retiraria sem luta. Durante a *purificação*, Margaret viu-se passando por extremos emocionais — feliz e otimista num dia, deprimida a ponto de querer suicidar-se no outro. Foi nessa época que ela realmente transformou a energia que possuía no seu corpo. À medida que ia trabalhando esses problemas, Margaret conseguiu perdoar o pai. Isso, por sua vez, levou-a a conseguir deixar para trás o fato de ter sido molestada. Finalmente, teve de perdoar a fraqueza da mãe que não conseguiu protegê-la.

Durante a *purificação*, Margaret lutou com a tentação de voltar a um padrão de relacionamentos sexuais que, embora prejudicial, era familiar para ela e certamente mais fácil do que a tarefa árdua de dar à luz uma nova forma.

Mas finalmente ela atingiu a fase da *entrega*. Sabia que tinha chegado onde chegara porque suas emoções haviam se estabilizado. Agora, quando Margaret está em crise ou tem um dia ruim, ela não fica mais deprimida. Suas prioridades se reorganizaram de modo que agora ela só escolhe o que é bom para ela. Tornou-se positiva pela primeira vez na vida. Tendo perdoado os pais, que estão envelhecendo, ela olha para eles com compaixão. O mau uso do sexo já não está mais vivo dentro dela; faz parte do passado. Ela não tem mais necessidade de dizer a si mesma para não se envolver com os homens errados porque não sente mais atração por eles, nem eles por ela. Margaret gosta de si mesma e se respeita, e o que ela está conseguindo agora são relacionamentos permeados de sensibilidade e carinho.

A sua verdade está dentro de você

Nem todas as nossas *formas* de paradigmas de vida vêm da família ou dos mitos religiosos. Muitas delas originam-se nas poderosas formas de pensamento dos nossos rivais. Ned é um bom exemplo disso.

Quando Ned era um garotinho, queria ser bailarino. A família não o desencorajava. Aquilo parecia um pouco estranho para uma criança de uma cidadezinha do sul, mas tudo bem. Ninguém imaginava de onde vinha esse interesse pela dança, mas todos bateram palmas com orgulho quando ele estreou, ainda criança. O pai até limpou a garagem quando Ned, aos oito anos de idade, insistiu que tinha de ter um *studio*. Ele implorou para ter aulas de dança, e os pais tiveram a sorte de encontrar um professor. E assim, por dois anos, Ned e mais quinze garotinhas freqüentaram as aulas de dança todas as semanas. Podemos presumir que Ned alimentava uma *forma* afirmativa a esse respeito, por parte de sua família.

Mas quando ele fez dez anos, as coisas mudaram. O irmão de Ned começou a provocá-lo, ajudado, mais tarde, pelos seus amigos. Eles diziam que a dança era para meninas e para "excêntricos". Ned não sabia exatamente o que era "excêntrico", mas sabia que não queria ser um. Começou a ficar constrangido com relação à dança. Seus pais mostraram-se bastante indiferentes nessa época. Afinal de contas, as crianças mudam de idéia. Mas a nova *forma* estava se modelando e, quando ele tinha doze anos, estava claramente definida: homens de verdade não dançam.

Ned disse que se sentia como se escondesse um segredo vergonhoso, porque ainda ia ao seu estúdio improvisado, colocava um disco na vitrola e dançava o papel principal de um balé. Mas não contava isso a ninguém. Ao contrário, deixava fluir suas energias naqueles valores que seus companheiros lhe diziam que eram importantes: praticar esporte, comprar um carro, marcar encontros com garotas e ganhar dinheiro. Ned tinha boa coordenação; por isso saia-se muito bem nos esportes competitivos e recebia muito estímulo positivo dos amigos. É claro que ele gostava disso. Aos dezesseis anos, raramente dançava escondido. Mas ele diz que nunca se sentiu livre na vida como na época em que dançava. Mesmo como adolescente, tinha consciência de que algo importante havia desaparecido da sua vida.

Os anos passaram e Ned continuou a obter satisfação com o elogio dos amigos. Ele se formou numa faculdade local em administração de empresas e não tinha a menor idéia do que pretendia fazer na vida. Mas, como todas as outras pessoas, ele dava valor ao dinheiro; então começou a investir seu tempo e toda a sua energia para ganhá-lo. E ganhou muito dinheiro. Casou-se, formou uma família, ganhou mais dinheiro. Mas Ned não era feliz. Como a maioria dos amigos, interessava-se por eventos esportivos, praticava alguns esportes e concentrou-se nos seus negócios. Aos trinta e cinco anos, tinha uma casa grande, o título de vários clubes, uma certidão de divórcio, uma nova mulher, um novo bebê e um problema cada vez maior com o alcoolismo. Ele se definia, na época, como "o homem dos homens".

Ned não sabia que estava bebendo para encobrir a tristeza do seu eu interior que não estava sendo respeitado. Mas ele também não sabia que a sua vida não estava indo lá muito bem. Como a bebida estava ameaçando o seu segundo casamento e os negócios, ele se comprometeu a ingressar num plano de tratamento para o alcoolismo.

O que ele não sabia então é que esse passo era um verdadeiro *desafio* à forma que estava vivendo. Parar de beber era apenas uma parte do tratamento que Ned tinha iniciado; ser honesto consigo mesmo e assumir a responsabilidade por si mesmo era a ênfase. Mediante sessões de terapia em grupo e individual, ele começou a rastrear as escolhas de sua vida e percebeu quantas delas tinham sido baseadas nos valores de outras pessoas. O *desafio* chegou ao ápice no dia em que Ned sucumbiu e caiu em pranto, numa mágoa incontrolável pela morte de sua querida dança quando ele tinha doze anos de idade.

Quando Ned voltou à cidade natal e retomou sua vida, ele sabia que não podia iniciar uma nova carreira como bailarino. Isso não era sensato. Ele entendeu claramente que a dança era simbólica naquele momento de sua vida, mas agora tinha de encarar a *resistência*. Como não bebia mais, não havia nada para embotar as mensagens do seu eu interior. E esse eu olhou em torno e decidiu que não gostava da vida que estava levando. O problema era que Ned não sabia o que queria como substitutivo. Ele estava profundamente envolvido com os negócios de administração e com a comunidade, e todos os seus amigos e colegas estavam ligados a ele em termos dos valores que todos pareciam partilhar — o esporte, o dinheiro, o sucesso. Ele estava sozinho e completamente confuso em relação ao caminho a seguir. Um dia, ele acordou, olhou para a mulher e disse: "Hei, isto está bem. Quem poderia querer mais?" Mas, nas manhãs seguintes, acordava com medo do que o dia lhe traria.

Ned recuou e avançou durante uns dois anos com a *resistência*. Contudo, durante esse período, ele realmente utilizou as técnicas que tinha aprendido no centro de tratamento de alcoolismo e não negou nem sepultou nenhum dos seus conflitos.

O *despertar* de Ned chegou como uma total surpresa para ele. Ele tinha sido convidado para participar de um grupo de trabalho do governo para líderes administrativos. O objetivo era envolver as empresas no desenvolvimento do ambiente cultural e artístico das comunidades em todo o Estado. Como parte do programa de divertimentos, havia espetáculos de ópera, balé e teatro.

A respeito dessa época, Ned comenta o seguinte: "Eu realmente não sei o que aconteceu. Talvez tenha sido porque eu estava longe da minha cidade natal. Não gosto de admitir isso, mas talvez eu tenha sido influenciado pela reação positiva dos outros administradores. Ou talvez eu estivesse simplesmente preparado." Qualquer que tenha sido a causa, o certo é que alguma coisa provocou um estalo em Ned e ele, pela primeira vez depois de muitos anos, sentiu-se alegre e animado.

Essa experiência tornou-se o veículo para o *compromisso* de Ned. Ele trabalhou tanto no grupo de trabalho, que logo foi reconhecido como líder. Nessa posição, começou a integrar-se com os artistas. E fez amizade com outros homens de negócios de todo o Estado e da região que se preocupavam com a vida cultural de suas comunidades.

A *purificação* da antiga forma de Ned foi sutil, mas real. Embora ainda estivesse tentando se relacionar com os velhos amigos, fazendo de conta que uma partida de golfe e um periódico sobre o mercado de ações o satisfaziam, também começou a admitir para si mesmo que não compartilhava dos valores de muitas pessoas da sua comunidade. A visão que tinha de si mesmo e do mundo tinha se tornado mais ampla, e ele queria mais. Por muito tempo, Ned tentou construir centros culturais com o subsídio de outras entidades em sua cidade, mas isso não despertou interesse suficiente.

A essa altura, ele decidiu ir embora de sua cidade natal. Felizmente, tinha recursos para isso, e a mulher apoiou a sua decisão. Então ele vendeu sua empresa e mudou-se para uma cidade grande, onde podia perseguir os seus verdadeiros interesses.

A própria mudança foi uma *entrega*, pois representou a escolha de Ned quanto àquilo de que precisava para se realizar. Depois de se estabelecer na cidade, ele se envolveu com a parte administrativa das artes — particularmente o balé. Com o tempo, o artista que havia nele deixou claro que isso não bastava, e ele começou a ter aulas de pintura. Ned não tem nenhuma aspiração a ser pintor profissional, embora muitas pessoas o tenham encorajado a apresentar seus trabalhos em exposições. Mas ele conseguiu afirmar sua criatividade.

Há um pós-escrito interessante na história de Ned. Há uns dois anos, ele se envolveu com o desenvolvimento de um projeto para manter as crianças longe das ruas e das drogas, fazendo-as participar de um curso de dança.

Passamos juntos pelos ciclos mediante a mudança

Empresas, organizações, governos e até mesmo projetos sociais avançam através das Sete Etapas de Mudança Consciente. Nem todo indivíduo está preparado para avançar em direção à etapa seguinte de mudança grupal de modo tranqüilo. Não chegaremos todos juntos à etapa seguinte. Nos desafios maiores, quanto mais pessoas estiverem envolvidas, maior será a resistência e mais lenta a mudança. As grandes mudanças na sociedade podem levar centenas de anos. Mas quando uma massa criteriosa é formada por um número suficiente de pessoas que estão prontas para dar uma virada, a mudança ocorre com a velocidade de um raio.

Consideremos o movimento pelos direitos civis no ponto em que a mudança realmente começou. Até a época da Guerra Civil, aceitamos uma *forma* que permitia a posse de escravos. Sem dúvida, sempre houve certa porcentagem de pessoas que sabiam que isso era errado; mas era perfeitamente aceitável, na sociedade como um todo, que essa prática continuasse por séculos. Essa forma foi mantida pela crença subjacente de que as pessoas negras eram inferiores.

O *desafio* a essa forma teve efetivamente suas raízes no princípio fundamental da filosofia americana: todas as pessoas nascem iguais. No momento em que afirmamos que acreditamos nisso, colocamos em movimento o mecanismo que acabaria eliminando tudo o que não combinava com essa crença. Levou quase cem anos para que um desafio maduro tomasse forma nos acontecimentos que envolveram a Guerra Civil. O símbolo do desafio era a Proclamação da Independência. Embora ainda tivéssemos um longo caminho a percorrer, a mudança tinha sido acionada. Nossa antiga forma foi mortalmente ferida.

Apesar das mudanças nas leis que proibiram a posse legal de escravos, a *resistência* à completa aceitação dos negros na sociedade foi intensa. No século seguinte, toleramos o ponto morto da antiga forma, um modelo hierárquico de realidade que penetrou muito fundo na nossa psique coletiva. O medo, com todo o seu séquito — da Ku Klux Klan e dos tribunais corruptos ao isolamento nos guetos educacionais, residenciais e sociais — manteve a população negra na escravidão, social e psicológica.

A etapa do *despertar* só começou depois que um número suficiente de pessoas — negras e brancas — tinham passado pela *resistência* e estavam prontas para uma mudança de consciência. O movimento pelos direitos civis levou esse despertar a milhares de pessoas. Indivíduos de todas as raças despertaram da ilusão de que a América vivia a filosofia que havia adotado. Líderes como Martin Luther King, Jr. superaram a antiga forma e tocaram o coração e a mente de milhões de pessoas.

O preço do despertar foi alto. Centenas de pessoas pagaram com suas vidas. E ainda tínhamos um longo caminho a percorrer. Mas, depois do despertar, começamos a sentir o movimento da mudança em funcionamento.

Durante o ciclo do *compromisso*, leis importantes foram alteradas e entraram em vigor, é claro que com muitas pessoas ainda vivenciando profundamente a resistência, mas o peso da opinião pública tinha se deslocado. Um número cada vez maior de pessoas se dedicava a lutar pela igualdade de todas as maneiras em nome dos cidadãos negros. A integração abriu novas possibilidades. Começamos o processo de reeducar as crianças negras para terem orgulho de si mesmas e das crianças brancas para que tivessem uma nova compreensão e aceitação. Os negros foram ingressando cada vez mais nas escolas, nas empresas, no governo, e em todos os níveis de suas comunidades. O processo longo e tedioso de resolver as desigualdades onde quer que existissem deparou-se com o desencorajamento e a frustração constantes. Apenas um compromisso total que envolvesse tempo, dinheiro, talento e trabalho árduo poderia trazer o sonho da igualdade até a realidade física.

E ainda não completamos, de maneira nenhuma, essa mudança. Agora estamos no estágio da *purificação*. Toda parcela da nossa sociedade que não aceitar totalmente os negros como iguais vai gritar conosco até vivermos aquilo em que dizíamos acreditar. Não há onde ocultar o preconceito e o medo durante a purificação. Todo o lixo escondido vem à tona. A mudança tem de ser autêntica.

Quando chegar o dia em que ser afro-americano não tiver nada que ver com o valor, o potencial ou as oportunidades, do mesmo modo que ser de origem francesa, escocesa, irlandesa, asiática ou qualquer outra, saberemos que a nova mudança está completa. Então avançaremos para a *entrega*, a época da síntese, quando teremos uma sociedade que vive verdadeiramente o princípio que afirma que todas as pessoas nascem iguais.

O progresso não é aquilo que pensávamos que fosse

Vamos utilizar outro exemplo tirado da sociedade e seguir o ritmo da mudança mediante um problema característico que afeta as comunidades atuais. Por muito tempo, vivemos uma *forma* que diz: "O progresso é ótimo." Acrescente-se a isso o corolário: "O progresso significa sempre mais e mais de tudo." A partir dessa forma, criamos um estilo de vida com que nossos avós nem sequer sonhavam. Por muito tempo, apesar das advertências dos antigos estudiosos do meio ambiente, todos simplesmente aceitaram isso.

Foi então que a Mãe Natureza começou a nos disciplinar. No início eram só alguns e agora já são muitos os que estão diante de um sério *desafio*. Gradualmente, a própria ciência da qual dependemos no que respeita o fornecimento de todas essas novas "coisas" maravilhosas começou a informar que há efeitos colaterais nesse progresso. Nossos oceanos estão ficando doentes, nossa comida está repleta de perigosos produtos químicos e o próprio ar que respiramos está poluído. Estamos matando espécies inteiras de animais e perturbando o equilíbrio da natureza. Estamos pondo em perigo os nossos sistemas de apoio à vida em todo o planeta.

A *resistência* a essas informações é muito forte. Já investimos muito neste nosso estilo de vida. Também criamos indústrias que forneceram milhões de empregos que exigem que o sistema continue como está. A idéia de possuir mais e mais está tão enraizada no nosso modo de encarar a realidade que chegamos a considerar o dinheiro como o nosso principal símbolo de sucesso. Estamos descobrindo que somos muito ambivalentes. Por um lado, queremos um meio ambiente limpo mas, por outro, queremos as coisas que o "progresso" oferece. Os governos, desde os conselhos municipais até a capital do país, são confrontados com o alto custo dos sistemas de mudança.

Porém, nos últimos dez anos, muito mais pessoas têm avançado para a etapa do *despertar*. Livros, revistas, boletins informativos e a televisão alertam-nos incessantemente sobre os efeitos devastadores da perpetuação do *status quo*. Estamos percebendo que não podemos nos dar ao luxo de permitir que essa mudança leve centenas de anos. Temos de redefinir agora o que significa o progresso ou então, em bem pouco tempo, não teremos planeta nenhum à nossa disposição.

Em todo globo terrestre, as pessoas estão começando a estabelecer um sério *compromisso* com a mudança. Elas estão se reunindo em grupos grandes ou pequenos, fazendo piquetes, protestando, escrevendo cartas, fornecendo informações, formando grupos de trabalho, enfrentando as indústrias agressoras, pedindo a aprovação de projetos e levando os problemas ao conhecimento do público e até às urnas. Elas estão tratando dos problemas de poluição locais. Estão questionando as novidades do mercado que eram aceitas sem discussão, dos plásticos aos aerossóis. Pensando globalmente mas agindo localmente, essas pessoas estão exigindo, e aos poucos obtendo, mais proteção ambiental na indústria e mais consciência do público em geral.

Agora temos de passar pela *purificação*. É provável que cheguemos a assistir ao desaparecimento de todas as manifestações de nossa antiga forma. Vamos precisar de tempo, paciência e honestidade para limpar o ar, a terra e os oceanos. Se continuarmos a valorizar o dinheiro ou as coisas, mais do que toda a vida deste planeta, vamos sofrer as conseqüências. Toda arrogância remanescente no sentido de que podemos ser mais espertos do que a natureza, em vez de trabalhar com ela, será severamente castigada — e todos sofreremos.

Durante um ciclo de purificação, o egoísmo e a indiferença virão à tona a fim de serem expurgados. Essa é, e vai ser, uma época que requer uma honestidade sem par da parte dos indivíduos e das comunidades ao mesmo tempo. Teremos de fazer escolhas difíceis, mas, graças ao compromisso de tantas pessoas, nossas escolhas estão se tornando mais claras: ou colocamos um freio no progresso tal como o definimos ou deixaremos para os nossos filhos um meio ambiente com uma doença terminal.

Como acontece com toda mudança consciente, a *entrega* virá quando mudarmos por completo a nossa consciência. Temos o direito congênito de ser criativos. Somos inteiramente capazes de criar soluções de vida — e de progredir — em harmonia com a natureza. Porém, não podemos criar nada superior à nossa própria consciência. Os que já desafiaram o valor do progresso a qualquer custo e se comprometeram com a mudança chegarão à entrega mais rapidamente do que o povo em geral, tornando-se agentes ativos da mudança.

Buda

A vida de Buda, em parte a biografia de um homem real e em parte outra versão da História Única, oferece-nos um modelo ideal tanto para a jornada do aspirante como para o desenvolvimento das Sete Fases da Mudança Consciente.

O termo Buda é, na verdade, uma denominação. Ele significa "aquele que despertou", assim como "Cristo" é um título que significa o "Ungido". Nos ensinamentos místicos, a pessoa primeiro encontra um caminho, depois viaja pelo caminho e finalmente se torna o caminho. Quando um ser que tem autoconsciência se torna o caminho, essa pessoa é a personificação do título. Como empregamos o termo popularmente, sabemos de quem estamos falando quando dizemos "Buda" ou "Cristo".

As linhas entre o fato e a lenda se esfumaçam quando se referem a seres que se tornaram o caminho para milhões de pessoas. Devemos interpretar os fatos contados a respeito de suas vidas com a compreensão de que o que estamos ouvindo é, em parte, uma lenda. No entanto, a história de Buda ainda acompanha o ciclo de mudança em sete etapas. Mesmo que alguns dos fatos sejam questionáveis, a contínua narração dessas histórias deixa claro como as nossas próprias vidas passaram por essas mesmas etapas no caminho da auto-realização.

A *forma* de Buda era ser rei e estabelecer um reino material. Nascido Gautama Siddhartha em 563 a.C., filho do rei Suddhodana (governante da cidade-estado de Kapilavasta) e da rainha Mahamaya, ele foi educado com todo o luxo que se possa imaginar e foi preparado para assumir o papel de rei. Porém, vários acontecimentos que rodearam seu nascimento indicavam que ele seria uma alma muito superior. Sua mãe sonhou com um elefante branco, um símbolo muito auspicioso na cultura indiana. Os sábios profetizaram que ele se tornaria um grande monarca ou um Buda. Aos dezesseis anos, ele se casou e continuou a viver na riqueza, protegido das dificuldades da vida fora do palácio.

A história nos conta que o *desafio* de Siddhartha a essa forma veio quando ele tinha vinte e nove anos (a idade entre 28 e 29 anos é a época em que se vivencia astrologicamente um retorno de Saturno — época em que algo importante ocorre na vida para mudá-la completamente). Em três ocasiões diferentes, ele pediu a um servo de confiança para levá-lo para fora dos muros do palácio. Na primeira viagem, defrontou-se com a visão de uma pessoa paralisada pela idade avançada; na segunda, com a de uma pessoa que sofria de uma doença e, na terceira, com a de um corpo morto, que foi acompanhada por uma súbita consciência da morte. Era pouco provável que essas experiências fossem interpretadas literalmente. Ao contrário, elas indicavam que nesse período é que Siddhartha realmente viu a verdadeira situação da humanidade, e a sua visão de mundo, protegida, mudou para sempre.

Sua *resistência* ocorreu quando ele teve de escolher entre satisfazer às expectativas dos pais e da mulher e o desejo de procurar compreender o sentido da vida para toda a humanidade. Podemos presumir que sua decisão de renunciar ao casamento, ao luxo e ao trono não ocorreu sem certa ambivalência e luta.

Ele iniciou sua busca tornando-se um monge ambulante. Esse período de sua vida é reconhecido como a grande renúncia. Podemos pensar nele como o *despertar*, pois ele resolveu toda a ambivalência remanescente com relação a voltar ao antigo modo de vida. Siddhartha estabeleceu um *compromisso* total com a sua busca de iluminação.

Estudou com Arada, um sábio de grande renome, que estava prestes a dominar o seu caminho para a iluminação. Esse caminho levou-o muito longe, mas não o suficiente para satisfazer Siddhartha. Então ele estudou com Udraka, outro grande mestre, e foi conduzido a estados de percepção mística ainda mais elevados. Mais tarde, partiu para juntar-se a um grupo de ascetas. Dizem que passou anos praticando uma severa austeridade e a mortificação pessoal, mas mesmo assim ele percebeu que não havia alcançado o que procurava.

A essa altura, Siddhartha finalmente deixou os ascetas e todos os outros mestres e partiu um busca do seu próprio caminho. A profundidade desse compromisso nos é contada na história em que ele se senta sob a árvore sagrada de Bodhi, e declara que não vai se levantar do lugar até ter alcançado a iluminação.

Quando ele se sentou sob os galhos da árvore do despertar, ocorreu a mais profunda *purificação*. Dizem que ele teve de defrontar-se com Mara, rei da morte e senhor das paixões, e a sua grande legião de demônios e seres tentadores (o que, naturalmente, é muito semelhante às tentações que Jesus teve de enfrentar no deserto). Quando Siddhartha conseguiu enfrentar essas forças mantendo a sua própria força, ele percebeu que esses inimigos estavam dentro dele. Cada confronto conduzia-o a uma maior iluminação e compreensão.

Quando ele finalmente se levantou, havia se *entregue* por completo. Tinha se tornado o Buda, o iluminado. Ele estava com trinta e cinco anos na época e, nos quarenta e cinco anos seguintes, no corpo físico, tornou-se O Caminho para centenas de discípulos. Hoje, ele continua sendo O Caminho para milhões.

EXERCÍCIO: A PRÁTICA DO MODELO DOS SETE PASSOS

Uma maneira de compreender a mudança pela qual você está passando agora é fazer uma revisão dos ritmos de uma mudança por que já passou. Tome uma mudança que tem a certeza de ter completado e use o processo das Sete Etapas da Mudança Consciente para ver como esses passos funcionaram.

Primeiro, faça uma lista dos sete passos, e ao lado de cada um escreva como essa dinâmica se manifestou na sua experiência.

Suponha, por exemplo, que você começou com uma forma *herdada da sua família que dizia que as mulheres eram recompensadas com um Príncipe Encantado e com a felicidade para sempre se fossem bonitas e submissas. Mas agora você não acredita mais nisso.*

- *Quando é que o* desafio *ocorreu pela primeira vez? Foi na época da faculdade ou depois? Foi durante um relacionamento que o decepcionou?*
- *Quando você rompeu o padrão pela primeira vez, que espécie de* resistência *surgiu? Medo de romper com a tradição? Atração por uma antiga forma e por um novo caminho ao mesmo tempo? Como você sentiu essa resistência e com o que ela se pareceu?*
- *O que lhe trouxe o esclarecimento e o* despertar*? Foi uma intuição súbita ou uma revelação gradual? Isso foi provocado por um único acontecimento?*
- *O que você teve de fazer para estabelecer um* compromisso *com um novo modelo? Como a sua lista de recursos se alterou? Você fez algum curso, fez terapia, assumiu riscos?*

- *Que espécie de* purificação *teve de ocorrer para que a antiga forma não tivesse mais nenhum atrativo para você? Você teve de passar pela solidão? Você regrediu e retomou a antiga forma por algum tempo?*
- *Quando você diria que se* entregou *honestamente à nova forma? Quando você ficou sabendo (sem se importar com o preço que isso custaria e com o lugar aonde o levaria) o que realmente significava ser mulher (ou relacionar-se com uma mulher) de uma nova maneira, de dentro para fora — sem ter de forçar nada, sem ambivalências?*

Você pode descobrir que alguns desses passos foram bem marcados por um acontecimento. Outros podem ter consistido em vários acontecimentos e alterações de atitudes.

Depois de ter examinado conscientemente o processo de uma mudança que já tenha completado, observe alguma outra que esteja em processo de realização e veja onde você se encontra nesse ciclo de mudança em particular. A experiência e a compreensão podem ajudá-lo a perceber que "isso também vai passar". Releia o capítulo que diz respeito ao estágio em que você se encontra e veja se descobre algumas sugestões para passar por ele. Observe as características da fase que está vivenciando atualmente — pense concretamente a respeito da natureza dessa parte da mudança. Veja se outras características desse aspecto lhe ocorrem.

Acima de tudo, lembre-se de que você se encontra numa passagem. Não se trata daquilo que você é, mas daquilo que está vivenciando. Você é o ser consciente que está passando pela mudança.

AGENTES DE MUDANÇA

Quando nos tornamos servidores do mundo

E isso ainda é verdade: não importa qual seja a sua idade, quando você parte para o mundo, é melhor segurar a mão das pessoas e manter a união.

Robert Fulghum

Quando eu era bem jovem, um colega de trabalho e eu costumávamos reclamar dos patrões. "Eles" faziam isso, "eles" faziam aquilo. Um dia, ele foi promovido e, não muito tempo depois, entrou bruscamente no meu escritório com uma expressão de espanto no rosto e disse: "Oh, meu Deus, acabei de perceber que me tornei um deles!"

É isso o que acontece quando despertamos. Percebemos que todos juntos — e não alguns "eles" sem rosto — é que estamos criando as nossas realidades grupais, a partir das nossas comunidades até as realidades do planeta.

Antes que possamos começar a contribuir conscientemente para a mudança grupal, primeiro temos de desafiar dentro de nós mesmos a antiga *forma* que presume que alguém "lá fora" está no comando. Este não é sempre um confronto agradável. É muito mais fácil reclamar, negar ou ignorar. Certamente, as notícias diárias podem nos mergulhar na paralisia. Mas não desafiar é, em si, uma escolha que se torna parte do nosso tipo como um todo.

As mudanças no nosso grupo não acontecem porque algum "ele" místico lá fora muda as regras. Elas acontecem através das ações dos seres humanos comuns. Geralmente, essas pessoas já passaram por dores pessoais, perdas, conflitos e raiva, e converteram essas energias em alguma coisa positiva para todos nós.

Quase todas as semanas ouvimos alguém que é entrevistado em algum programa de televisão dizer que formou um grupo de apoio e de esclarecimento ao público que se iniciou com a dor dessa pessoa — desde encontrar crianças perdidas e proteger esposas maltratadas até eliminar o álcool nas estradas e as drogas das ruas. Como a prova de que estamos profundamente envolvidos num rito de purificação planetária está sendo transmitida para nós diariamente, assim também estamos trocando, uns com os outros, informações a respeito da realização de mudanças criativas em nossa vida.

Em todo o planeta, as pessoas estão despertando para a nossa total interdependência. A minha própria compreensão disso foi aguçada devido a meus anos de aconselhamento a muitas pessoas. Quando eu me sintonizava mediunicamente com as pessoas para descobrir os seus padrões individuais e o seu compromisso, eu via como suas vidas eram inseparáveis da vida do planeta. Suas mudanças estavam fortemente entrelaçadas com as mudanças que toda a nossa espécie estava vivenciando. Seus anseios mais profundos eram dirigidos para a participação criativa nas mudanças. Muitas e muitas vezes, a orientação era para respeitar o pedaço do todo que elas tinham se comprometido a transformar. Observei que aqueles que se dispunham a trabalhar com suas mudanças individuais começavam a expandir o seu desejo de servir ao todo. Quanto mais eles compreendiam os princípios da conexão, mais dominavam o próprio medo e os sentimentos de impotência.

É o reconhecimento da totalidade que fornece a chave para atingi-la. Essa é a mais importante descoberta que podemos fazer. Até chegar a esse ponto, o idealismo pode parecer isolado, poliânico e impotente. Quando nos lembramos — e se trata exatamente disso, de uma lembrança da totalidade — então, repentinamente, as implicações de cada palavra, de cada imagem e de cada ação assumem um novo significado. Podemos compreender que temos o direito de ficar indiferentes e acomodados pelo resto de nossas vidas, mas, uma vez que despertamos, não é isso o que queremos. A paixão e a determinação se revigoram novamente quando despertadas.

O chamamento ao despertar para muitos de nós chegou com as fotografias da nossa Terra enviadas da Lua pelos astronautas. Como nossa preocupação com as fronteiras nacionais pareceu superficial quando realmente vimos a totalidade da Terra pela primeira vez!

Para outros, essa percepção da totalidade veio quando testemunhamos o acidente de Chernobyl, que afetou vários países, completamente indiferente às fronteiras políticas. Outros observam o dólar, o iene ou o marco, e sabem que a queda numa economia importante afeta todas as economias; assim também um derramamento de petróleo numa região tem repercussões em todo o globo. A libertação de Nelson Mandela, a queda do muro de Berlim e a libertação da Europa Oriental são vitórias para todos nós.

Da física, da biologia e da ecologia, chega a mesma mensagem: nossas vidas e nossos destinos são irrevogavelmente ligados uns aos outros. Nosso bem-estar, nossa própria sobrevivência, dependem de nossa cooperação, e não de subjugarmos a natureza ou uns aos outros. Não se discute mais se devemos ou não aderir a uma filosofia de isolamento. A esta altura, compreendemos que todos compõem uma família.

Agentes da mudança

Quando éramos crianças, geralmente percebíamos intuitivamente que toda a vida estava interligada. Com uma sabedoria profunda e inocente, nós nos deleitávamos em "salvar o mundo". Cobertos com nossas colchas de *chenille*, usando cabos de vassoura quebrados, magicamente transformados em espadas de luz, jurávamos defender os oprimidos. Combatíamos os maus e salvávamos os bons — simplesmente pela alegria de salvar o mundo.

À medida que fomos crescendo e nossos sonhos começaram a parecer um tanto embaraçosos, anunciamos a nossa intenção de partir para a África ou a América Latina. Lá, daríamos de comer aos famintos, acolheríamos os desabrigados e libertaríamos os oprimidos.

Os mais velhos achavam graça de nossas intenções e continuavam planejando as questões sérias de nossas vidas — boas faculdades, bons casamentos e empregos seguros — um rol de prioridades que lentamente obscurecia os nosso nobres impulsos.

Mesmo assim, para muitos de nós, esses impulsos de salvar o mundo nunca morreram inteiramente. À medida que amadurecemos, nosso desejo de salvar o mundo amadureceu para "servir ao mundo." Nós nos tornamos servidores do mundo disfarçados em ternos com colete, camisa de seda e *blue jeans*. Começamos a descobrir que, em toda a parte, há um número crescente de pessoas que têm a visão de que a paz não é apenas possível, de que ela é o nosso destino.

Trinta anos atrás, quando a visão de um possível mundo novo começou a se tornar pública, aqueles que estavam muito interessados em manter as antigas formas gritavam "peacenik", [pacifista, no sentido pejorativo], como uma espécie de insulto que protegia contra quaisquer atitudes que não atendessem ao *status quo*. E, com certeza, os filhos das flores, pessoas que protestaram contra a guerra do Vietnã e os cantores de baladas nos cafés pareceram guerreiros peso-leve contra as forças que se faziam notar.

Quando os desafios ao *status quo* na sociedade se tornaram visíveis, começou o jogo: o medo do desconhecido, o ridículo, a negação, a suspeita, a contrafação e a banalização. Tudo isso como parte do inevitável ciclo de mudança.

Porém, a visão amadureceu, e agora um número cada vez maior de pessoas está se adiantando para os ciclos de compromisso da mudança. Esse fenômeno tem sido corretamente denominado "uma revolução sem líder", e com boa razão. Não se trata de uma visão pressentida por um só indivíduo ou grupo. Trata-se do sonho simultâneo da nossa espécie.

A linguagem esotérica diz que estamos reagindo ao encerramento da Era Ariana, que está avançando para uma época ainda não bem-definida, mas cujo início é a mudança da Era de Peixes para a de Aquário. Alguns falam de uma Nova Era dourada que está prestes a chegar. Outros falam de um Movimento do Novo Pensamento ou de uma Mudança de Paradigma, abrindo caminho para um Salto Quântico na consciência humana. Palavras como "renascimento" e "transformação" não ficam mais restritas à literatura religiosa, mas são usadas na linguagem descritiva de todas as coisas, desde os estudos sobre a morte e o processo de morrer até as psicoterapias individuais.

Evolução Consciente é uma expressão que parece definir acuradamente o sonho dos servidores do novo mundo. Ela diz respeito à evolução e à conscientização da nossa capacidade de construir um mundo novo e melhor com a mudança da consciência.

Servidor do mundo é todo aquele que se lembra, em primeiro lugar, e que depois realiza a profunda compreensão de que a doença na sociedade, assim como nas emoções, na mente ou no corpo, não deve ser aceita como natural. O que está doente como unidade está fora da harmonia em relação ao todo. Um câncer de pobreza, a guerra ou a violência são condições tão devastadoras para o corpo do nosso planeta — e tão inconvenientes — como para os nossos corpos individuais.

Os intrumentos de cura podem ser a sala de reunião da diretoria, o violão, o bisturi ou o computador. É a consciência que manipula os instrumentos que identificam essas pessoas. Elas não perderam aquele instinto infantil de querer salvar e servir o mundo. Essa consciência torna-lhes possível suportar o insuportável. Sustenta-as através do tédio das longas horas mergulhadas em livros jurídicos ou em experiências de laboratório, muitas e muitas vezes, para lutar contra mais um fato que surge do desconhecido. Essa consciência impele essas pessoas a abrir caminho através das burocracias decadentes para ganhar mais um pouquinho de igualdade, para alimentar ou abrigar mais uma pessoa. Ela as incita a escrever de novo, a pintar de novo e a ensaiar de novo até que a verdade apareça brilhando através de suas artes. O sonho motiva-as a resistir obstinadamente ao deus-dinheiro e a descobrir maneiras de obter lucro sem exploração.

Os servidores do mundo têm a tendência de ser independentes no pensamento e de desafiar os rótulos. Eles provêm de todas as religiões e nacionalidades, de todas as faixas etárias, de todos os níveis sócio-econômicos, de todas as profissões.

Dentro da rede de servidores do mundo, há um senso de abrangência que celebra a exploração. Eles podem buscar as coisas sem dogma ou censura. A grande maioria que eu conheço não abandona suas religiões nem as causas sociais. A paixão que cada um redescobre dentro de si desperta o desejo de contribuir para o mundo. "Como posso ajudar?" — é uma das perguntas mais comuns que eu ouço, tanto no consultório como na sala de aula.

Os servidores do mundo criam os ambientes — intelectual, fiscal, político, emocional e educacional — nos quais a vida pode ser usufruída. Simplesmente por existir no mundo, muito mais do que por qualquer filosofia que possam adotar, os servidores estão fazendo o seu trabalho. Uma pessoa que vive uma vida transformada é um servidor do mundo.

Eles são idealistas, sim, mas também sonhadores altamente práticos que estão vivendo a visão, em geral de maneira apaixonada. São agentes de mudança, instrumentos através dos quais a evolução nos faz avançar em direção ao amanhã. Submetendo-se à vontade superior, eles servem para redirecionar a vontade da humanidade. Tendo assumido a tarefa de transformar suas próprias sombras individuais, eles são capacitados a derramar a Luz nas sombras da humanidade. Eles caminham na linha entre o conhecimento intuitivo da promessa de um mundo melhor e o não-conhecimento do resultado de seus esforços.

Os servidores do mundo estão surgindo em todos os lugares em que a mudança está ocorrendo — tanto onde é óbvio que ocorra, como nos lugares calmos, onde não é fácil detectá-la. Alguns estão aqui para empunhar o martelo que vai abalar as antigas formas; outros estão aqui como modelos do novo. Em sua maioria, eles são construtores que trabalham isoladamente ou em grupos. Todos eles estão participando de dois mundos — aquele que prevêem e aquele que está passando.

Marilyn Ferguson estava descrevendo a passagem em que nos encontramos para um entrevistador e denominou aqueles que se dedicam a ela de transicionistas. Ela disse que é como se uma onda enorme estivesse chegando. Ali na orla marítima, há três grupos de pessoas. Os hedonistas estão na praia, dizendo: é melhor nos divertirmos, já que vamos morrer de um modo ou de outro. Também há os filósofos, no topo da colina, quebrando a cabeça sobre o significado daquilo tudo. E, finalmente, há os reunidos no fundo da ilha, tentando imaginar como viver sob as águas.

Os servidores do mundo nem sempre decidem protestar contra a antiga ordem. Isso pode ser muito intrigante para os que não têm a visão e que estão vivendo e se comportando conforme uma antiga ordem que ainda encara a política ou a religião de uma pessoa como certa e a de outra pessoa como errada. Os servidores do mundo são freqüentemente *a favor* de alguma coisa, e não *contra* alguma coisa.

Por exemplo, eles nem sempre se põem a "lutar" contra o *apartheid* através de demonstrações ou protestos. Eles apenas não investem em empresas que participam disso. Eles podem não protestar contra a propaganda governamental sobre os governos estrangeiros; simplesmente enviam cientistas, grupos de cidadãos privados, artistas, atletas e estudantes de um lado para outro como pontes humanas entre os países para aumentar o entendimento. Quando eles decidem "lutar", usam os instrumentos que há dentro do sistema, organizando um foco de protesto, oferecendo alternativas e educando o público.

Pode ser arriscado ser um servidor do mundo. Você pode ser levado a aceitar empregos que não são "bons para subir na carreira". Pode ser orientado para mergulhar em despenhadeiros emocionais e financeiros; para liderar quando prefere colaborar; para fechar a boca quando gostaria de falar — e vice-versa. Você pode descobrir que sua personalidade acaba se sobrecarregando com as tarefas.

Um servidor do mundo que eu conheço abriu uma empresa de cartões de festas. Em vez de lutar contra as grandes companhias que devastam florestas, ele escolheu outro caminho. Seus cartões celebram o mundo natural em papel reciclado, e a empresa só faz negócios com aqueles que trabalham em cooperação com o meio ambiente. Eles verificam em detalhe se a política de contratação e de promoção de empresas trata com justiça as mulheres e as minorias. Os lucros são empregados para defender o habitat da vida selvagem. Ele diz que a idéia é que "todos sejam envolvidos no lucro, inclusive a Terra Mãe".

John Graham e Anne Medlock são um casal da Ilha Whidbey, na costa de Washington, que iniciou o Projeto Girafa. Eles não eram ricos quando começaram, mas estavam preocupados. Hoje, o Projeto Girafa é uma fundação cujo único propósito é reconhecer as pessoas que "fazem algum esforço pelo bem comum". Geralmente, isso significa o envolvimento de pessoas que estabelecem compromissos que trazem consigo muito risco pessoal. De fato, assumir um risco é o principal critério para alguém se tornar "uma Girafa". Em agosto de 1988, a revista *Time* informou que 252 Girafas haviam sido nomeadas, cada uma recebendo uma comenda por ações criativas.

As "Girafas" compreendem desde as pessoas que recolhem as batatas rejeitadas pelos fazendeiros e as entregam aos pobres até um homem que inventou uma receita de açúcar de polpa de beterraba para dar aos ursos negros para que eles não descasquem as árvores e tenham de ser mortos.

Um + um + um = transformação

O autoconhecimento é o primeiro passo na mudança evolutiva consciente. Quando as pessoas confrontam e integram seus medos e limitações individuais, elas facilitam o confronto e a integração dos nossos medos raciais, nacionais e planetários.

A mudança social duradoura só é possível se antes tiver sido alterada a consciência individual.

A mudança consciente, tanto do indivíduo como do planeta, é como uma grande vaga que se forma em alto mar e se quebra em ondas visíveis em muitas praias. Seu impacto acaba atingindo todos os aspectos da nossa vida.

A energia não se baseia na simples adição. Ela se baseia na progressão exponencial. Seus pensamentos somados aos meus são muito maiores do que a soma das nossas duas formas de pensamento. Quem pode dizer qual é a adição ao sonho que finalmente faz a balança pender do velho para o novo? Nós não podemos.

Não faz diferença onde você mora ou que papel está representando. O seu poder de criar está dentro de você. Seus pensamentos são importantes; seus desejos para este planeta são importantes; suas palavras são importantes. Você *é* necessário.

Nos domínios em que a mudança consciente se inicia, não há hierarquia de importância. Seu lugar no mundo lhe oferece não apenas o local adequado para a sua evolução; ele é o lugar das suas maiores oportunidades para ser um servidor do mundo. Se você não acender esse cantinho do mundo, quem é que vai fazer isso?

Enquanto escrevo estas palavras, estou inteiramente consciente de como elas parecem idealistas. Elas são intencionalmente, e não inocentemente, oferecidas a você com a esperança de que o seu idealismo entre em ressonância com elas. Não podemos criar nada mais elevado do que aquilo que estamos dispostos a conceber como possível. Não há nada de ingênuo no caminho exigente do amor.

Ser um servidor do mundo é ser alguém que ama. Isso significa que você ama a verdade que está por trás das aparências. A força total da evolução está por trás de cada ato de amor e nos inspira à medida que passamos a viver nossas intenções mais profundas.

O amor é o ponto mais forte dentro de cada um de nós em que o nosso eu divino e o nosso eu humano se fundem. É o limiar onde os dois mundos se tocam e se tornam um só. Nele todas as polarizações desaparecem. A Matéria é percebida como Espírito revelado, o criado é visto como a extensão do Criador. E a Mudança é compreendida como o processo alquímico através do qual Deus toma o nosso eu dividido e o transforma num todo sagrado.

Pus de lado a dualidade e vi os dois mundos como um só.
Jelaluddin Rumi

Bibliografia

A Course In Miracles. Nova York: Fundação para a Paz Interior, 1975.

Alder, Vera S. *Finding of the Third Eye*. 1938. Reimpressão. Nova York: Samuel Weiser, 1978.

Berry, Thomas, *The Dream of the Earth*. São Francisco: Sierra Club Books, 1988.

Besant, Annie. *Esoteric Christianity*. 1901. Reimpressão, Wheaton, III: Quest-Theosophical Publishing House, 1971. [*O Cristianismo Esotérico*. Editora Pensamento, São Paulo, 1978.]

Blair, Lawrence. *Rhythms of Vision*. Nova York: Shocken Books, 1975.

Blofeld, John. *Bodhisattva of Compassion: The Mystical Tradition of Kuan Yin*. Boulder: Shambhala, 1988.

Bohm, David, e F. David Peat. *Science, Order, Creativity*. Nova York: New Age Bantam, 1987.

Campbell, Joseph. *Hero with a Thousand Faces*. Princeton: Princeton University Press, 1968. [*O Herói de Mil Faces*, Editoras Cultrix/Pensamento, São Paulo, 1988.]

Capra, Fritjof. *The Tao of Physics*. 1976. Nova York: Bantam, 1984. [*O Tao da Física*, Editora Cultrix, São Paulo.]

Carey, Ken. *Terra Christa: The Global Spiritual Awakening*. Kansas City: Uni-Sun, 1985. [*Terra Christa — O Despertar Espiritual da Terra*, Editora Pensamento, São Paulo, 1991.]

Carter, Forrest. *The Education of Little Tree*. Albuquerque: University of New Mexico Press, 1986.

Chitrabhanu, Gurudev Shree. *Realize What You Are: The Dynamics of Jain Meditation*. Nova York: Dodd, Mead, 1975.

Coates, Gary. *Resettling America: Energy, Ecology, and Community*. Acton, Mass.: Brick House Publishers, 1981.

Cohen, Alan. *The Healing of Planet Earth: Personal Power and Planetary Transformation*. Somerset, N.J.: A. Cohen, 1987.

Colegrave, Sukie. *The Spirit of the Valley*. Los Angeles: J. P. Tarcher, 1979.

Connelly, Diane M. *All Sickness Is Home Sickness*. Columbia, Md.: Center for Traditional Acupuncture, 1987.

Dass, Ram e Paul Gorman. *How Can I Help? Stories And Reflections on Service*. Nova York: Alfred A. Knopf, 1985.

Dass, Ram e Stephen Levine. *Grist for the Mill*. 1977. Reimpressão, Berkeley: Celestial Arts, 1987.

Daumal, Rene. *Mount Analogue*. Boulder: Shambhala, 1986.

DeMello, Anthony, *Song of the Bird*. Nova York: Doubleday, 1984.

Eisler, Riane. *The Chalice and the Blade: Our History, Our Future*. Nova York: Harper & Row, 1987.

Feinstein, David e Stanley Krippner. *Personal Mythology: The Psychology of Your Evolving Self*. Los Angeles: J. P. Tarcher, 1988. [*Mitologia Pessoal — Como Descobrir sua História Interior através de Rituais, dos Sonhos e da Imaginação*, Editora Cultrix, São Paulo, 1992.]

Ferguson, Marilyn. *The Aquarian Conspiracy: Personal and Social Transformation in the 1980's*. Los Angeles: J. P. Tarcher, 1980.

Feild, Reshad. *The Invisible Way*. São Francisco: Harper & Row, 1979.

_______. *Steps to Freedom*. Putney, Vermont: Threshold Books, 1983.

Fillmore, Charles. *Twelve Powers of Man*. Unity Village, Mo.: Unity School, 1985.

Fox, Matthew. *A Spirituality Named Compassion, and the Healing of the Global Village, Humpty Dumpty, and Us.* Nova York: Harper & Row, 1979.

Frankl, Viktor E. *Man's Search for Meaning.* 1939. Reimpressão. Nova York: Pocket Books, 1963.

Gawain, Shakti e Laurel King. *Living in the Light.* San Rafael. Calif.: Nova York Library, 1986. [*Vivendo na Luz.* Editora Pensamento, São Paulo, 1991.]

Greene, Liz. *The Outer Planets and Their Cycles: The Astrology of The Collective.* Reno, Nevada: CRCS Publications, 1983. [*Os Planetas Exteriores e Seus Ciclos.* Editora Pensamento, São Paulo, 1988.]

Griscom, Chris. *Ecstasy Is a New Frequency: Teachings Of the Light Institute.* Santa Fé: Bear & Co., 1987.

Haich, Elizabeth. *Initiation.* 1965. Reimpressão. Palo Alto: Seed Center, 1976. [*Iniciação,* Editora Pensamento, São Paulo, 1991.]

Hall, Manley P. *The Secret Teachings of All Ages: An Encyclopedia Outline of Masonic, Hermetic, Quabbalistic and Rosicrucian Symbolical Philosophy.* Los Angeles: Sociedade de Pesquisa Filosófica, Inc., 1978.

Heinberg, Richard. *Memories and Visions of Paradise.* 1985. Los Angeles: J. P. Tarcher, 1989.

Hodson, Geoffrey. *The Hidden Wisdoms in the Holy Bible.* Wheaton, Ill. Quest-Theosophical Publishing House, 1967.

Houston, Jean. *God Seed.* Warwick, Nova York: Mythos Amity House Inc., 1987.

_______. *The Search for the Beloved.* Los Angeles: J. P. Tarcher, 1987. [*A Psicologia do Sagrado. A Procura do Bem-Amado.* Editora Cultrix, São Paulo, 1993.]

Jampolsky, Gerald G., M.D. *Teach Only Love: The Seven Principles of Attitudinal Healing.* Nova York: Bantam, 1983.

Johnson, Robert A. *He: Understanding Masculine Psychology.* 1974. Reimpressão. Nova York: Perennial-Harper, 1986.

________. *She Understanding Feminine Psychology.* 1976. Reimpressão. Nova York: Perennial-Harper, 1977.

_______. *We: Understanding the Psychology of Romantic Love.* Nova York: Harper & Row, 1983.

Jones, Alan. *Soul Making: The Desert Way of Spirituality.* São Francisco: Harper & Row, 1985.

Joy W. Brugh, M.D. *Joy's Way.* Los Angeles: J.P. Tarcher, 1979.

Jung, C.G. *Collected Works: Archetypes in the Collective Unconscious,* Volume 9, Parte I, segunda edição, Princeton: Princeton University Press, 1968.

_______. *Memories, Dreams, Reflections.* 1961. Reimpressão. Nova York: Vintage, 1965.

Keyes, Ken, Jr. *A Handbook to Higher Consciousness.* Berkeley: Centro do Amor Vivo, 1975. [*Guia para uma Consciência Superior.* Editora Pensamento, São Paulo, 1990.]

Kübler-Ross, Elizabeth. *On Death and Dying.* Nova York: Macmillan, 1969.

L'Engle, Madeleine. *The Irrational Season.* Nova York: Harper & Row, 1977.

Leonard, George. *The Silent Pulse: The Search for the Rhythm that Exists in Each of Us.* Nova York: Bantam, 1981.

Levi. *The Aquarian Gospel of Jesus the Christ.* 1907. Reimpressão. Marina del Rey, Calif.: De-Vorss, 1972. [*O Evangelho Aquariano de Jesus, o Cristo,* Editora Pensamento, no prelo.]

Lovelock, James. *Gaia: A New Look at Life on Earth.* Nova York: Oxford University Press, 1987.

MacGregor, Geddes. *Reincarnation in Christianity.* Wheaton, Ill.: Theosophical Publishing House, 1978.

May, Rollo. *Love And Will.* Nova York: Norton, 1969.

Mishlove, Jeffrey. *The Roots of Consciousness.* Nova York: Random House, 1975.

Moss, Richard. *The Black Butterfly: an Invitation to Radical Aliveness.* Berkeley: Celestial Arts, 1986.

Moyne, John e Coleman Barks, trads. *Open Secret: Versions of Rumi.* Putney, Vt.: Threshold Vt., 1984.

Pagels, Elaine. *The Gnostic Gospels*. Nova York: Random House, 1979. [*Os Evangelhos Gnósticos*, Editora Cultrix, São Paulo, 1990.]

Peat, F. David. *Synchronicity: The Bridge Between Matter and Mind*. Nova York: Bantam, 1987.

Progoff, Ira. *At a Journal Workshop: The Basic Text And Guide for Using the Intensive Journal Process*. Nova York: Dialogue House, 1975.

Rodegast, Pat e Judith Stanton. *Emmanuel's Book*. Nova York: Bantam, 1987.

Selye, Hans. *Stress Without Distress*. Nova York: Signet-NAL, 1975.

Sheldrake, Rupert. *A New Science of Life*. Los Angeles: J.P. Tarcher, 1983.

Siegel, Bernie S., M.D. *Love, Medicine, and Miracles*. Nova York: Harper & Row, 1986.

Singer, June. *Androgyny: The Opposite Within*. Boston: Sigo Press, 1987. [*Androginia — Rumo a uma Nova Teoria da Sexualidade*. Editora Cultrix, São Paulo, 1991.]

Spangler, David. *Reflections on the Christ*. Forres, Scotland: Findhorn Publishing, 1977.

_______. *Revelation: The Birth of New Age*. São Francisco: Rainbow Bridge, 1976.

Starhawk. *Dreaming the Dark: Magic, Sex, and Politics*. Boston: Beacon Press, 1989.

Steiner, Rudolf. *The Reappearance of Christ in the Etheric*. Hudson, Nova York: Anthroposophic Press, 1983.

Stone, Merlin. *When God Was a Woman*. San Diego: Harcourt, 1978.

Suzuki, Shumyer. *Zen Mind, Beginner's Mind*. Nova York: Wheatherhill, 1970.

Swimme, Brian. *The Universe Is a Green Dragon: A Cosmic Creative Story*. Santa Fé: Bear & Co., 1984. [*O Universo é um Dragão Verde — Uma História Cósmica da Criação*. Editora Cultrix, São Paulo, 1991.]

Targ, Russell e Keith Harary. *The Mind Race: Understanding and Using Psychic Abilities*. Nova York: Ballantine, 1985.

Teilhard de Chardin, Pierre. *The Phenomenon of Man*. 1955. Reimpressão. Nova York: Harper & Row, 1965. [*O Fenômeno Humano*. Editora Cultrix, São Paulo, 1988.]

Trungpa, Chögyam. *Cutting Through Spiritual Materialism*. Boulder: Shambhala, 1987. [*Além do Materialismo Espiritual*. Editora Cultrix, São Paulo, 1986.]

Unity School of Christianity Staff. *Metaphysical Bible Dictionary*. Unity Village, Mo.: Unity School, 1931.

Watson, Lyall. *Gifts of Unknown Things*. Nova York: Simon & Schuster, 1976.

Whitfield, Charles L. *Healing the Child Within*. Deerfield Beach, Fla.: Health Communications, 1987.

Wilker, Ken, org. *The Holographic Paradigm And Other Paradoxes: Exploring the Leading Edge Of Science*. Boulder: Shambhala, 1982. [*O Paradigma Holográfico e Outros Paradoxos — Uma Investigação nas Fronteiras da Ciência*. Editora Cultrix, São Paulo, 1991.]

Williams, Jay G. *Yeshua Buddha*. Wheaton, Illinois: Quest-Theosophical Publishing House, 1978.

Woititz, Janet G. *Adult Children of Alcoholics*. Deerfield Beach, Fla.: Health Communications, 1983.

Wolf, Fred A. *Star Wave: Mind, Consciousness, and Quantam Physics*. Nova York: Collier-Macmillan, 1986.

Yogananda, Paramahansa. *Autobiography of a Yogi*. 1946. Los Angeles: Self Realization Fellowship, 1971.

Young, Meredith Lady. *Agartha: The Essential Guide to Personal Transformation in the New Era*. Nova York: Ballantine, 1989.

Ywahoo, Dhyani. *Voices of Our Ancestors: Cherokee Teachings from the Wisdom Fire*. Boulder: Shambhala, 1987.

A REDESCOBERTA DO POTENCIAL HUMANO

Um livro para desenvolver suas capacidades físicas, mentais e criativas

Jean Houston

Em *A Redescoberta do Potencial Humano*, Jean Houston mostra como você pode ouvir, ver, lembrar-se e explorar melhor seus recursos interiores. Ela ensina como ter acesso a imagens, idéias e lembranças sensoriais ocultas, empregando estratégias que têm sido usadas por escritores e artistas, professores e terapeutas, atores e atletas, cientistas e empresários.

A Redescoberta do Potencial Humano é um livro sobre *criatividade consciente* que reúne o que há de melhor em termos de métodos para a expansão da mente e da percepção humana, em todas as dimensões.

"Um banquete para o espírito e o intelecto. Seus ensaios são brilhantes e sutis, hilariantes e profundos, divertidos e instrutivos. Junte a tudo isso os exercícios e você terá uma experiência que pode transformar a sua vida."

George Leonard

"Este é um livro esplêndido e surpreendente, concreto porém visionário, baseado em fatos e teoria, mas orientado para as possibilidades que existem no mundo e em nós mesmos. A ser recomendado com entusiasmo."

Barbara Myerhoff

* * *

Jean Houston, professora e psicóloga de renome internacional, foi presidente da Associação para a Psicologia Humanística. Atualmente, é diretora da Fundação para a Pesquisa da Mente em Pomona, Nova York.

EDITORA CULTRIX

A RODA DA VIDA E DA MORTE

Guia Prático e Espiritual

Philip Kapleau

Talvez o principal obstáculo à aceitação mais ampla da doutrina da reencarnação seja a diferença de perspectiva filosófica entre as culturas ocidental e oriental. A atitude da filosofia ocidental é: "o que *não é provado* deve ser considerado falso"; a atitude da filosofia oriental é: "o que *não é provado* deve ser aceito como verdade até prova em contrário". Contudo, existem abundantes evidências passíveis de convencer qualquer mente razoável da validade da reencarnação. A lição deste livro é, em suma, aceitação dos ciclos naturais da existência.

A Roda da Vida e da Morte recorre a fontes da literatura religiosa do Ocidente e do Oriente, bem como às tradições filosóficas, científicas e humanistas, escolhendo trabalhos sobre a morte e o ato de morrer que têm a marca indiscutível da verdade, intercalando-os com as descobertas da experiência religiosa do autor como estudioso e mestre do Zen-budismo.

Este é um livro que procura exemplificar os ensinamentos eternos dos mestres, ao mesmo tempo que encoraja o leitor a pensar sobre o fim da existência em termos individuais, e não de maneira abstrata, como destino comum da raça humana.

EDITORA CULTRIX

ILUMINAÇÃO INTERIOR

Razão de Ser do Caminho Espiritual

John White (Org.)

Neste livro, John White, um autor bastante conhecido e pesquisador no campo da consciência e do desenvolvimento espiritual, reuniu 15 dos mais respeitados mestres espirituais do mundo, cada um dos quais oferece uma resposta à questão fundamental: "O que é iluminação?" Todos esses colaboradores concordam em que a transformação da consciência representada pela iluminação não pode ser jamais adequadamente descrita apenas por meio de palavras. Ela só pode ser conhecida quando se passa pela própria experiência. Mas eles usam suas histórias, ensinamentos e estudos sobre a iluminação numa tentativa de esclarecer um ou outro aspecto da experiência da iluminação, colocando-a numa perspectiva que ajuda a elucidar sua natureza para os que a experimentaram e para os que não a experimentaram.

Em *Iluminação Interior – Razão de Ser do Caminho Espiritual*, figuras notáveis como Alan W. Watts, Aldous Huxley, Sri Aurobindo, J. Krishnamurti, Meher Baba, Evelyn Underhill, Ken Wilber, Roger N. Walsh e outras examinam os aspectos práticos, culturais, religiosos, intelectuais e psicológicos da iluminação. Sempre instigante e desafiador, este livro irá dar ao leitor uma compreensão sobre a mais profunda de todas as experiências espirituais.

* * *

"Uma excelente coletânea de artigos extremamente lúcidos sobre um tema de interesse universal. Esta seleção representa as mais argutas reflexões de eminentes estudiosos contemporâneos. *Iluminação Interior – Razão de Ser do Caminho Espiritual* interessa a qualquer pessoa que busca uma melhor compreensão da espiritualidade em nosso tempo."

Francis Vaugh

John White ocupa o cargo de Diretor de Educação do Instituto de Ciências Noéticas e de Presidente da Alpha-Logics, uma escola voltada para o crescimento pessoal autodirigido. É também o organizador de *O Mais Elevado Estado da Consciência*, publicado por esta Editora.

EDITORA CULTRIX

ALÉM DO EGO

Dimensões Transpessoais em Psicologia

Roger N. Walsh, M.D., Ph.D., e *Frances Vaughan, Ph.D.* (orgs.)

Além do Ego - mostra os avanços da teoria psicológica do futuro, hoje em pleno desenvolvimento, apresentando textos clássicos e modernos dos mais renomados autores, como:

Roger N. Walsh, M.D. e Ph.D.
Frances Vaughan, Ph.D.
Daniel Coleman, Ph.D.
Duane Elgin, M.A.
Fritjof Capra, Ph.D.
Ken Wilber, M.A.
Stanislav Grof, M.D.
Charles Tart, Ph.D.
Abraham Maslow, Ph.D.
Ram Dass
Jack Kornfield, Ph.D.
James Fadiman, Ph.D.
James Bugental, Ph.D.
Gordon Globus, M.D.
Thomas B. Roberts, Ph.D.
Willis Harman, Ph.D.

A psicologia Transpessoal tem como objetivo expandir o campo da pesquisa psicológica, incluindo áreas da experiência e do comportamento humano associadas com a saúde e o bem-estar como um todo. Por essa razão, ela se apóia tanto na ciência ocidental como na sabedoria oriental, com o intuito de integrar o conhecimento vinculado com a realização do potencial humano proveniente de ambas essas tradições.

Apesar de sua rápida expansão, a psicologia transpessoal vinha precisando de um texto introdutório mais abrangente. Este volume tem em vista essa necessidade, reunindo os textos mais pertinentes e os autores de maior destaque nesse campo. Ao fazê-lo, os organizadores tinham em mente vários objetivos, o primeiro dos quais era oferecer ao leitor não familiarizado com esses temas um texto acessível. Nesse sentido, elaboraram introduções para as diversas seções, selecionaram textos que evitassem o uso excessivo de termos técnicos, organizaram um glossário com a terminologia específica de cada área e indicaram, no final de cada seção, a bibliografia correspondente.

Cultrix/Pensamento

Outras obras de interesse:

O CAMINHO DO ASPIRANTE ESPIRITUAL
Angela Maria La Sala Batà

ALÉM DO EGO – Dimensões Transpessoais em Psicologia
Roger N. Walsh e *Frances Vaughan*

JORNADA RUMO À CONSCIÊNCIA
Charles Breaux

PREPARAÇÃO E TRABALHO DO INICIADO
Dion Fortune

A CRISE ESPIRITUAL DO HOMEM
Paul Brunton

A LUTA INTERIOR
Robert Powell

O TAO DOS SÍMBOLOS – Como Transcender os Limites do Nosso Simbolismo
James N. Powell

O APERFEIÇOAMENTO DO HOMEM
Annie Besant

MITOS E RITOS DE INICIAÇÃO NOS CONTOS DE FADAS
Noemi Paz

RUMO AO DESPERTAR A SI MESMO
Jean Vaysse

FRAGMENTOS DE UM ENSINAMENTO DESCONHECIDO
P. D. Ouspensky

PSICOLOGIA DA EVOLUÇÃO POSSÍVEL AO HOMEM
P. D. Ouspensky

GUIA PARA UMA CONSCIÊNCIA SUPERIOR
Ken Keyes, Jr.

A REVOLUÇÃO SILENCIOSA
Pierre Weil

AS TRANSFORMAÇÕES DO MITO ATRAVÉS DO TEMPO
Joseph Campbell

UM DESPERTAR GRADUAL
Stephen Levine

EMERGÊNCIA ESPIRITUAL – Quando a Transformação Pessoal se Torna uma Crise
Stanislav Grof e *Christina Grof* (orgs.)

A JÓIA SUPREMA DO DISCERNIMENTO – Viveka-Chudamani
Shankara

SONHOS – Respostas desta Noite para as Dúvidas de Amanhã
Mark Thurston

O HERÓI – Todos Nascemos para Ser Heróis
Lutz Müller

O QUE É INTUIÇÃO e Como Aplicá-la na Vida Diária
Philip Goldberg

MITOLOGIA PESSOAL
David Feinstein e *Stanley Krippner*

O HERÓI INTERIOR – Seis Arquétipos que Orientam a Nossa Vida
Carol S. Pearson